AF411135

PENDANT LA TERREUR

PARIS. — IMP. P. MOUILLOT, 13, QUAI VOLTAIRE. — 41245.

A ma femme   A mes enfans
A mes amis
Ne vous étonnez pas, objets sacrés et doux
Si quelqu'air de tristesse obscurcit mon visage
Quand un savant crayon dessinait cette image,
J'attendais l'échafaud... et je pensais à vous.
j. A Roucher

ANTOINE GUILLOIS

PENDANT

LA TERREUR

LE POÈTE ROUCHER

1745-1794

OUVRAGE ORNÉ DE DEUX GRAVURES

D'APRÈS DES DESSINS ORIGINAUX

> Il fut un des cinq ou six que ni la
> frénésie générale, ni l'avidité, ni la
> crainte, ne purent engager à ployer
> le genou devant des assassins couron-
> nés, à toucher des mains souillées de
> meurtres et à s'asseoir à la table où
> l'on boit le sang des hommes.
>
> ANDRÉ CHÉNIER.

PARIS

CALMANN LÉVY, ÉDITEUR

ANCIENNE MAISON MICHEL LÉVY FRÈRES

3, RUE AUBER, 3

1890

PRÉFACE

Les scellés révolutionnaires apposés depuis près d'un siècle sur les papiers de Roucher étaient encore intacts il y a quelques années.

Des deux héritiers du poète, Émile, le « petit suspect », l'enfant gâté des corridors de Saint-Lazare, s'est contenté de fixer pour l'intimité de la famille les entretiens de sa mère ou ses souvenirs personnels sur cette terrible époque, tandis qu'Eulalie, déjà célèbre dans le cercle d'Auteuil au temps de Franklin et dont le nom a brillé d'un si doux éclat sous l'Empire et sous la Restauration, n'a laissé que des ébauches d'un travail qu'elle voulait écrire quand la mort est venue la frapper.

La génération suivante, absorbée par les intérêts de la science ou par les devoirs des fonctions publiques, n'a pu reprendre ce projet et ce n'est qu'aujourd'hui qu'un des descendants de Roucher, héritier de son nom et possesseur de la plupart de ses manuscrits, peut exécuter la promesse solennelle qu'il avait faite d'ouvrir ce dossier précieux pour l'histoire du xviiie siècle et des premiers jours de la Révolution.

Un autre descendant du poète, un petit-fils d'Eulalie a, lui aussi, apporté les quelques papiers qu'il possédait.

Tous deux, unis par une profonde affection, ont rassemblé, depuis plus de dix ans, les lettres de Roucher qu'ils ont pu acquérir dans les collections particulières ; ils ont racheté les manuscrits égarés du vivant même du poète et ces livres qu'il aimait tant, qu'il annotait à chaque page, et que la loi du 10 mars 1794 avait dispersés au vent des enchères.

Ici s'arrête l'œuvre commune.

Celui qui a signé ce livre, plus libre de son temps, a parcouru les bibliothèques et les archives. Il a obtenu d'un respectable vieillard, M. Parent de Rosan, qui a presque vu la Terreur, la communication d'un dessin des plus intéressants qui rappelle la vie de Saint-Lazare et dans lequel le peintre Hubert Robert et Roucher jouent le premier rôle.

Il a mis en œuvre tous ces documents.

S'il tient à revendiquer la composition de ce livre,

c'est bien plus pour assumer à lui seul les responsabilités que ses idées politiques pourraient entraîner un
jour que pour s'approprier une œuvre qui l'a déjà
indemnisé de son labeur par le plaisir qu'il en a
éprouvé et dont l'exécution restera parmi ses meilleurs
souvenirs littéraires.

Paris, le 23 février 1890.

PENDANT
LA TERREUR

CHAPITRE PREMIER

AVANT « LES MOIS »

L'enfance d'un poète. — Sa famille. — Roucher chez les jésuites. — Le petit collet. — Sermons. — Souvenirs de Montpellier. — Amour précoce de la campagne. — A Paris. — Une amitié littéraire. — Les châtelains d'Anel. — Vie de travail et de plaisirs. — Lettre de Jean-Jacques Rousseau. — *La France et l'Autriche au temple de l'Hymen.* — Correspondance avec Imbert. — Retour à Paris. — Mariage avec une descendante de Jeanne Hachette. — Amitié de Turgot. — Roucher nommé à la recette de Montfort-l'Amaury. — Naissance d'Eulalie. — Préparation des *Mois*. — Cabanis. — François de Neufchâteau. — Thomas. — Bitaubé. — Bailly. — Les salons et la cour. — Lectures « prestigieuses ». — Un mot de mademoiselle de Lespinasse. — Scène chez le duc de Bourbon. — Roucher chez Monsieur, frère du roi. — Grimm. — Bachaumont. — Les cercles littéraires. — Le poète acclamé. — Modestie de Roucher. — Jean-Jacques lui rend hommage. — Jugement des *Mois*, par Rousseau. — Le président Dupaty : amitié *à la Montaigne*. — A la Falaise, chez le marquis de Tourny. — *Les Saisons*, de Saint-Lambert, annotées par Roucher. — Indiscrétion du *Journal de Paris*. — Les rédacteurs de cette feuille. — Triomphe et mort

de Voltaire. — Loge des Neuf Sœurs. — Lettre de l'archevêque de
Paris au garde des sceaux, à propos des *Mois*. — La censure. —
Passages supprimés. — Les souscripteurs des *Mois*.

O murs de Montpellier! O mon premier séjour!
Le mortel vertueux qui me donna le jour
Habite votre enceinte et le sort m'en exile!
Quand pourrai-je rentrer dans ce modeste asile
Où, sans cesse attentif à mes besoins nouveaux,
Il prodiguait pour moi le prix de ses travaux;
Où, sa sévérité me cachant sa tendresse,
De ma raison trop lente il hâtait la paresse,
Me formait aux vertus et portait dans mon cœur
La noble soif d'un nom des ténèbres vainqueur.

(*Les Mois*, Avril.)

C'est dans ce milieu modeste et patriarcal de la petite
rue Arc-d'Arène que Jean-Antoine Roucher naquit le
22 février 1745.

L'origine sarrasine de sa famille se retrouve dans le teint
bronzé de son visage; de même que certains traits de son
caractère, en lui assurant une physionomie toute spéciale,
accusent nettement la persistance de l'hérédité étrangère.
Enfin, la vivacité et la promptitude brillantes d'impressions qui caractérisent les races du Midi sont plus accen-
tuées encore que d'habitude dans l'âme de Roucher.
« Être de Montpellier, ce n'est pas banal, disait Sainte-
Beuve[1] ; il est des villes sans caractère; Montpellier en a
un très marqué qu'il laisse à tous ses enfants. »

Le père de Roucher était maître tailleur; le fils eut le

1. A son jeune et charmant secrétaire, Jules Troubat, devenu son ami
et son exécuteur testamentaire.

bon goût de ne jamais en rougir, mais, au contraire, de s'en vanter plutôt, montrant par là tout ce qu'il devait à son mérite personnel, sans oublier non plus sa reconnaissance pour les leçons paternelles.

L'honorabilité de Jacques Roucher était d'ailleurs si bien reconnue par tous ses compatriotes, le soin avec lequel il élevait ses enfants lui assurait à tel point l'estime et la sympathie publiques, que les familles les plus élevées du pays voulurent s'unir à lui par des liens de parenté.

L'enfant perdit sa mère de bonne heure; il lui a consacré quelques vers émus dans le XIIᵉ chant du poème des *Mois* ; mais sa destinée ne fut pas celle des orphelins, car son père s'étant bientôt remarié, Jean-Antoine trouva dans la seconde femme une mère qui l'adopta et le traita avec la même sollicitude que ses propres enfants.

Roucher, dans la dédicace de son poème, a retracé les joies et les occupations de l'intérieur paternel :

Vous avez été mon premier instituteur, dit-il à son père; je n'oublierai jamais ces jours de mon enfance où, me menant avec vous dans les promenades solitaires, vous m'entreteniez du génie précoce de Pascal et du Tasse et me faisiez lire la vie de ces deux grands hommes. Grâce à vous, mon cœur palpitait déjà au nom de la Gloire. Je n'oublierai jamais qu'à ces premières lectures vous fites succéder bientôt celles de *Télémaque* et de *la Jérusalem délivrée...* Je dois à cette éducation mon amour pour la campagne et la poésie...

Et, passant aux qualités du cœur, il rappelait « les leçons de vertu, les exemples de piété filiale, de tendresse fraternelle, de bienfaisance même », que son père lui avait donnés, « car, disait-il, vous m'avez fait voir que l'homme qui n'est pas riche peut faire encore du bien ».

Le simple artisan avait le goût des choses élevées, et,

pour ses enfants, la noble ambition de la gloire. Bien des
années après le départ d'Antoine, quand celui-ci était déjà
célèbre à Paris, son père lui écrivait :

Votre frère Pierre vient de passer docteur. Tous ses professeurs et confrères lui ont dit ce qu'il y a de plus flatteur;
d'après cela jugez de ma gloire; aussi je tâche de donner à
vos frères une éducation qui corresponde à la vôtre.

On le voit, le père lui-même avait profité de ses lectures
et des enseignements qu'il donnait à ses enfants; il adorait
la campagne et il en comprenait les beautés, si l'on en juge
par cette lettre qu'il écrivait au poète en 1788, pour l'appeler
auprès de lui :

Partez le plus tôt possible, partez au commencement de la
belle saison; vous pourrez contempler les décorations successives du printemps dans nos jardins où il étale pompeusement
toute sa magnificence.

L'abbé Gros de Besplas, parent de Roucher, aumônier de
Monsieur, ayant fait en 1782 un voyage à Montpellier,
écrivait au poète, alors à Montfort-l'Amaury, une lettre qui
contient encore des détails sur la famille :

En vérité, mon très cher, je ne connais rien de plus respectable que votre bon papa... Vous avez un frère qui a remporté le plus grand nombre de prix cette année au collège. Il
pâlit sur les livres, et c'est un opéra quand il faut le déterminer à venir prendre ses repas. Voyez comme vous avez été
contagieux pour vos frères. (Roucher avait une sœur qui
était religieuse.) C'est un ange sur terre. Quelle candeur!
quelle piété simple et douce! J'ai beaucoup parlé à votre sœur
de votre tendresse pour elle et elle y a répondu par les expressions de la plus vive amitié. Il paraît qu'elle vous est extrêmement attachée. Elle semblait respirer avec plus de liberté
quand je lui parlais de vous. Je crois qu'elle sera heureuse

dans la solitude et que le temps n'amènera pas de regrets, parce que le sentiment de foi est vif et profond. Votre belle-mère a des entrailles de mère pour vous et m'a paru une personne bien respectable.

Enfin, pour achever ce tableau d'intérieur, nous citerons cette lettre du 12 juillet 1788, dans laquelle le poète annonce à sa fille la mort de son excellent père :

Si tu l'eusses connu, ce bon père, si tu eusses été en état de juger tout ce qu'il y avait de rare *dans son cœur et dans ses pensées*, tu serais en adoration devant sa mémoire. Né dans un état obscur, il avait tout ce qui rend digne d'être distingué ; tu peux en juger par l'éducation qu'il a donnée à ses cinq garçons. Ajoute à ce premier aperçu qu'il vivait dans la province, à deux cents lieues de la capitale, et tu auras peine à concevoir qu'un tailleur qui n'avait pour tout bien que le produit de son métier ait pu suffire à élever huit enfants, parmi lesquels cinq garçons ont tous reçu une éducation qui devait les tirer de la classe commune.

Les souvenirs et les exemples reçus pendant l'enfance ont une grande influence sur toute la vie d'un homme. La bonté, la délicatesse exquise de Roucher, son amour du travail, ses aspirations vers l'idéal et vers la gloire, tout cela est en germe dans ces premières années.

Entré chez les jésuites dès l'âge de sept ans, Roucher s'y fit bientôt remarquer par son assiduité au travail, sa facilité et son goût pour tout ce qui touchait à la poésie. Il a raconté lui-même, en marge d'un de ces livres qu'il avait l'habitude d'annoter, un des épisodes de sa jeunesse studieuse :

J'étais en quatrième. Je n'eus pas de prix. J'allai me cacher de honte sous le théâtre où je restai pendant deux heures, lais-

sant tout le monde inquiet de moi et mon père surtout, qui, non
moins honteux, se contraignit cependant pour me consoler ; et,
le lendemain, lorsque les tambours de la ville publièrent auprès
de notre maison le nom d'un de mes condisciples vainqueurs,
je m'enfuis en pleurant et sanglotant.

Depuis, Roucher remporta toujours tous les prix de sa
classe.

Les jésuites cherchèrent à le faire entrer dans leur ordre ;
mais Roucher s'y refusa. Il consentit seulement à prendre
le petit collet et à poursuivre ses études théologiques. Du
reste, la compagnie de Jésus fut bannie du Languedoc en
juin 1762, et ce fut avec de nouveaux maîtres, prêtres libres
choisis par les consuls, qu'Antoine Roucher termina ses
études.

Bientôt, on ne parla plus que de ses talents pour la pré-
dication ; à Montpellier et dans les villages des environs, le
futur poëte réunissait autour de la chaire une société nombreuse et choisie.

Ses compatriotes entendirent avec étonnement un
sermon *Sur la Grâce*, dans lequel Roucher aborda
avec habileté et succès ce sujet si difficile et si scabreux.
C'était presque un triomphe dans ce pays encore plein
de l'éloquence des grands prédicateurs Bourdaloue et
Massillon.

C'est encore à ces années de sa première jeunesse qu'il
faut rattacher le souvenir de cette maladie et de cette heureuse convalescence qu'il a racontées dans le *Mois de Mai*
de son poème.

En arrivant à Aiguesvives, où il venait passer les va-
cances de Pâques, il fut pris, dès le premier jour, d'une
fièvre ardente ; son père fut appelé aussitôt. On le croyait

perdu ; mais la nature triompha du mal et, au réveil d'une
profonde léthargie, il reprit le sentiment de la vie :

> Quel charme de sentir ranimer tout son être!
> Je crus qu'avec mes sens mon cœur venait de naître,
> Tout me parut nouveau. Le soleil, à mes yeux,
> N'avait jamais brillé si pur, si radieux.
> Mon père, il me semblait plus sensible et plus tendre,
> Mon ami, j'aimais plus à le voir, à l'entendre ;
> Et l'asile champêtre où m'accueillit l'amour
> Pour moi d'un long printemps ne fit qu'un heureux jour.
> C'est alors que j'appris à mieux voir la campagne ;
> C'est alors qu'appuyé sur ma belle compagne,
> Je connus, je goûtai tout ce que les oiseaux,
> Les bois touffus, coupés par de limpides eaux,
> Les grottes, les gazons, le parfum des prairies
> Inspirent aux amants de douces rêveries.
> Je dois à ces plaisirs si purs et si touchants
> Mon génie amoureux du théâtre des champs,
> La sensibilité que nourrit la retraite ;
> En me faisant plus tendre, ils m'ont créé poète.

Le voilà donc guéri, et, qui plus est, amoureux. Cette première crise de la jeunesse, Roucher l'a chantée comme
Ovide, et bien des critiques ont trouvé que c'étaient là
quelques-uns de ses meilleurs vers :

> Quel changement, ô dieux, suit l'ivresse où se plonge
> Ce jeune homme à l'enfance enlevé par un songe!
> C'est un être nouveau dont le cœur affamé
> Sent l'inquiet besoin d'aimer et d'être aimé,
> Qui se livre en aveugle au penchant qui l'entraîne,
> Et sans choix court s'offrir à la première chaîne.
> C'est un esclave enfin, mais un esclave heureux.

Il fallut regagner Montpellier ; mais le charme sacer-
dotal était rompu. Des horizons nouveaux et plus étendus

s'ouvraient devant Roucher. Il avait vingt ans, et, sous prétexte d'aller terminer en Sorbonne ses études théologiques, il allait partir pour Paris; mais, avant de quitter cette patrie qu'il ne reverra plus, il grave dans son esprit tous les spectacles qu'elle présente à son âme enthousiaste; il parcourt encore une fois la campagne pour en retracer un jour les fêtes champêtres; il assiste à la récolte des figues qu'il préférera toujours aux pêches les plus savoureuses; septembre ne lui paraîtra jamais aussi beau dans la campagne de Paris que dans les environs de Montpellier; poëte, il sentira déjà l'impression mélancolique des soirées d'automne pour en dépeindre plus tard les charmes si tendres et si tristes à la fois.

Le beau soleil, le long printemps du Midi, les grâces de ses compatriotes, « cette école renommée que la faculté de Paris n'avait pu parvenir à effacer, tous les avantages enfin qui faisaient une cité fameuse de la moderne Épidaure, se présentaient en foule au souvenir du poëte et le remplissaient en même temps de regret et d'orgueil.

Combien de fois ces images de la patrie absente, encore embellies par l'affection et par la poésie, vinrent-elles le poursuivre sous un autre ciel et l'attendrir jusqu'aux larmes[1]. »

En arrivant à Paris, Roucher portait encore la soutane. S'il n'avait plus les premières ardeurs de la foi, il avait du moins et il conserva toujours les nobles instincts de la cha-

---

1. *Discours sur J.-A. Roucher*, prononcé à la rentrée des facultés, le 16 novembre 1868, par M. Charles Revillout, professeur de littérature française à la faculté des lettres de Montpellier. Ce travail, auquel nous reviendrons souvent, est certainement ce qui a été écrit de plus complet et de plus éloquent sur Roucher. Malheureusement, bien des documents ont manqué au savant professeur.

rité chrétienne. Son frère, Roucher-Deratte, a raconté « qu'il lui arrivait souvent, pour obliger ses amis, de mettre ses effets, ses boucles même en gage, et quelquefois, lorsqu'il était ecclésiastique, de poser ses chausses pour couvrir les nudités de certains pauvres qui pouvaient l'intéresser, quand il en rencontrait dans ses promenades solitaires ».

Mais la lutte était vive entre la vocation et les appels du monde ; tantôt l'amour des lettres prenait le dessus, tantôt, à la sollicitation de son père, Roucher consentait à tenter une nouvelle épreuve ; c'est ainsi qu'il abandonna l'étude de la théologie, puis qu'il la reprit au bout d'une année. Quand, un jour, on lui promit un bénéfice, il n'en fallut pas plus pour le décider à rompre définitivement avec la carrière ecclésiastique. Il préféra la liberté et quitta la soutane. Cette décision l'honore grandement ; la vocation disparue, il valait mieux qu'il fût un écrivain honnête et indépendant qu'un prêtre philosophe ou frivole.

Pendant cette période d'hésitations et de tâtonnements, qui va de 1765 à 1768, Roucher avait été conduit dans le monde par son ami et quasi compatriote, Imbert (de Nîmes), qui allait bientôt se faire un nom avec ce joli poème du *Jugement de Páris*. Déjà, Roucher comptait parmi ceux qu'on appelait alors « les Nourrissons des Muses ». Il avait de telles grâces dans la conversation, il récitait avec tant de feu les vers qu'il composait avec une profusion excessive, le charme et la séduction de son abord étaient si grands qu'on recherchait de tous côtés ce poète de vingt-deux ans.

Mais il n'avait aucune fortune et ne voulait pas rester plus longtemps à la charge de son père.

Au mois de juillet 1768, Roucher entrait chez M. Pannelier, en qualité de précepteur.

Tout près du village d'Anel, situé à deux lieues de Compiègne, M. Pannelier « que nous devrions appeler l'HOMME

D'ANEL, comme les Anglais disent l'HOMME DE ROSS[1] », avait construit une ferme riante et commode, à la place d'un vieux château adossé au mont Ganelon, aride et inculte. Le pays avait été assaini, des chemins ouverts, le pommier introduit dans une région qui ne le connaissait point. Ces travaux avaient été exécutés pendant l'année terrible de 1765. Le pauvre, devenu à son aise, avait rebâti sa cabane et appris de nouvelles méthodes pour cultiver la terre; l'église avait été reconstruite; en un mot, l'abondance et le bonheur étaient revenus, et le nom de celui à qui on les devait était béni dans tout le canton.

C'est dans cette demeure d'un homme qui pratiquait le bon côté des doctrines économiques que Roucher allait passer trois années particulièrement fécondes.

Il aimait à gravir le mont Ganelon désormais couronné de gazon et verdure, pour y rêver dans la solitude; c'est là que la première pensée du poème des *Mois* vint se présenter à son esprit; c'est pendant ce séjour qu'il « communiait » avec la nature champêtre pour en remplir son âme. A propos des *Amours du Cerf*, ce tableau si connu, Roucher dit avec modestie qu'il a, du moins, le mérite de la vérité la plus scrupuleuse.

J'ai vu, dit-il, par moi-même, dans la forêt de Compiègne où j'allai passer une nuit entière, j'ai vu cette scène intéressante.

De l'histoire naturelle on passait à la science; ou bien Roucher dirigeait des fouilles dont on rapportait un jour une médaille romaine et le lendemain une statuette de Mercure;

1. *Les Mois*, Notes, t. II, p. 236. Les autres détails sur Anel et son seigneur sont également empruntés à cette source. — Les renvois sont faits sur la grande édition en deux volumes in-4°, dite de 1779, bien qu'elle soit de 1780.

ou bien à propos de la lutte, alors dans toute sa vigueur, entre Buffon et Voltaire, on creusait les flancs de la montagne.

Plusieurs personnes de la cour, qui siégeait alors à Compiègne, séduites, dit Roucher, par la réputation de M. de Voltaire, et croyant que ce grand homme ne pouvait jamais avoir tort, vinrent à Anel, la brochure à la main, pour se convaincre que ce que nous appelions un banc d'huîtres n'était qu'un tas informe de coquilles délaissées par de pieux pèlerins. Arrivés sur le lieu, je leur dis seulement :

— Voyez et jugez.

En effet, la simple vue de ces coquillages, conservés dans leur ordre et leur état naturels, frappèrent nos incrédules d'une surprise assez piquante pour ceux qui les observaient. On ne vanta plus, on ne cita plus la brochure; on la replia et l'on convint qu'il était possible d'être grand poète et mauvais naturaliste[1].

Tous les sujets étaient abordés dans cette charmante demeure, et le poète préludait, par ces études, à cette érudition qui s'empare de tous les sujets et les traite avec tant de détails dans les notes des *Mois*.

Mais la vie n'était pas toujours aussi sérieuse chez le seigneur d'Anel. Dans une première version de son poème, Roucher en a dépeint les agréables passe-temps. Les vers sont, comme le sujet, frais, jolis et heureux :

> Le bonheur est-il un fantôme?
> Dans les palais et sous le chaume,
> Il habite avec l'amitié.
> Dans tes labyrinthes agrestes,

1. La brochure de Voltaire parut à Bâle, en 1768, sous ce titre : *les Singularités de la nature*. Grimm, édit. de 1829, t. VI, p. 152, rend compte, lui-même, du peu de succès qu'obtint cet opuscule dans les salons de Paris.

> Anel! je goûtais ce bonheur.
> Pour moi, sous tes lambris modestes,
> Folâtraient l'Amour et sa sœur.
> Les Jeux, la Danse, la Folie,
> Les concerts, les doux entretiens,
> Le rire piquant de Thalie,
> Tout m'y rendait chers mes liens.
> Revenez, jeunesse fleurie,
> Pourquoi sitôt vous envoler?
> Mais rien ne peut vous rappeler ;
> La plus belle heure de la vie
> Est la première à s'écouler.

Jours heureux de la jeunesse, jours de travail et de plaisirs, de comédies et d'amour passés sous le regard et dans l'intimité d'une châtelaine sensible et charmante, que d'enivrements, d'extases et d'inspirations n'avez-vous pas laissés dans l'âme du poète qui a regretté avec tant d'éloquence votre fuite irréparable!

Pendant cet heureux exil, Roucher entretenait une correspondance suivie avec son ami[1]. Il lui parle de ses travaux, de ses parties de chasse, de tout ce qui faisait la douceur de sa vie. Imbert répondait en donnant les nouvelles littéraires de la capitale. Il se chargeait parfois de tendres commissions, tout en se plaignant de n'avoir à jouer trop souvent que le rôle de consolateur. Imbert a laissé le souvenir d'un homme d'esprit ayant le vers facile mais trop souvent érotique, et ces lettres ne doivent pas changer cette opinion; mais il s'y montre, du moins, critique intelligent et ami sincère. D'ailleurs, les deux écrivains se confiaient réciproquement leurs œuvres, quand ils n'en faisaient pas

---

1. Cette correspondance, précieusement conservée, fait regretter vivement que nous n'ayons pas les lettres qui furent certainement échangées, à cette époque, entre le poète et son père. Ces débuts d'une carrière littéraire seraient fort intéressants.

en commun, comme ces *Muses patriotiques* qui eurent si peu de succès.

Imbert était une gazette vivante. Le roi de Danemark dont tout le monde parle et qui se signale par ses générosités ; — la rentrée en scène de Lekain ; — les excentricités réelles de Rousseau et les cancans plus bizarres encore qui circulent ; — Voltaire que l'on dit mort vingt fois, alors qu'il a encore huit ans à vivre ; — le facteur qui, dans l'escalier, appelle, pour leur remettre les lettres, les destinataires, même quand ceux-ci demeurent au cinquième étage, comme Imbert[1] ; — la pièce à la mode ; — celle qui vient de tomber ; — le dernier phénomène monstrueux qui met toute la faculté en émoi ; tout cela donne une idée de ce qui se déroule dans cette correspondance presque toujours hebdomadaire.

Quelquefois, on y rencontre ce que l'on appelle aujourd'hui le document : par exemple, le 2 août 1770, Imbert transmet à son ami ces vers qui courent contre Voltaire et que l'on dit « foudroyants » :

> Un jeune homme bouillant invectivait Voltaire ;
> « Quoi, disait-il emporté par son feu,
> Quoi, cet esprit immonde a l'encens de la terre !
> Cet infâme Archiloque est l'ouvrage d'un Dieu !
> De vice et de talent quel monstrueux mélange !
> Son âme est un rayon qui s'éteint dans la fange.
> Il est tout à la fois et tyran et bourreau ;
> Sa dent, d'un même coup, empoisonne et déchire.
> Il inonde de fiel les bords de son tombeau,
> Et sa chaleur n'est plus qu'un féroce délire. »
> Un vieillard l'écoutait sans paraître étonné :

---

[1] Voici une adresse qui montrera quelle était la difficulté des relations à cette époque : « Je demeure, écrit Imbert, rue Sainte-Anne, presque vis-à-vis la rue Villedo, vis-à-vis un marchand de vin, entre un cordonnier et une marchande de modes, au fond de la cour, premier sur le derrière. Il y a une grille à tirer. » C'est long.

« Tout est bien, lui dit-il ; le mortel qui te blesse,
Jeune homme, du ciel même atteste la sagesse,
S'il n'avait pas écrit, il eût assassiné. »

Les vers, on le dit tout bas, sont de Fréron ; mais, comme Voltaire a traité son adversaire d'infâme coquin, dans le monde on penche à donner raison au satirique. Nous voilà bien loin, il me semble, du « roi Voltaire » et de l'enthousiasme unanime qu'il soulevait.

Une autre fois, Imbert raconte à Roucher l'intrigue académique dont il vient d'être la victime, de moitié avec Blin de Sainmore. Tous deux ont été sacrifiés à La Harpe. Mais Blin fait du bruit ; Imbert, qui a pour lui d'excellents critiques, imprime sa pièce et convie le public à juger le différend. L'avis des Quarante est très combattu. D'Alembert, qui ne serait pas de l'Académie sans une supercherie dont il n'est pas responsable, mais qui n'en est pas moins indigne de son talent [1], d'Alembert, en séance publique, répond par des choses peu aimables et par cette affirmation que l'Académie est toujours juste dans ses appréciations. Ce qui n'empêche pas qu'à quelques jours de là on disait couramment que, pour un autre prix remporté par l'abbé de Langeac, c'était Marmontel qui avait prêté sa plume à l'heureux lauréat ; que l'Académie l'avait su, mais que, pour faire taire la critique, elle avait donné un accessit à M. de La Harpe.

Ces historiettes donneraient une fausse idée de cette correspondance, si l'on ne disait qu'elles y sont l'exception et pour ainsi dire l'agrément ; ce qui tient la plus grande place dans ces lettres, ce sont les conseils littéraires, les corrections motivées, les projets débattus ensemble, et quelquefois

---

1. Sainte-Beuve, *Causeries du Lundi*, t. IX, p. 250.

aussi ces matériaux de travail que les amis se communiquent et qui montrent avec quelle conscience Roucher traitait les sujets les plus divers [1].

De temps à autre, Roucher s'échappait pendant quelques jours pour venir s'occuper à Paris des intérêts de sa carrière littéraire.

C'est ainsi qu'au mois de mai 1770, il donnait, à l'occasion du mariage du dauphin, un petit poème intitulé *la France et l'Autriche au temple de l'Hymen*. On y trouvait quelques très bons vers, quelques pensées élevées. le tout dans le goût du temps, qui était, en somme, assez peu difficile. Cette pièce fit connaître Roucher dans bien des salons où son nom n'était pas encore parvenu; mais c'est à la cour surtout qu'elle lui valut des protecteurs et des amis.

Il ne faudrait pas croire que ces distractions, ces travaux, ces succès aient fait oublier à Roucher le titre réel qu'il occupait dans la maison de M. Pannelier. En septembre 1770, Jean-Jacques Rousseau, consulté par lui, lui écrivait une longue lettre sur les devoirs et la mission du préceptorat; il aimait à lui voir faire l'expérience de son système, et les termes de sa lettre décelaient déjà l'estime et l'affection qu'il allait professer bientôt pour son jeune correspondant.

Cependant, cette carrière de l'enseignement ne pouvait être que provisoire; Roucher le sentait bien. Il avait hâte de rentrer à Paris pour y trouver une plus vaste scène. De légers ennuis le décidèrent à brusquer sa détermination et à quitter le foyer où il avait passé quelques jours d'un réel bonheur.

1. C'est ainsi que, dans une longue lettre, Imbert fournissait sur la pêche de la baleine des détails nécessaires à Roucher pour cet épisode de son poème.

Le 1ᵉʳ novembre 1771, il prenait congé de son élève par
une lettre noble et digne :

Vous allez passer dans d'autres mains, lui dit-il; regardez
votre nouvel instituteur comme un ami bien plus que comme
un maître. Il en sera digne, puisque ce sont vos parents qui
l'ont choisi. N'invoquez jamais devant lui votre ancien précepteur, M. Rocher [1], parce que cela affligerait son cœur.

Il lui conseille de cultiver sa mémoire, mieux qu'il ne
l'a fait jusqu'à présent. L'homme spirituel sans mémoire
paraît un sot, tandis qu'un sot qui a de la mémoire semblera un homme d'esprit. « Jugez de ce que doit être un
homme qui réunit l'esprit et la mémoire. » Qu'il soigne son
orthographe; c'est là le signe d'une éducation complète.
Qu'il lise les anciens et les auteurs du grand siècle. « Étu-
diez l'histoire et étudiez-la en jeune homme qui connaît
toute l'importance de cette étude. » Il a un bon extérieur,
que son âme y réponde; « mais de la sensibilité, surtout de
la sensibilité! L'âme froide est au rang des morts... » Roucher termine en lui recommandant les principes de probité,
de bonnes mœurs et de religion.

Vous avez vu, lui dit-il, que ma conduite n'a jamais
démenti mes conseils. Souvenez-vous de moi, je vous promets
de ne vous oublier jamais.

Et ce post-scriptum attendri, d'une fierté mélancolique et
quelque peu blessée :

Vous m'avez fait présent de votre canne et de votre bourse
verte. Mon amitié les conservera précieusement comme des

1. Le poëte, à cette date, portait encore le nom de Rocher qui se
prononçait Roucher, suivant l'habitude méridionale. — Un jugement
dut intervenir vers l'époque de son mariage (1774) pour lui donner ce
nom de Roucher, sous lequel il figure uniquement désormais dans tous
les actes.

gages de la vôtre. — **M.** Reynauld avait raison et moi j'avais tort.

Roucher retrouvait à Paris ses amis Imbert, d'Ussieux, Berquin; il avait maintenant des protecteurs qui pouvaient le servir. Parmi ceux-ci, l'intendant de Soissons, Pelletier de Morfontaine et Dupaty, avocat général, et bientôt président au parlement de Bordeaux, étaient au premier rang.

L'*Almanach des Muses* de 1772 renfermait une pièce de Roucher, l'*Hymne à la Nuit*, d'une facture facile et d'une grande élévation de pensées. Désormais, le poète était connu de tous et à l'abri des nécessités de la vie.

C'est alors qu'il s'adonne tout entier à son grand ouvrage. Il a répété plusieurs fois dans les notes des *Mois* que son poème était commencé depuis douze ans; il a raconté les tâtonnements du début; comment il l'avait refait jusqu'à quatre fois, ayant substitué l'alexandrin au vers de huit syllabes qu'il avait choisi d'abord[1]; il a dit les études qu'il avait dû entreprendre pour aborder ce sujet qui embrasse toute la nature, et les réflexions qui en étaient résultées.

Ces travaux et les relations mondaines l'absorbent entièrement pendant ces années.

Au début de 1774, le **23** février, — date importante dans son existence puisque par un hasard étrange c'est à un jour près la date de sa naissance, et que, par une coïncidence certainement voulue, ce sera le jour de l'apparition des *Mois*, —

1. *Les Mois*, t. 1er, p. 99. Roucher annonce qu'il donnera dans ses notes « les morceaux les moins défectueux » qui lui sont restés de sa première manière. Un des biographes de Roucher a parlé de vers de dix pieds dont l'allure semblait bonne; il a dit que, si cette mesure avait été adoptée, l'ouvrage aurait été meilleur. Or, tant dans les notes imprimées du poème que dans les manuscrits de Roucher, je ne trouve que des vers de huit pieds, dont quelques-uns, que j'ai déjà cités, sont, en effet, très jolis.

Roucher épousait Marie-Agathe-Élisabeth Hachette, qui descendait en ligne directe de la célèbre héroïne de Beauvais. Comme pour tous les actes importants de sa vie, Roucher a mentionné cette noble filiation dans son poëme des *Mois*[1].

La jeune fille n'apportait pour ainsi dire aucune fortune ; le ménage débutait avec dix mille livres seulement. Mais Roucher avait été séduit par un timbre de voix charmant, dont le souvenir lui revenait encore sous les verrous de Saint-Lazare ; par une éducation soignée qui rendait sa femme digne de lui ; par un caractère au-dessus de l'adversité et dont le sérieux compensait, sans doute, à ses yeux, certaines aspérités.

Roucher figurait à son contrat avec le titre de bourgeois de Paris ; mais à lire les noms de ceux qui avaient voulu signer comme témoins chez M⁰ Lecoufflet, conseiller du roi et notaire au Châtelet, on se serait cru plutôt dans une famille de vieille noblesse, si les derniers signataires n'étaient venus rappeler la profession littéraire du futur époux : le vicomte d'Hautefort, colonel en second du régiment de Flandre ; le comte de Neuvy et de la Celle-sur-Loire ; la vicomtesse d'Hautefort ; J.-B. Gigot d'Orcy, receveur général des finances de Champagne ; mademoiselle Sophie de la Monnoye ; J.-B. Gaspard d'Ansse de Villoison, de l'Académie royale des inscriptions et belles-lettres ; Louis d'Ussieux, de l'Académie de Montauban ; Barthélemy Imbert, de l'Académie royale de Nîmes ; Joseph Legrand, docteur en médecine de la faculté de Montpellier.

Roucher était très heureux, si l'on en croit une lettre qu'il écrivait à son ami, le chevalier de Famars, en lui demandant de le féliciter de toutes ses forces à l'occasion

1. Tome I⁰ʳ, p. 312.

de son mariage. Celui-ci n'y manquait pas et, faisant allusion à un prochain événement :

Cesse-t-on de s'aimer quand les grâces s'unissent aux vertus pour enchaîner l'amour ?

> Que l'enfant qui vous engage,
> Vous montrant les fruits les plus doux,
> Après vingt ans exempts d'orage
> Vous dise encore : « Ils sont à vous. »

A cette époque commence entre Roucher et Cabanis une correspondance suivie dont bien des épisodes sont des plus intéressants. Cabanis avait fait, à Brive, des études incomplètes. A quatorze ans, en 1771, son père l'avait conduit à Paris, et là, cet enfant, abandonné à lui-même, avait recommencé son éducation. Il lisait les Pères de l'Église et les philosophes anciens ; Rousseau et Voltaire ; Roucher l'avait connu et lui avait inspiré le goût de la poésie[1].

Le père de Cabanis, jurisconsulte et agronome distingué, ami intime de Turgot, rappelait son fils auprès de lui quand le prince-évêque de Wilna, Massalski, de passage à Paris, décida le jeune littérateur à le suivre à Varsovie en qualité de secrétaire. C'était en 1773 ; Cabanis avait seize ans. Ce fut ainsi qu'il assista au premier démembrement de la Pologne.

Le 22 juin 1774, il écrivait à Roucher pour lui demander si les petits littérateurs de Paris se font toujours la guerre...

On va s'évertuer sur la mort de notre *bon roi*, que tout le

---

1. Il était assez fier de son élève ; car, dans ses *Mois*, t. Ier, p. 361, il cite plusieurs vers de Cabanis.

monde s'accorde à regretter[1]. Combien d'odes, d'élégies, etc.,
combien d'oisons vont s'écrier avec le froid Lamothe :

> Ah ! messieurs, je m'égare
> Dans mes transports j'imite trop Pindare,

dont les vers viendront nous glacer, même près du pôle...

Roucher gagnera le ciel par la perpendiculaire s'il veut
employer son carême de 1774 à lire toutes ces odes. On
a parlé de Dorat à Cabanis ; il le trouve bien frivole.

Ses ouvrages ne sont pas moins propres à vous mériter les
grâces du ciel, si elles sont le prix d'une véritable pénitence.
L'abbé Quesnay — qui, par parenthèse, n'est plus abbé, — va
partir pour Paris...

Cabanis engage Roucher à le voir.

C'est un garçon de mérite et très modestement économiste.
Le roi de Pologne lui a fait un accueil très gracieux et l'a
fait manger plusieurs fois à sa table.

Mais Quesnay dut s'en aller bientôt pour n'avoir pu
s'entendre avec l'évêque, et Cabanis qui était dans la
même situation voudrait bien trouver une place à Paris ; il
la demande à Roucher. Son désir serait d'avoir un ou deux
jeunes gens à diriger dans leurs études.

Je voudrais bien vous rendre la pareille, dit-il à Roucher,
mais le comte Kzevowski qui aurait été charmé d'établir une
correspondance à Paris et qui était déjà prévenu en votre

---

1. Louis XV, mort le 10 mai précédent. — Ce jugement qui semble
à bon droit, étrange aujourd'hui fut partagé au lendemain de l'événement par quelques contemporains.

faveur est aujourd'hui à Pétersbourg et y demeurera en qualité d'ambassadeur[1].

En tous cas, le futur docteur est trop glorieux de l'amitié de Roucher pour ne pas s'en vanter tout haut parmi ceux qu'il fréquente, « de sorte que si, quelque beau jour, il vous prenait fantaisie de venir rendre visite aux moustaches polonaises, vous seriez tout surpris de voir votre nom et votre personne connus dans un pays où l'on ne parle que tous les dix ans de Racine et de Corneille ».

Louis XV venait de mourir et Louis XVI, après quelques mois, avait appelé au contrôle général des finances le vertueux Turgot. Dupaty, le père de Cabanis, Pelletier de Morfontaine étaient parents ou amis du nouveau ministre. Roucher ressentit bientôt l'heureuse influence de ses protecteurs ; dès le mois de septembre 1774, il était nommé receveur des gabelles à Montfort-l'Amaury[2]. Turgot, en l'appelant à cette place, joignit la grâce au bienfait ; il lui écrivit :

Je veux, mon ami, que vous puissiez travailler pour la gloire seule et que votre esprit soit en repos sur les besoins de votre famille ; un commis, à qui vous donnerez de modiques appointements, pourra toujours vous remplacer et vous éviter un travail aride si étranger à vos goûts et à vos talents.

Roucher ne fut pas ingrat. Il n'avait pas flatté son protecteur pendant qu'il était au pouvoir ; mais, en revanche,

---

1. Ce projet de correspondance du genre de celle de Grimm n'a jamais été réalisé, bien que Bitaubé, lorsqu'il était à Berlin, ait, lui aussi, cherché à en procurer une à son ami.

2. La plupart des biographes de Roucher ont commis une erreur en attribuant cette nomination au poème écrit à l'occasion du mariage du dauphin. Le poème est de 1770. Turgot ne fut nommé contrôleur général qu'en août 1774.

comme autrefois La Fontaine et Pellisson, il ne l'oublia
pas pendant sa disgrâce. Dans le chant 1er des *Mois*, il
s'exprime ainsi :

> Ministre de qui Rome eût adoré l'image,
> Au nom du laboureur, je viens te rendre hommage;
> Ton éloge en ce jour me doit être permis.
> Quand la faveur des rois te faisait des amis
> Je me suis tu; mon vers suspect de flatterie
> Eût été vainement l'écho de la patrie;
> Mais lorsque tu n'as plus d'autre éclat que le tien,
> Lorsque, de ton pouvoir, mon sort n'attend plus rien,
> Je puis, libre de crainte ainsi que d'espérance,
> Bénir mon bienfaiteur et l'ami de la France.

Tous ceux qui connaissaient Roucher s'empressèrent de le
complimenter et de lui aplanir toutes les difficultés. Le président Dupaty se félicitait pour lui de la solitude qu'il allait
goûter à Montfort « en sortant de Paris, après avoir essayé
le goût des gens du monde et des gens de lettres relative-
ment à vos vers. Je pense, lui dit-il, que vous serez le plus
grand poète de notre nation. » Puis, le préférant à Voltaire, le comparant à Virgile, — l'amitié seule a de ces
exagérations — il ajoutait : « *Ut pictura poesis*. Creusez
cela et tout y est. La poésie n'est que musique et peinture. »

Thomas, l'auteur des *Éloges*, annonce à Roucher que
toutes les affaires de son cautionnement sont finies.

Vous avez, lui écrit-il, donné des cautions de votre génie
à tous ceux qui vous ont entendu. Mais la ferme générale ne
se contente pas de cette monnaie qui est, cependant, un peu
plus rare. Il n'y a personne qui ne doive prendre le plus vif
intérêt à tout ce qui arrive d'heureux au plus grand talent
joint à la plus douce sensibilité.

Voilà Roucher installé tout près de l'église de Montfort, au pied de ces ruines imposantes qu'on croirait habitées par les Muses, maintenant que les chevaliers bardés de fer les ont quittées.

M. Révillout a parfaitement décrit cette période de la vie de Roucher :

Il fit venir de Montpellier l'aîné de ses frères, Roucher d'Aubanel, pour gérer son bureau pendant ses absences. Alors commença pour notre poète l'existence la plus heureuse et la plus brillante. Libre de travailler à ses heures et sans souci du lendemain, il pouvait, à son gré, se partager entre Paris et Montfort, entre le monde et la vie domestique. Tantôt, véritable anachorète, il se confinait dans la solitude avec ses livres, sa famille et quelques amis : tantôt, au contraire, homme de lettres recherché par les meilleures compagnies, il portait de salon en salon, de souper en souper, sa vivacité languedocienne, son attrayante humeur, sa philosophie tolérante et ses vers.

Une des premières lettres qu'il reçut dans sa nouvelle résidence était de « son ami du Nord », de Cabanis. Le jeune homme était retenu par sa santé « jusqu'au printemps, dans le pays des ours. « M. Turgot, dit-il, veut bien m'employer dans ses départements et me rendre à ma bonne patrie que j'ai abandonnée en étourdi. » Cabanis parle du malheureux règne de Louis XV; il en connaissait les abus, « mais ceux-ci valaient encore mieux que les meilleures lois de ces tristes pays. En Russie, en Pologne ou en Prusse, le sabre et le poison règnent. C'est la tyrannie seule qui a arraché les éloges que quelques auteurs leur ont prodigués. Prenez ceci pour la profession de foi d'un repentant ou plutôt pour une réparation que je fais à ma nation contre laquelle je m'étais avisé quelquefois de clabauder. » Il parle du nouveau règne avec enthousiasme. « C'est le langage d'un exilé qui se réjouit à Babylone d'être sur le point de revoir Sion... » Enfin, il demande à Roucher des nouvelles littéraires, afin de ne pas avoir l'air, « à son prochain retour à Paris, de revenir de Pékin ». Où en sont *les Mois?* Qu'il ne les réduise pas de moitié comme il a fait pour *la Rhodéide*[1]; que son ami lui communique ce qui est déjà achevé. Sa lettre qu'il termine ainsi : « Je pleurerai votre absence en répétant vos vers, » est signée : CABANIS DE SALAGNAC, nom que portait son père, mais sous lequel lui-même n'a jamais été connu.

Le 8 décembre 1774, naissait à Paris, sur la paroisse de Saint-Jacques-du-Haut-Pas, Marie-Eulalie-Charlotte-Élisabeth Roucher, dont le nom devait se trouver mêlé d'une façon si poétique au souvenir qu'a laissé son père. Elle avait pour parrain messire Charlemagne-Eulalie Grandin de Montauclos, écuyer, capitaine de cavalerie, chevalier de Saint-Louis, brigadier des gardes du corps du Roi, compagnie de Beauvau. La marraine était madame de Montauclos.

L'*Almanach des Muses* de cette année 1774 et celui de 1775 contenaient encore plusieurs pièces de Roucher. En dehors de vers galants et faciles dont on devine le sujet par le titre : *A madame de H*** qui s'excusait de me recevoir à sa toilette; A madame la comtesse de Bussi qui avait joué dans un proverbe le rôle d'un jeune mendiant,* ces recueils contenaient des fragments du poème des *Mois. Le Chant de triomphe sur la ruine de Babylone* parut en 1774, et *les Plaisirs de l'Automne* en 1775.

---

1. Poëme qui n'a jamais été achevé et dont on ne trouve que quelques ébauches dans les manuscrits de Roucher.

Roucher fréquentait de plus en plus les salons aristocra-
tiques et littéraires ; aussi, Jean-Jacques, plus misan-
thrope que jamais, se plaignait amèrement de toutes les
distractions mondaines de son ami.

Chez le père des deux Trudaine, où l'on donne deux
grands dîners par semaine et un souper tous les soirs,
Roucher rencontre une société choisie : tous les étrangers
de passage à Paris, les grands seigneurs, les poètes s'y
donnent rendez-vous. Le maître de la maison est un grand
ami et un des collaborateurs de Turgot, qui a introduit son
protégé dans ce salon, où Roucher fera un jour la connaissance d'André Chénier.

C'est encore Turgot qui a conduit le poète chez madame
Helvétius. Dans ces salons à la mode, Roucher ressent de
plus en plus l'influence philosophique des doctrines que
la Révolution va bientôt mettre en pratique. L'amitié de
Condorcet achèvera dans l'intimité ce qu'ont déjà fait les
conversations mondaines.

Cabanis, qui vient de rentrer à Paris, est souvent le
commensal de Roucher : le poète l'appelle à Montfort ;
madame Roucher prodigue au jeune homme, dont la santé
était délicate, des soins maternels ; Roucher, lui, s'occupe
de former le moral de son ami. Il lui inspire assez d'enthousiasme poétique pour le décider à traduire Homère en vers
français ; il lui communique sa passion pour la littérature
à tel point que Cabanis a pu dire un jour qu'il devait à
Roucher d'avoir fait de lui un véritable écrivain.

Les deux amis étaient reçus dans la même société. Roucher, doué d'une prodigieuse mémoire, avait la voix chaude
et bien timbrée, un geste expressif, une diction excellente,
hardie, passionnée. Un portrait nous le montre à cette date
avec des yeux vifs et brillants, où se révèle néanmoins la
profondeur de la pensée ; la tête est forte, couverte de che-

veux drus et serrés; la bouche aux lèvres épaisses respire moins la bonté que la malice et la sensualité; l'ensemble des traits accuse la hardiesse et le mépris du qu'en-dira-t-on. L'abbé Arnaud l'appelait « le démon du Midi », et La Harpe, reprenant le mot pour son compte, s'écriait : « *A Dæmone meridiano, libera nos, Domine !* »

Tantôt, c'était madame de Boufflers qui suppliait Roucher de lui accorder une lecture en lui laissant le choix du jour et de l'heure.

Une autre fois, c'était le duc de La Rochefoucauld, celui qui fera partie des feuillants et qui n'émigrera qu'après le 10 Août; il envoyait sa voiture à Montfort pour enlever de force le poète : — « Nous vous donnerons à souper, à coucher, lui écrivait-il, et la voiture vous ramènera demain matin. »

Pendant quelques années ce fut une mode, une véritable fureur; on s'arrachait le poète qui ne se laissait pas toujours faire de bonne grâce. Mais, pour un salon où mademoiselle de Lespinasse se levait enthousiasmée en disant : « C'est un boisseau de diamants que vous venez de nous jeter à la tête. » il y en avait aussi où l'on rappelait trop à Roucher qu'il n'avait été invité que pour réciter ses vers. C'est ce qui arriva chez le duc de Bourbon où, le prince ayant assez clairement donné à entendre par son ton et par son geste que la noblesse ne devait rien au poète, celui-ci substitua au morceau promis un épisode sur l'orgueil des grands. Piqué au vif, son débit, d'habitude si chaud et si expressif, le devint encore davantage et frappa l'auditoire de confusion et d'admiration. Le morceau achevé, Roucher se retira.

Le lendemain, le prince joignit une tabatière d'or aux excuses qu'il fit porter au poète; malgré les instances les plus pressantes, les excuses seules furent acceptées. Jamais, depuis cette époque, Roucher ne consentit à retourner chez le duc autrement qu'en visite.

A la cour, Monsieur, qui se piquait d'aimer la littérature, demanda une lecture. Roucher, introduit par son parent, l'abbé de Besplas, lut, avec son succès habituel, quelques-uns des plus beaux passages de son poëme. Le frère de Louis XVI fut tellement satisfait qu'il offrit à l'auteur de le prendre comme bibliothécaire ; mais le poëte déclina cette faveur dans la crainte de compromettre son indépendance.

La vogue de Roucher, les ovations qui lui sont faites partout trouvent un écho dans les correspondances littéraires du temps.

La Harpe a reconnu que ces lectures étaient « prestigieuses », « c'était le vin nouveau qui troublait toutes les têtes » ; Thomas exaltait « celui qui savait parler une langue si imposante et si noble, et qui donnait un nouveau caractère à notre poésie » ; un des correspondants de Guyton de Morveau lui écrivait :

C'est un poète, un vrai poète, qui vient de paraître. Admirez ce vers qui parle d'un moulin :

La meule tourne, crie, elle écrase le grain.

Quel malheur que l'auteur ne veuille publier ses *Mois* que dans quatre ans ! N'allez pas croire que c'est le prestige de sa lecture qui en impose. Ses vers enivrent lors même qu'il les lit en gasconnant. Eh bien, cet homme merveilleux, le croiriez-vous ? on ne l'a connu que par hasard ; il était borné à une société de cinq ou six poètes de profession qui écrasaient tout doucement sa modestie pour étouffer sa supériorité. Mais maintenant, il a été découvert. On le nomme, on le prône partout. M. Turgot vient de lui donner un emploi de cinq mille livres dans les fermes, qui lui donnera le loisir d'aller chercher

des idées à l'aspect des Alpes. Cet homme, enfin, s'appelle
M. Roucher. C'est bien le même qui a inséré quelques morceaux dans l'*Almanach des Muses*. Son talent n'est pas pour
les pièces fugitives.

Grimm, dans sa *Correspondance*, l'annonce, lui aussi,
avec enthousiasme :

Un jeune poète a paru tout à coup sur notre horizon littéraire comme un météore éclatant dont rien n'avait annoncé
l'apparition prochaine. C'est M. Roucher. Sa manière est bien
à lui et on ne peut guère la comparer à rien de ce que nous
avons vu jusqu'à présent.

Ce qu'il sait des *Mois* lui fait présager que cet ouvrage
sera supérieur aux *Saisons* de Saint-Lambert.

Roucher a, dans ses dessins, la simplicité d'Homère, dans
son exécution le coloris fastueux de Thomson et la pompe de
Virgile. Tout Paris partage cet enthousiasme. Son poème ne
sera guère en état de paraître avant trois ou quatre ans; il
ne lui reste plus que peu de choses à faire, mais la correction d'un ouvrage si considérable exige sans doute un travail
et des soins prodigieux[1].

Elle est encore de Grimm (août 1778) l'anecdote si
curieuse du vigneron de Montereau en visite chez Marmontel.

Comme on avait posé à ce paysan, dont l'esprit était
extraordinairement cultivé, différentes questions sur sa vie,
sur ses enfants, sur son curé, sur ses impressions à Paris,
sur Voltaire, « M. Roucher, un de nos bons poètes, qui
était présent, fut engagé à lui lire des vers. Ceux qu'il récita
faisaient la peinture de la condition des laboureurs. Le

---

1. Grimm, décembre 1775, t. XI, p. 170 (édition Tourneux).

vigneron les écouta avec une grande admiration et deux ruisseaux de larmes coulaient de ses yeux pendant cette lecture.

» Quand elle fut finie, on lui dit : « Voilà de beaux vers ! » Il répondit : « Monsieur, vous les appelez beaux ; moi, je les appelle sublimes ! »

» Le vigneron devint à la mode ; on voulut l'avoir partout. »

Pour Roucher, la réponse du paysan avait encore plus de valeur que le mot de mademoiselle de Lespinasse.

Bachaumont, qui se montre beaucoup moins bienveillant à l'égard de notre poète, est cependant obligé de constater l'immense succès des lectures.

M. Roucher, dit-il à la date du 19 janvier 1778, espèce de Gascon, venu de sa province ici, sans fortune, a, en vertu de son talent, été accueilli dans tous les bureaux de littérature et M. Dupaty, avocat général de Bordeaux, qui s'enthousiasme aisément des beaux vers, lui a obtenu à Montfort-l'Amaury un emploi qui, sans exiger aucune résidence, lui procure à Paris un bien-être très honnête... M. Roucher est de la secte des économistes.

Puis, annonçant que *la Rhodéide* est sur le chantier et que *les Mois* vont paraître incessamment, l'infatigable conteur critique déjà les copies manuscrites qui courent de main en main ; ce qui semble lui déplaire tout particulièrement c'est que, dans une note du poème, Roucher ait cité des vers de Cabanis, « jeune poète à peine âgé de vingt ans ».

Malgré l'enthousiasme qui l'accueillait partout où il se présentait, enthousiasme qui allait jusqu'au délire, d'après le témoignage d'un contemporain [1], Roucher se montra tou-

____

1. Un ami du poète, M. Baignères, docteur régent de la faculté de

jours modeste. Nous en trouvons la preuve dans une lettre qu'il écrivait le 31 décembre 1777 à un de ses amis; comme celui-ci s'était excusé d'un tort passager envers Roucher, le poëte lui répondait qu'il souffrait très volontiers la critique de ses vers.

La gloire n'est pas si nécessaire au bonheur, lui dit-il; il faut travailler sans doute pour la mériter, mais, si on ne l'obtient pas, doit-on haïr les juges qui nous la refusent? La haine est un sentiment que j'espère ne jamais connaître. Je trouve plus agréable d'être estimé que d'être loué... Le profit de la culture des lettres est de nous faire des amis.

Jean-Jacques Rousseau qui, dans ces années, voyait beaucoup l'auteur des *Mois*, rendait aussi justice à sa modestie. En voyant son jeune ami si répandu dans le monde, il avait craint pour lui l'orgueil et la paresse et, joyeux de s'être trompé il s'écriait au lendemain de ses succès : « Ils ne me l'ont pas gâté ! »

Dans ses notes des *Mois* [1], Roucher raconte quelques-uns de ses entretiens avec le philosophe de Genève. Il en est un qui peint bien l'esprit paradoxal de Rousseau. Le poète venait de lui lire le tableau des *Vendanges*, qui commence par ces mots :

Paris, s'amusa à composer une critique détaillée et souvent très impartiale du poème des *Mois*. Il la fit précéder du récit de tout ce qui se passa avant la publication. « Ce poëme, dit-il, fit les délices des sociétés les plus brillantes de Paris; on était même regardé comme du plus mauvais ton quand on n'avait pas entendu, au moins une fois, quelques lectures de cet ouvrage. L'auteur allait réciter ses vers et recueillait ici les sourires de la beauté, plus loin la protection de l'homme en place, et, dans cet autre endroit, le diner de la finance. « On engagea l'auteur à publier son ouvrage par souscription; elle fut couverte dans les sociétés les plus distinguées de la cour et de la ville. »

1. Notamment, t. II, p. 98.

> Aux scènes de plaisir qui renaissent pour vous,
> Moi, prêtre de Bacchus, je vous invite tous.

Alors, Jean-Jacques :

Remarquez, dit-il à Roucher, que les peuples dont les vins sont estimés ne connaissent point ces plaisirs vifs et bruyants qui doivent accompagner une heureuse vendange. Il n'y a dans ces pays que de riches propriétaires *et la richesse est toujours triste* parce qu'elle est intéressée et que l'intérêt est ennemi de la joie. Ces hommes d'or affligent de leur présence assidue ceux qu'ils tiennent à leurs gages. Voulez-vous voir, ajouta-t-il, un tableau réjouissant ? Transportez-vous dans les vignobles dont le produit, peu recherché des gourmets, est consommé sur les lieux mêmes. C'est là que le travail est mêlé d'une folle joie. Chaque paysan est propriétaire. Il boira sa vendange ; et l'on travaille gaiement, toutes les fois qu'on travaille pour soi.

Ces relations du poète avec le peintre de la nature sont encore marquées d'un mot trop honorable pour qu'il soit passé sous silence. Rousseau, après avoir entendu un des morceaux des *Mois*, disait à l'auteur :

J'avais contre la langue française deux préjugés : je ne la croyais faite ni pour la grande musique, ni pour la grande poésie. M. Gluck m'a détrompé du premier, vous me détrompez du second [1].

Roucher regardait Jean-Jacques presque comme un dieu. Dans le poème des *Mois* et dans les notes qui l'accompagnent, le poète a parlé souvent du pauvre philosophe. En publiant les quatre lettres à M. de Malesherbes, il

---

1. *Consolations de ma captivité*, t. II, p. 275, édition de Paris an VI.

s'attira plus que des ennuis : il brisa volontairement sa carrière[1]. C'est lui qui le premier donna un récit détaillé de la mort de Jean-Jacques et qui repoussa formellement l'hypothèse du suicide[2]. Il chanta Ermenonville et son tombeau[3].

Il resta son ami quand tout le monde l'abandonnait ; il voua à sa mémoire un véritable culte, et ce n'est pas sans raison qu'on a pu dire que leurs deux noms étaient désormais inséparables.

Ce que Roucher lui doit avant tout, c'est avec l'amour de la campagne et des travaux agricoles, le goût persistant de la solitude. Au lendemain des lectures, Roucher rentrait en lui-même, et, dans un langage expressif il célébrait les avantages du recueillement ; il avait dit dans un de ses vers :

La sensibilité que nourrit la retraite.

et il commentait ainsi cette pensée :

J'avoue que je suis encore à concevoir comment on a pu conseiller aux gens de lettres de se répandre dans le monde. Les avantages qu'on leur fait espérer de ce genre de vie me paraissent bien chimériques. Pour moi, je ne connais que deux classes de littérateurs à qui il soit utile de fréquenter la société : ce sont les romanciers et les poètes qui courent la carrière du théâtre. Tous les autres perdent dans ce commerce : ils y mettent beaucoup et n'en rapportent rien. Comment veut-on que le nombre des grandes idées s'augmente dans des cercles où presque personne ne pense, faute d'idées ;

1. *Les Mois*, t. II, p. 287.
2. *Ibid.*, t. II, p. 307.
3. *Ibid.*, t. II, p. 260. — Il est aussi revenu sur la théorie émise par Jean-Jacques Rousseau dans sa *Lettre sur les théâtres* (t. II, p. 185).

que le jugement devienne plus solide au milieu de la frivolité!
C'est dans la retraite que naissent les grandes conceptions.
C'est là surtout que chaque génie conserve son caractère
d'originalité, car la nature ne fait rien de semblable... Mais
ce qu'on perd surtout dans le monde, c'est la sensibilité qui
fait peut-être tout le génie des grands poètes. Elle s'évapore,
pour ainsi dire, au milieu de la dissipation[1].

Cependant, l'amour de la solitude et de la retraite n'exclut
pas quelques bonnes et solides affections. Roucher était tout à
sa liaison avec le président Dupaty. C'était, il l'a dit lui-
même, une amitié « à la Montaigne », qui rappelle aussi
par certains côtés celle de Saint-Évremond et de d'Aubigny.

Le président dont on citait des mots charmants, entre
autres celui-ci dans un salon : « En ce temps-là, marquise,
j'étais amoureux », et, s'interrompant : « Cela doit vous
étonner qu'on ait pu être amoureux avant de vous connaître », Dupaty, avant d'être l'ami de Roucher, avait été
son introducteur auprès de Turgot.

Les relations avaient bien vite changé de caractère; le
magistrat, en butte aux tracasseries du pouvoir, soumettait
à Roucher non seulement ses élégies ou ses vers, mais
même ses discours judiciaires. Il tenait compte de ses critiques, ainsi que l'indiquent les manuscrits retrouvés dans
les papiers du poète.

C'est par là, et en se souvenant encore des relations de
Roucher avec un autre magistrat, Duval d'Éprémesnil, que le
poète entra dans cette opposition parlementaire qui marque
une des premières formes de l'évolution libérale pendant
ces années qui précèdent la Révolution.

On y agissait parallèlement aux encyclopédistes. Dans la

1. *Les Mois*, t. Ier, p. 179.

fréquentation de ces esprits, alors très avancés, Roucher puisa le germe de bien des idées politiques ou sociales que nous verrons se développer avec les années et au feu des événements.

En attendant, la confiance la plus absolue régnait entre les deux amis. Dupaty s'enthousiasmait à la lecture des *Glaciers*, ce morceau qui fut très répandu dans le monde vers 1777[1]. Il se chargeait de remettre les prospectus des *Mois* à tous les magistrats qu'il fréquentait et il accompagnait cette distribution des plus chaleureux appels. A son retour d'Italie, il rapportait au poëte une branche de laurier cueillie à son intention sur le tombeau de Virgile.

Roucher, de son côté, faisait pour le magistrat ce qu'il avait fait pour Turgot. Il célébrait, dans son poëme, l'impartialité et la vertu de l'incorruptible président.

Au magistrat prévaricateur qu'il avait stigmatisé dans des — vers indignés, — que la censure d'ailleurs avait effacés, Roucher opposait l'homme vertueux, intrépide, équitable qui était son ami. Sa voix s'élevait avec le sujet et la poésie atteignait à la grande éloquence :

> Poursuis donc, Dupaty, ta course glorieuse ;
> Et tandis qu'au Sénat ta main victorieuse
> Couvrira l'opprimé de l'égide des lois,
> Moi, qu'un autre destin fit pour d'autres emplois,
> Au nom des saintes mœurs dont l'intérêt m'enflamme,
> J'ose, dispensateur de l'éloge et du blâme,
> Faire entendre ma lyre à ces flots de guerriers,
> Qui viennent, aujourd'hui, le front ceint de lauriers,

---

1. Il lui écrivait à ce propos : « Vos superbes *Glaciers* m'ont échauffé de la plus juste admiration. Vos vers sont autant de rayons de soleil qui

> Changent ces pics glacés en murs de diamant.

Il ne sera pas permis d'être médiocre après vous. »

Dans la paix que l'hiver accorde à la patrie
Attendre le retour de la saison fleurie[1].

Ces allusions étaient accueillies avec transport. A la loge des Neuf Sœurs, qui comptait parmi ses membres Voltaire, Franklin, Florian, Lalande, Cailhava, Lemierre, d'Ussieux, Chamfort, Parny, Fontanes, Vernet, Greuze, Houdon, Piccini, Garat, en un mot tous ceux qui avaient un nom dans les lettres ou dans les arts, Roucher, « l'orateur » attitré, lut, le 25 août 1779, le passage relatif à Dupaty. L'assistance applaudit avec transport. Le malveillant Bachaumont fut obligé lui-même de le reconnaître.

Dans cette fréquentation des parlementaires, Roucher s'était revêtu pour ainsi dire d'un caractère d'arbitre et de magistrat. C'est à lui qu'on s'adressait, comme à un intermédiaire désigné par sa vertu, pour trancher les querelles littéraires. Blin de Sainmore lui en faisait l'offre sans détours.

Je suis désolé, lui écrivait-il au mois de janvier 1777, du spectacle qu'offrent les gens de lettres qui se déchirent entre eux. Les écrivains estimables par leur conduite et leurs talents devraient faire une association pour se défendre. J'ai l'âme flétrie en voyant la haine et les partis déchirer les succès, et les membres les plus éclairés de l'humanité devenir des tigres en cultivant tout ce qui devrait adoucir les mœurs. *Vous êtes tout indiqué pour faire revenir les gens du monde.* Vous m'avez déjà défendu contre les indifférents ou les jaloux et je vous en remercie.

François de Neufchâteau disait bien haut le nom de celui dont tout le monde redoutait l'injustice et la tyrannie :

Je ne sais encore ce que deviendront mes destinées dans ce

1. Voy. encore les notes des *Mois*, t. II, p. 183.

pays qu'on croit être celui des ressources, et qui n'est vraiment que celui des intrigues. J'aurai plus d'une fois le regret d'avoir quitté Bordeaux ; le cœur se perd dans le chaos de Paris...

Il a eu à se plaindre de La Harpe ; il va lui répondre dans le *Journal de Paris* :

On a vingt-quatre heures pour dire des injures à ses juges. Je ne dirai point d'injures à M. de La Harpe, mais j'espère lui prouver qu'il a tort. Et après l'avoir démontré pour mon compte, je le démontrerai peut-être aussi pour le compte des autres. Vous en rirez à Montfort, si la chose en vaut la peine.

Cependant Roucher était en train de mettre la dernière main à son poème dont il attendait la fortune et la gloire.

Sur les conseils de ses amis Imbert, d'Ussieux, Berquin, etc., il supprimait, — ce qui semblera toujours bien difficile à un auteur, — des passages entiers ou bien il en recommençait d'autres qu'il croyait excellents[1].

Il s'entourait de tous les documents, de toutes les brochures, de toutes les relations manuscrites qui pouvaient l'éclairer. Il traduisait des passages entiers de la Bible, de Virgile, de Tibulle, de Properce, de Thomson, d'Young, du Tasse, etc., avec une préoccupation évidente d'utiliser quelques-uns de leurs traits dans son ouvrage.

Au château de la Falaise, près de Meulan, « dans cette longue vallée qu'arrose la Mauldre et qui est digne d'être visitée par les botanistes, autant que chantée par les poètes », Roucher retrouvait chez le marquis de Tourny, mais avec

---

1. Voir pour ces suppressions qui lui sont conseillées, *les Mois*, t. I{{er}}, p. 348. Il reproduisit plusieurs fois dans les notes les passages ainsi effacés.

plus d'indépendance, l'hospitalité d'Anel. Il prenait intérêt aux mesures généreuses que le seigneur appliquait dans ses domaines. Il se sentait à l'aise chez ces nobles instruits, intelligents et charitables, qui n'étaient pas de ceux contre lesquels se fera bientôt la Révolution.

Il parcourait les endroits les plus pittoresques du domaine et il laissait la trace de son passage dans des inscriptions poétiques qui célébraient la beauté du lieu. A Saint-Lazare, il revenait avec mélancolie sur la vie libre et heureuse qu'il avait menée à la Falaise et il immortalisait ainsi ces plaisirs de sa jeunesse et les nobles hôtes qui les lui procuraient [1]. Dans son *Mois de Juin* il a chanté les heureux châtelains de ce joli séjour ; il s'est étendu longuement, avec complaisance, sur la fondation qu'ils avaient faite pour le couronnement d'une rosière, comme s'il n'était pas étranger à l'acte de donation qu'on a retrouvé dans ses papiers. Là, quelques détails comme le chapeau de paille entouré de branches de roses, nouées par un ruban bleu, — on reconnaît ici le règne de Watteau, — ou comme ce repas de fête, qui ne devra être composé que de laitage et de fruits, semblent sortis tout entiers de l'imagination et de la plume de Roucher.

Il faisait plus encore : comme s'il pressentait l'avenir, il voulut immortaliser les traits de la charmante marquise et, en tête de ce *Mois de Juin*, il fit graver par Marillier la scène champêtre que présidaient les deux châtelains.

Toujours la plume à la main devant les livres qui sollicitent sa lecture, Roucher se prononce contre les basses flatteries des dédicaces dans Ovide, Virgile et Lucain ; il sème ses observations de notes autobiographiques qui remontent jusqu'aux jours de son enfance ; ou bien, il donne

1. Voir cette charmante lettre à Eulalie qui se trouve dans *les Consolations*, t. II, p. 92 et suiv.

ses idées sur la poésie en général et c'est ainsi qu'après une description latine des sciences mathématiques ou physiques, il écrit, en 1779 en marge des *Poemata Didascalia* :

Admirez le pouvoir de la poésie, qui rend palpables pour ainsi dire les sciences les plus abstraites. Avec quelque travail, il serait facile de transporter cette description dans la poésie française qu'on a trop voulu borner jusqu'à présent, puisqu'elle peut, aussi bien que la poésie latine, tout dire, tout exprimer et tout peindre.

C'est encore en marge de ce livre, qu'à propos de l'éducation du poète, il recommande les grands voyages « qui font passer sous ses yeux tous les grands tableaux de la société et de la nature. C'est là, dit-il, à mon avis, le grand moyen de développer dans une jeune tête de grandes pensées, de grandes images et, dans une âme, les fortes émotions qui se reproduisent dans les ouvrages. »

Par-ci, par-là, quelques jugements : « Le récit de la mort d'Abel dans la Genèse, est admirable. — Milton, ici, est supérieur à tous les poètes anciens et modernes et à lui-même. »

Parfois ce sont des allusions à de prochains travaux, comme ce poème de l'*Astronomie*, qu'il devait ébaucher un jour :

Ici commence le récit de l'invention du baromètre, épisode curieux dont l'imitation ne figurerait peut-être pas mal dans un des chants de l'*Astronomie*. Je n'en ai pas encore la place et pour la trouver, il faut que j'aie médité davantage le plan de ce poème.

Mais les notes qui sont assurément les plus curieuses

sont celles que Roucher a écrites en marge d'un exemplaire des *Saisons* de Saint-Lambert. Non seulement elles nous donnent une idée de ses procédés de travail, mais encore elles nous éclairent sur l'opinion que Roucher avait de lui-même ; parfois aussi elles le montrent dans ses saillies de caractère prises sur le vif.

Dans ce travail critique fait sur une œuvre toute récente et presque rivale de la sienne, Roucher compare son émule à Virgile, à Thomson, à Delille, à Gessner ; il montre partout une vaste érudition et une connaissance réelle du sujet. bien naturelle, d'ailleurs, de la part de celui qui a entrepris de chanter les *Mois*.

De quelques vers du début, il va dire qu' « ils sont beaux d'imagination et surtout d'harmonie imitative, qualité bien rare dans nos poètes modernes à commencer par M. de Voltaire, si inférieur du reste à Racine ».

A propos de ces vers sur le laboureur :

> Il craint la pauvreté
> Mais il craint plus encor la triste oisiveté.

Roucher s'écriera :

Mensonge qui ne pouvait tomber que dans la tête d'un philosophe. C'est ce que j'appelle donner un soufflet à la nature.

Il proclame « sans détours » la supériorité de son poème des *Mois*, soit qu'il dise que Saint-Lambert n'a rien fait qui approche de son tableau des pluies printanières, ou que sa description de la convalescence est vraiment dramatique ; « Ai-je réussi ? dit-il ; le public me l'apprendra un jour. »

Il dit encore :

La fenaison est, peut-être, de tous les travaux champêtres le plus aimable et le plus riant. Dans Saint-Lambert, il est sans caractère. J'ai tâché de me rapprocher de la nature et de Thomson lorsque, dans le *Mois de Juin*, j'ai crayonné le même tableau.

Le grand reproche qu'il adresse à son rival, c'est de manquer de chaleur, d'enthousiasme, d'initiation :

Pour moi, dit-il, j'ai remarqué que je faisais toujours mal ce dont je n'avais pas été averti par mon génie.

Et, reprenant dans le détail son appréciation, s'il compare Gessner et Saint-Lambert, il dira :

Ici, tout est froid, pénible et didactique. Dans Gessner, tout est sentiment, tout est amoureux. Saint-Lambert, peintre sans couleur; Gessner, brillant coloriste. Enfin, dans les vers de Saint-Lambert je crois lire de la prose, et dans la prose de Gessner, je crois lire des vers.

Sur Thomson :

M. de Saint-Lambert se bat les flancs pour s'échauffer. Il est bien différent de Thomson, poëte inspiré. On croit entendre un prophète tant ses mouvement sont vifs et variés, ses pensées revêtues d'images et ses épithètes pittoresques.

Il renvoie son auteur à ce même Thomson, à Virgile et à Horace :

Dans tous les trois vous trouverez un poëte et vous serez fâché de ne voir qu'un raisonneur dans Saint-Lambert.

S'il est satisfait, il a encore des réticences :

Autant le plan est sage et bien ordonné, autant l'exécution est faible, paresseuse et monotone.

A propos de ces deux vers « d'une beauté qui semble ne point appartenir au talent de M. de Saint-Lambert :

> L'aigle entouré des feux dont l'Olympe étincelle
> Suit, atteint son amante et jouit dans les cieux,

Pindare, dit Roucher, n'est pas plus sublime. »

Ici, l'approbation est sans mélange : « Je connais peu de vers en français qui soient supérieurs à ces deux-ci :

> C'est là que la na'ure et plus riche et plus belle
> Signale avec orgueil sa vigueur éternelle. »

Mais bientôt la critique amère reprend le dessus et avec un ton qui montre combien le caractère de Roucher était resté Méridional sous le climat de Paris : ce ne sont que des exclamations :

Bon Dieu, quelle prose!... Trois vers de métaphysique! Bon Dieu, comme ce langage abstrait assassine la poésie!... Voilà ce diable de *Je vois* qui revient encore...

... Ne sois pas tant philosophe et sois plus poète... Un paysan qui se dit, comme Dieu, ce que j'ai fait est bien, il y a là je ne sais quoi qui me fait toujours rire !

Ces notes s'arrêtent au milieu du chant de l'*Été*. Tout incomplètes qu'elles sont, elles n'en restent pas moins des plus intéressantes.

Il est toujours délicat de livrer ainsi à la curiosité publique, qui aime à faire des comparaisons, les jugements et les pensées qui, nées au courant de la plume, écrites par l'auteur pour son usage, n'étaient pas destinées à affronter un jour la publicité. Mais ces notes dépeignent si bien notre poète, elles rappellent si parfaitement jusqu'aux termes même les jugements publics de Grimm et de Diderot que

l'intérêt nous a paru justifier ce qui, de prime abord, semblerait une indiscrétion[1].

Roucher était beaucoup moins sévère pour l'abbé Delille;
il en parlait avec éloges dans ses notes des *Mois*[2]. D'ailleurs,
dans ce poème, qu'il croit appelé à un grand retentissement,
c'est toujours la bienveillance qui prend le dessus, soit qu'il
s'agisse de d'Alembert, soit que le poète nous entretienne
de ses amis et de leurs promesses; Cabanis, Garat, Berquin,
sont annoncés et présagés avec une indulgence que leur
carrière n'a pas toujours justifiée, mais qui, du moins,
témoigne d'une grande bonté de la part de Roucher et surtout d'une absence totale de jalousie[3].

Le poète, comme s'il voulait faire de son œuvre le
résumé de toutes ses doctrines et de toutes ses pensées, introduit à côté de ses observations personnelles, l'exposé de ses
principes philosophiques. Enfant de cette fin du XVIIIᵉ siècle,
il aime la discussion sur tous les sujets; il en abuse.
A tout instant, ce sont des souvenirs : « J'ai connu un
homme, etc. » Sur le soleil vu par les mourants, il trouve
bon de nous dire les idées que cette pensée évoque chez
lui, etc., etc.[4]. Sa philosophie, au contraire, qu'il eût été

1. Sainte-Beuve, dans sa très belle étude sur la poésie de la nature
Causeries du Lundi, t. XI), a fort bien mis en lumière l'aridité, la
sécheresse de Saint-Lambert. Il appuie son jugement sur les opinions
de Grimm, d'Horace Walpole et de madame du Deffand. Appelé par le
sujet même à faire la comparaison, il reconnaissait au contraire chez
Roucher cette douceur et ce charme, cette fraîcheur et cette nouveauté
qui composent précisément les qualités de sensibilité qui manquaient
à Saint-Lambert. C'est aussi, dit le grand critique, le côté par lequel
Roucher l'emporte sur l'abbé Delille.

2. *Les Mois*, t. II, p. 103.

3. *Ibid.*, t. II, p. 104, 53, 58. Le Garat dont il s'agit ici est Joseph
Garat, celui qui fut ministre de la justice pendant la Révolution et
qui devint comte de l'empire et membre de l'Académie française.
C'était l'oncle du célèbre chanteur.

4. *Les Mois*, t. II, p. 348, anecdote d'une mère pleurant sa fille :

fort intéressant de préciser, apparaît très nébuleuse, à peine arrêtée. Pourquoi trouver le stoïcisme ridicule[1] quand on est presque un disciple de Lucrèce?

Mais ce qui apparaît beaucoup plus nettement, c'est l'esprit de progrès et de réforme. En 1780, rien n'était plus hardi que cette note sur le divorce qui n'est pas de Roucher, — il nous en prévient, — mais dont le poète se rend absolument solidaire, et responsable en lui accordant une aussi large hospitalité.

Les événements de l'époque, guerre d'Amérique, partage de la Pologne, trouvent un écho dans ces vers: Franklin, que Roucher a connu à Auteuil, voit sa découverte célébrée avec un enthousiasme bien naturel chez un ami de Turgot.

En dehors de ces actualités intéressantes, l'annonce d'une édition luxueuse, ornée de superbes gravures[2], excitait encore l'attente générale; aussi, le poète, prôné dans tous les salons, voyait la liste de souscription se couvrir des noms les plus remarqués dans le monde et dans les lettres.

Une indiscrétion du *Journal de Paris*, qui venait d'être fondé par d'Ussieux, Corancez et Romilly, tous trois amis de Roucher, vint mettre le comble à la célébrité du poète et aiguiser la curiosité du public.

Dans les premiers jours de janvier 1777, une note annonçait, comme une bonne fortune pour les lecteurs du journal, la publication d'un extrait du *Chant d'Octobre*.

réflexion de Roucher sur le rôle du clergé dans cette affaire; — p. 277, sur l'âme des bêtes, discussion des opinions de Descartes et de Louis Racine; — le rôle du poète, — les jeux dans Paris, — sur les Druides, autant de sujets traités dans cette œuvre trop touffue et trop vaste.

1. Tome II, p. 104.

2. Les gravures ne revenaient pas à moins de trente louis (lettre de Roucher au graveur Ponce en 1779), et l'édition in-4° coûta vingt-quatre mille livres, somme énorme pour cette époque.

> Rien ne s'anéantit; non, rien et la matière
> Comme un fleuve éternel roule toujours entière, *etc*.

Le rédacteur présageait que ce poème donnerait à la langue française un caractère nouveau d'harmonie et de fierté. Il espérait que Roucher pardonnerait cet éloge, ainsi que le « larcin et les taches dont une mémoire infidèle avait peut-être déparé les vers qu'on lui avait surpris ».

De Montfort, Roucher répondit, le 20 janvier, qu'il pardonnait le larcin, mais non pas l'excès des éloges.

> Le public, disait-il, est prévenu contre les aveuglements de l'amitié. De plus, quelle idée quarante vers peuvent-ils donner d'un long poème? Est-ce que le sculpteur détache un pied ou une main de sa statue? Imprimez, je vous prie, cette lettre et pour réparer l'espèce de tort que j'ai pu souffrir de votre larcin et l'injure que vous avez faite au public en prévenant son jugement.

Roucher abordait ainsi le *Journal de Paris* où sa collaboration intermittente ne cessera qu'en 1792, après une campagne qui est assurément son plus beau titre de gloire devant la postérité.

Aujourd'hui, les communications sont purement littéraires, quelquefois même anecdotiques ou charitables. Toutefois, le 28 septembre 1778, un article important montre que Roucher prévoit déjà la Révolution et que son parti est arrêté de se placer dans les rangs des vrais amis du peuple. Voici comment il s'exprime, trouvant moyen, en même temps qu'il fait une déclaration de principes, d'être agréable à son ami l'abbé de Besplas.

> L'éloquence de la chaire, dit-il, n'émeut pas d'habitude parce que le prédicateur ne tire rien de son cœur. Il a composé froidement: il est écouté de même.

Le sermon fait par l'abbé de Besplas à Mesdames de France est bien différent. Comme il a raison d'annoncer que les afflictions peuvent pénétrer jusqu'au milieu du faste des cours !

Est-ce, en effet, *au peuple* dont la vie est une longue souffrance qu'il faut en prêcher la nécessité? C'est aux grands, qui, sans la religion, oublieraient peut-être qu'ils sont hommes, qu'on doit faire entendre cette dure vérité.

Rapprochant ces paroles de Montesquieu et de Voltaire : « La religion est le seul mors que les rois puissent encore blanchir », et :

> Cette religion qui les enchaîne tous
> Leur met un frein sacré qu'ils mordent à genoux.

Roucher ajoute :

Ce mot me rappelle une réponse non moins sublime que fit un homme de lettres à un souverain qui voulait tourner en ridicule ses sentiments religieux. « Oui, Sire, j'aime à croire à un Être qui est au-dessus des rois. »

On sent que Roucher est de la maison; ses amis aiment à la recommander au public toutes les fois que l'occasion s'en présente. Si l'on rend compte de l'*Almanach des Muses* et des pièces qu'il contient, on insistera particulièrement sur les vers de Roucher, et, à propos par exemple de la traduction du *Cantique d'Isaïe*, on n'hésitera pas à dire qu'elle suffit pour placer son auteur au premier rang des poètes lyriques.

On lui ouvre toutes grandes les colonnes du journal et l'on accueille ses articles avec plaisir.

Lorsque Bailly, refusant de suivre Voltaire dans cette

théorie qui regardait la dynastie des Brachmanes comme
la nation primitive dépositaire des secrets de la science et
de la civilisation, se prononce pour l'hypothèse plus indé-
terminée d'une nation préhistorique évoluant dans un âge
d'or légendaire, Roucher est là pour prendre position dans
la lutte et pour soutenir, dans des articles presque quoti-
diens, le système de son ami ; quand le savant, dans son
Atlantide, renouvela contre Voltaire mort la querelle des
premiers jours, Roucher reprit pour son compte, exposa et
soutint les théories de l'illustre astronome. Il répondit à
tous les arguments de Pigeon de Saint-Paterne, le défenseur de Voltaire. La polémique durait depuis longtemps,
elle menaçait de s'éterniser, quand Roucher la termina par
cette déclaration :

Ces réponses me font perdre un temps précieux. Le temps
qu'on perd à se défendre peut être mieux employé à cultiver
et à étendre sa raison[1].

Il est encore une autre grande question de l'époque, bien
chère à l'école économiste, celle de la liberté des grains, qui
ne laissa pas Roucher indifférent.

Pour s'être prononcé contre Voltaire dans ses démêlés
scientifiques avec Buffon ou avec Bailly, Roucher n'en est
pas moins fasciné par l'universalité de ce génie ; ce n'est
pas seulement l'écrivain qu'il admire, c'est encore et surtout
le philosophe novateur, l'ami de l'humanité, et, il faut le
dire aussi, le destructeur de tout un ordre de choses que
son antiquité, n'y eût-il pas encore d'autres raisons meilleures, aurait dû rendre respectable.

1. Voir la collection du *Journal de Paris*, n° 365 de 1778, n°s 40,
64, 66 et 75 de 1779.

Au mois de mars 1778, Roucher recevait à Montfort, de son correspondant François de Neufchâteau, comme un écho affaibli du délire de la capitale :

A propos de Voltaire, j'ai vu hier *Irène*. Le second et le quatrième actes sont bien beaux. Il y a plus de verve que dans ses dernières pièces. Vous aimerez le coloris de la plupart des scènes. Vous trouverez de bien beaux vers sur les rois par exemple :

> Cette religion qui les enchaîne tous
> Leur met un frein sacré qu'ils mordent à genoux.

Et, en parlant de l'empereur Nicéphore :

> Qu'il gouverne, s'il peut, de ses sévères mains,
> Cet empire, autrefois l'empire des Romains,
> Qu'aux campagnes de Thrace, aux murs de Trébizonde,
> Transporta Constantin pour le malheur du monde !

Je pourrais vous en citer une foule; mais je crains que ma facilité à les retenir ne prouve encore plus pour ma mémoire que pour la pièce qui est, en général, fort mal jouée.

Il s'excuse d'écrire à Roucher en vile prose, « mais le langage des dieux n'est pas tout à fait celui d'un homme qui aspire uniquement à faire des requêtes en vue d'arrêts. Cela ne mène pas au Parnasse ; la route est même très opposée », et il termine par ce rapprochement extraordinaire : « Mais il ne faut s'obstiner à suivre celle de l'Hélicon que quand on est Voltaire ou Roucher... »

Roucher, à l'occasion du retour du Patriarche, le 17 février 1778, avait composé un chant de triomphe qu'il vint lire, au lendemain de la représentation d'*Irène*, à la loge des Neuf Sœurs.

Ce fut un immense succès pour le philosophe et pour le

poète qui l'avait chanté. L'épigraphe, empruntée à Lucrèce,
indiquait déjà à quelle hauteur d'adulation Roucher allait
s'élever :

> ..... *nonne docebit*
> *Hunc hominem numero Divûm dignarier esse ?*

Puis le poète commençait :

> Sur un char lumineux, quand Cérès triomphante
> Du temple d'Éleusis visitait les autels :
> « Profanes, loin d'ici, » criait l'hiérophante,
>   « Loin d'ici, profanes mortels ! »
>
> Le tonnerre, à ces mots, brisant la voûte sainte,
> L'homicide, l'impie et l'ingrat pâlissaient ;
> Tous, en foule, du temple abandonnaient l'enceinte
>   Et les mystères commençaient.
>
> . . . .
>
> Repoussez l'envieux ; chassez le fanatique :
> Que tout soit digne ici de la divinité !
> Moi, je vais entonner sous ce sacré portique
>   Le chant de l'Immortalité.

Quand Roucher arrive au philosophe, il l'oppose aux
conquérants et il s'écrie :

> Mais arrive le temps qui juge la victoire,
> Le temps qui dans leurs noms les condamne à mourir.
> Le sien, contre la mort retranché dans l'histoire,
>   Chaque jour s'en va refleurir.

Passant en revue le poète épique et l'historien, Roucher
nous montre maintenant le physicien et l'auteur des poésies
légères :

> Le compas à la main, vainement Uranie
> Fuyait, avec Newton, par delà tous les cieux :

Voltaire la poursuit ; soumise à son génie,
  Il la ramène sous nos yeux.

Toi qu'un essaim d'amours et de jeux environne
Toi, dont Anacréon a porté les couleurs,
Dis-nous, Muse légère, à qui de ta couronne
  Tu dois les plus brillantes fleurs.

. . . .

Qu'un effronté Zoïle en rimes frénétiques
De ce jour de victoire insulte la splendeur !
Ou plutôt que, vendue à l'or du fanatique,
  Sa bouche mente sans pudeur !

Voltaire est loin de lui : les clameurs de l'impie
N'atteindront pas Voltaire en ce jour solennel,
Et par de longs respects un peuple entier expie
  L'attentat d'un seul criminel.

Modérons toutefois nos transports d'allégresse :
Épargnons un vieillard, hélas ! prêt à périr :
Il s'écrie, affaibli par un excès d'ivresse :
  « Ils veulent me faire mourir ! »

Mais non, non ! Radieux, il sort du Capitole,
Et d'un plus doux triomphe il obtient la faveur,
Au-devant de son char tout un peuple qui vole
  Des Calas chante le sauveur.

Maintenant, que Voltaire après cette victoire
Aille enfin dépouiller la frêle humanité !
Le destin s'essayait, par ce grand jour de gloire
Au grand jour de l'Éternité.

Voltaire mort, on supprime ses restes. On les transporte
mystérieusement à l'abbaye de Sellières, en Champagne,
tant on craint à Paris les hommages posthumes. Roucher
est outré de cette insulte. De toutes parts on s'adresse à lui,
on lui envoie des relations secrètes sur la façon dont les
choses se sont passées. L'indignation l'emporte et dans le

chant de *Janvier* alors en préparation, il intercale des paroles vengeresses sur ce refus de sépulture. La censure en interdira la publication; mais il est libre de sa parole et, dans la cérémonie funèbre qui eut lieu le 29 novembre 1778, à la loge des Neuf Sœurs, au moment où la pyramide sépulcrale disparaissait frappée par le tonnerre, et où la clarté succédait à l'horreur des ténèbres, le poëte se leva pour déclamer ce morceau. Bachaumont rend compte en ces termes de l'impression de l'assemblée :

On sait, dit-il, que la persécution s'est déjà acharnée contre cet ouvrage bien qu'il ne soit pas encore imprimé. Le zèle de Roucher contre le fanatisme s'est animé et lui a fait enfanter la tirade en question relative à la mort de Voltaire et au refus de l'enterrer. Il a comparé cette injustice avec les honneurs accordés aux cendres d'un prélat hypocrite, d'un ministre concussionnaire. Un enthousiasme général a saisi tous les spectateurs transportés, on a crié *bis* et il a fallu qu'il recommençât. On ne sait comment le clergé et le gouvernement prendront ce morceau; on craint qu'il ne mérite à l'auteur l'animadversion de l'un et la vengeance implacable de l'autre[1].

La prédiction ne tardait pas à s'accomplir. Dès la fin de cette année 1778, l'archevêque de Paris, Christophe de Beaumont, aussi remarquable par ses bonnes mœurs et sa charité qu'il était connu par son intolérance[2], écrivait au garde des sceaux pour lui signaler le poème des *Mois*.

1. Grimm, t. X, p. 133 et suiv. de l'édition de 1830 rend, lui aussi, hommage au triomphe de Roucher ce jour-là.

2. Il est permis d'employer ce mot, quand on se rappelle les querelles de monseigneur de Beaumont avec tous les philosophes et notamment avec Rousseau. — Ici, la majorité du clergé ne pensait pas comme l'archevêque de Paris puisque, sur la liste des souscripteurs au poème des *Mois*, on trouve les noms de presque tous les archevêques et évêques de France.

J'ai eu l'honneur, monsieur, disait-il au chancelier, de vous écrire au sujet de ce poème qu'on préconise dans les sociétés prétendues philosophiques et dont on a annoncé l'impression prochaine. Je vous ai prié d'en confier l'examen à un censeur dont les principes fussent biens sûrs; j'ai reçu, depuis, des observations qui m'ont été adressées par une personne qui parait bien instruite de ce qui concerne cet ouvrage. Permettez-moi, monsieur, de vous les faire passer; elles vous convaincront de la nécessité de prendre de justes mesures pour que la religion ne reçoive pas de nouvelles attaques. Le poème des *Douze Mois* ne parait devoir être examiné que par un censeur qui joigne au mérite de littérateur celui de théologien. Au reste, monsieur, je vous ai fait connaître le nouveau danger dont la religion est menacée; c'en est assez pour me tranquilliser.

Dans les notes jointes à cette lettre, on disait qu'en voulant «allégoriser» les fêtes de l'antiquité qui répondaient aux révolutions périodiques du soleil, il était à craindre que Roucher ne se fût proposé d'en faire autant de fêtes chrétiennes.

Par exemple, il soutient que les cérémonies observées par l'Église à l'office des ténèbres, dans la semaine sainte, sont empruntées de celles que les païens observaient à la mort d'un de leurs dieux. De même pour saint Roch qui serait une constellation. Les Égyptiens disaient que, quand *Roch* paraissait, la peste cessait, et Roucher dit que cette observation avait, dans la suite, fait faire un saint d'une constellation.

L'épigraphe divinise le soleil; et Roucher, en le montrant absent en décembre, reparaissant avec Noël, voyait dans cette fête le renouvellement de l'année et non pas l'apparition du Messie.

Tout cela est bien puéril, n'est-ce pas? Cependant, il faut continuer:

D'après les observations qui lui avaient été faites à l'occasion de ces impiétés, il se proposait de réformer ce chant. Mais il s'est, depuis, déterminé à le laisser tel qu'il est. Il espère qu'à la faveur d'une préface et de quelques notes il pourra en imposer à son censeur, qui, comme il s'en flatte, sera un de ses amis.

Dans un autre chant, il contredit le récit de Moïse sur le déluge; il substitue ses imaginations aux circonstances rapportées dans le texte sacré. Ailleurs, il attaque la Providence au sujet du mal physique. En un mot, l'auteur du poème des *Douze Mois* est un prédicant de l'impiété et l'impression de son ouvrage, s'il n'est réformé, fera certainement beaucoup de mal.

L'archevêque de Paris était une puissance avec laquelle il fallait compter. Pidansat de Mairobert, esprit élevé et philosophique, fut nommé censeur. Il fit la seule réponse qu'il y avait à faire. Il répondit à M. Le Camus de Neville, qui lui avait écrit de la part du garde des sceaux, en montrant que « le poème n'était pas irréligieux, que certaines inductions étaient forcées, ridicules et surtout calomnieuses et de mauvaise foi ». « On assure que cette défense de M. Roucher est un petit chef-d'œuvre de logique, » ajoute Bachaumont [1].

Quoi qu'il en soit, et pour satisfaire aux inimitiés politiques et religieuses, la censure exigea la suppression de deux passages [2].

Dans le chant de *Novembre*, les vers sur le président Dupaty étaient précédés d'un éloge de la magistrature intègre qui a été conservé et d'une satire qui clouait au pilori de l'histoire, la mémoire de l'avocat général Séguier.

---

1. Voir Bachaumont, 27 octobre et 17 novembre 1778.

2. Depuis, ces deux lacunes furent données par Roucher lui-même dans l'*Almanach des Muses* de 1792 (p. 37), et dans l'*Almanach littéraire ou Étrennes d'Apollon pour* 1791.

Après ce vers :

Vous n'offrirez de vous que de nobles portraits [1],

Venait la tirade suivante :

Ce n'est pas tout encor ; couvrez d'ignominie
L'orateur magistrat qui de la tyrannie,
En des temps orageux, flatta les vils suppôts,
Et trop tard pour l'honneur déserta leurs drapeaux.
D'un pareil défenseur la vérité s'indigne ;
Quels que soient ses talents, ce mortel n'est pas digne
De conduire à vos pieds l'orphelin gémissant,
Ni de vous présenter les pleurs de l'innocent [2].

La seconde lacune se rapportait au refus de sépulture qui avait été fait aux cendres de Voltaire.

Le nom de Calchas cachait celui du cardinal de La Roche-Aymon ; Séjan et Verrès, c'étaient l'abbé Terray et Clugny.

Après ce début, tronqué avec une habileté qui décelait l'amitié intelligente du censeur :

Que dis-je ? O de mon siècle éternelle infamie
L'hydre du fanatisme [3] ....

Il faut lire :

A regret endormie,
Quand Voltaire n'est plus s'éveille et lâchement
A des restes sacrés refuse un monument.

1. *Les Mois*, t. II, p. 136.
2 Grimm, t. II. p. 295 (édition de 1829), et dans maints autres endroits s'élève avec vigueur contre Séguier, qui s'était toujours signalé par sa haine contre les philosophes. C'est ce magistrat qui, dès 1759, avait demandé l'interdiction de *l'Encyclopédie*. Grimm le traite de « capucin » et de « magistrat sans lumières et sans équité ».
3. *Les Mois*, t. II. p. 259, Janvier.

Et qui donc réservait cet opprobre à Voltaire ?
Ceux qui déshonorant leur pieux ministère,
En pompe hier, peut-être, avaient enseveli
Un Calchas, soixante ans par l'intrigue avili,
Un Séjan, un Verrès qui, dans des jours iniques,
Commandaient froidement des rapines publiques.
Leur règne a fait, trente ans, douter s'il est un Dieu :
Et cependant leurs noms, vivant dans le saint lieu,
S'élèvent sur le marbre et jusqu'au dernier âge
S'en vont faire au ciel même un magnifique outrage ;
Et lui qui ranima par d'étonnants succès
L'honneur déjà vieilli du cothurne français,
Lui qui nous retira d'une crédule enfance,
Qui des persécutés fit tonner la défense,
Le même en qui brillaient plus de talents divers
Qu'il n'en faut à cent rois pour régir l'univers,
Voltaire n'aurait point de tombe où ses reliques
Appelleraient le deuil et les larmes publiques !
Et qu'importe après tout à cet homme immortel
Le refus d'un asile à l'ombre d'un autel ?
La cendre de Voltaire en tous lieux vénérée
Eût fait de tous les lieux une terre sacrée.

Ici, après le passage supprimé et pour le terminer, on
avait conservé ce beau vers :

Où repose un grand homme, un Dieu vient habiter.

Bitaubé, que Roucher affectionnait beaucoup, et qu'il
estimait pour sa traduction d'Homère, si supérieure à celle
de « la faible et commune madame Dacier », écrivait à cette
époque au poète pour l'entretenir de ce qu'il faisait dans son
intérêt :

L'Académie de Berlin, lui dit-il, a souscrit aux *Mois*. Je l'ai
d'abord écrit à d'Holbach. Je vous en informe maintenant direc-

tement et, cependant, Mars nuit ici à Apollon. Aussi dans les salons, on ne souscrit pas au prospectus... Que fait M. Cabanis?... Voltaire a bien peu joui de ces derniers rayons de la gloire. Je le regrette avec tous ceux qui aiment les lettres... Oserais-je vous prier, monsieur, d'assurer de mes devoirs madame Helvétius, MM. d'Holbach, Turgot, Diderot et tous ceux de votre connaissance qui veulent bien se souvenir de moi.

Cette souscription aux *Mois* est, en effet, à cette époque, la grosse affaire de Roucher. Le *Journal de Paris*, dont le poète dispose, annonce à diverses reprises, l'apparition de l'ouvrage. Le prospectus est modeste. Roucher va, d'instinct, au-devant des objections qu'on pourra lui faire. Il sait que son succès dans les lectures privées tient au débit et à l'indulgence dont on paye la complaisance d'un auteur. Souvent le public se venge du succès des lectures, parce qu'il n'aime pas qu'on lui fasse violence par des éloges anti-cipés. L'auteur des *Mois* qui n'est pas, comme le poète de *Zaïre*, de ces géants heureux qui arrivent du premier pas à la perfection a eu, du moins, le mérite de *remettre cent fois son ouvrage sur le métier.* Il y a dix ans qu'il y travaille.

Le temps seul peut apprendre aux poètes français à maîtriser une langue dédaigneuse quoique indigente et trop timide pour se prêter sans de longs efforts à la liberté de la haute poésie.

Après bien des retards, l'ouvrage allait enfin paraître.

La liste des souscripteurs débutant par les membres de la famille royale, se continuait par les premiers noms de l'ancienne France.

Parmi ceux qui ont souscrit en 1780 et que la mort aura épargnés ou que l'émigration n'aura pas pris, combien se retrouveront, à côté de Roucher, sur les listes du tribunal révolutionnaire !

Mais pourquoi devancer la durée des temps et sonder les épouvantes de l'avenir ! Aujourd'hui le poète est acclamé. Tout semble lui sourire. Il a encore le droit de penser qu'il va entrer, à pleines voiles et sans conteste, dans la renommée et dans la gloire.

CHAPITRE II

« TÆDIUM VITÆ »

Le lendemain des *Mois*. — Le mot de Rivarol. — Les articles de
journaux. — D'Alembert recommande Roucher à l'Académie. — Critique du poème. — Ses beautés. — Roucher précurseur. — Jugements de Lamartine, Sainte-Beuve, etc. — Philosophe et historien. — Les lettres de Jean-Jacques Rousseau à M. de Malesherbes.
— Explication de la haine de La Harpe. — Pourquoi Roucher ne fut
pas de l'Académie. — Une petitesse de Buffon. — Les disciples de
La Harpe. — Le poète vengé. — Cabanis. — Lacépède. — Marmontel. — Dupaty. — Chamfort. — Mercier. — Thomas. — Chaptal.
L'abbé Maury. — Turgot. — Madame Necker. — Roucher confident
du comte de Guibert. — A propos de Voltaire. — *Les Mois* à la
cour. — *Tædium vitæ.* — Maury défenseur de Roucher à l'Académie. — Fierté du poète. — Les commencements de la société
d'Auteuil. — Le poète polémiste. — Variété de ses travaux. —
Au *Mercure*, au *Journal de Paris*. — Nouveaux poèmes. — Vastes
projets. — Procédés de travail. — *Les Amants de Lyon.* — Odes
sur divers sujets d'actualité. — L'*Almanach des Muses*. — *Sur
les ruines de Montfort.* — Victor Hugo à Montfort, en 1825, dans
la maison de Roucher. — *La mort de Léopold de Brunswick.* —
Une intrigue académique. — Vie domestique. — Intimités. — La
bibliothèque du poète. — Éducation d'Eulalie. — Les dernières
années de Dupaty. — Sa mort. — Désespoir et maladie de Roucher.
— Culte religieux pour sa mémoire. — Guyot-Desherbiers, grand-

père d'Alfred de Musset, ami intime et voisin de Roucher. —
Discours maçonniques. — Singularité de la mort d'Élie de Beaumont. — Les salons : chez mesdames Necker et Helvétius. — Le
cénacle : Roucher et André Chénier chez Trudaine. — Bonté d'âme
du poëte. — Aurore de 1789. — Les premiers événements politiques. — Enthousiasme de Roucher. — Nouvelles espérances. —
L'amour du bien public efface les déceptions du poëte.

Les Mois parurent le 23 février 1780. « C'est, en poésie,
le plus grand naufrage du siècle, » a dit Rivarol. Le mot
est vrai ; mais ce fut un naufrage grandiose dont les épaves
indiquent encore ce qu'était le vaisseau. On dirait, d'abord,
que les flots ennemis hésitent à se précipiter sur leur proie ;
la coque résiste, mais, peu à peu, les vagues deviennent plus
furieuses. Au mot de Rivarol, succédera celui de Buffon.
Puis ce sera la haine et jalousie de La Harpe qui s'achar-
neront contre le poëte. Et cependant, à côté de défauts
immenses, il y a dans *les Mois* bien des beautés, bien des
hardiesses ; un ouvrage sans valeur aurait-il provoqué
autant de critiques et de contradictions ?

Presque tous les journaux parlent longuement du poëme :
le *Journal de Paris*, le *Mercure*, l'*Année littéraire*, qui
sont des feuilles à la mode, consacrent aux *Mois* de nombreux articles [1] : les *Petites Affiches*, le *Journal de
Monsieur*, et, en province, le *Journal de Montpellier*, le
Journal breton, les *Affiches de province* s'occupent aussi
de cette apparition qui fut un véritable événement.

Le *Journal de Paris*, par sa critique sévère, s'était
donné le droit de dire : « On ne pourra persuader à personne que l'amitié nous ait aveuglés sur les fautes de l'écri-

____

1. Notamment : *Journal de Paris*, 3, 4 mars, — 31 juillet 1780 ;
Mercure : 4, 11 et 18 mars ; — *Année littéraire* : nᵒˢ 6, 8 et 18 de
1780. Voir aussi dans le *Journal encyclopédique*, trois numéros
d'avril 1780 consacrés à notre poëte.

vain, » et s'il rendait hommage à l'élévation poétique de certains morceaux, à l'érudition contenue dans les notes, à la pensée touchante du poète qui avait dédié son livre à son père, le rédacteur achevait son article par cette pensée : « Le grand malheur de M. Roucher est d'avoir été trop loué d'abord ; aujourd'hui, il en porte la peine et on le déprime avec une sorte de fureur ; mais, bientôt, il sera remis à sa vraie place qui ne peut être que très honorable [1]. »

Des polémiques ne tardèrent pas à s'élever à propos de certaines parties du poème. C'est d'abord M. de la Forêt, avocat à Versailles, qui reproche à Roucher d'avoir, dans sa note sur la Rosière de la Falaise, « fait une sortie un peu trop vive contre les seigneurs dont le zèle a cherché à donner de l'éclat à cette cérémonie ».

Roucher se défend dans le numéro du 21 avril. On a voulu le brouiller avec son ami le marquis de Tourny et il s'insurge contre cette éternelle manie de voir des allusions partout : « Il n'est rien qu'on ne puisse interpréter maligne-ment et s'il fallait, en écrivant, avoir sans cesse cette crainte devant les yeux on serait condamné à ne jamais écrire. » Cependant, en vrai disciple de Jean-Jacques, il ne laisse pas échapper cette occasion de décocher un trait aux puis-sants du jour :

Je compare, dit-il, l'homme de lettres à un archer qui vise droit au but devant lui, sans regarder ni à droite, ni à gauche. La flèche part. Si quelque fourvoyé la croise au passage et la reçoit, qu'il s'en prenne à lui seul ; il s'est percé lui-même.

Le 4 mai, c'est M. de Girardin qui proteste contre l'usage

---

1. Le docteur Baignères, dans un manuscrit déjà cité, après avoir rappelé les intrigues et les cabales, ajoute cette raison qui a bien aussi quelque valeur : « La publication de l'ouvrage a été retardée d'une année. La ferveur des partisans de l'auteur s'est un peu amortie. »

que Roucher a fait de son nom dans le récit de la mort de Jean-Jacques.

Le poète répond [1] qu'il a simplement répété ce que l'on racontait partout. Roucher, qui devait beaucoup à Jean-Jacques [2], n'a été guidé que par le désir de défendre son ami et de réduire la calomnie au silence en opposant à ses mensonges la relation touchante des dernières heures vécues à Ermenonville.

Le fils de Fréron, héritier des traditions paternelles, ayant naturellement attaqué le nouvel ouvrage, un anonyme de beaucoup d'esprit crut devoir, dans le *Journal de Paris*, reprocher au critique son compte rendu venimeux. Fréron, disait-il, s'était reconnu dans une note des *Mois* ; de là, son animosité contre l'auteur. Roucher « qui préférerait voir son ouvrage vivre ou mourir sans bruit » remercie son défenseur, mais il déclare [3] qu'il ne saurait l'approuver.

Pourquoi toujours des personnalités, dit-il? Qu'on sache bien que je n'ai pas visé Fréron, car il ne peut y avoir rien de commun entre ce journaliste et moi.

Pour le consoler des attaques publiques, Roucher recevait de toutes parts des félicitations et des encouragements.

Deratte, secrétaire perpétuel de l'Académie des sciences de Montpellier, faisait l'éloge « de ces tableaux de la nature riches, variés et intéressants ».

Votre ouvrage, lui disait-il, n'est pas moins estimable par

---

1. *Journal de Paris*, 8 mai 1780.
2. Celui-ci avait été plein de bontés pour le jeune poète : « Il m'avait notamment conseillé, dit Roucher, de refaire tout le chant d'*Avril* et je le refis. »
3. Numéro du 4 août 1780.

les sentiments du cœur qui s'y trouvent répandus. L'amour filial, l'amour de la patrie s'y montrent à tous moments. Vos notes sont remplies d'érudition et indiquent des connaissances dans bien des genres ; il me semble que, dans le siècle passé, nos poètes n'étaient pas si savants. Vous me rappelez, monsieur, que j'ai eu l'avantage de vous couronner de lauriers sur le théâtre de notre collège dont j'étais alors un des administrateurs. C'est un souvenir que je conserverai précieusement pour l'honneur du collège et de ma patrie. »

Mutel de Boucheville, conseiller à la cour des comptes de Normandie, en demandant les lacunes, payait par avance la faveur qu'il sollicitait :

Sous le masque du poète, j'ai découvert un vrai philosophe, le confident de la nature, le consolateur de l'humanité, l'ennemi redoutable des préjugés... Vous avez agrandi la sphère de mes idées.

Et Roucher de lui répondre qu'il ne s'est pas laissé emporter par les jugements des sociétés mondaines et que le dénigrement l'a trouvé tout préparé.

Vous avez vu, monsieur, mon âme et mon cœur. Cette manière de juger me flatte infiniment. Il vaut mieux être cru bon et honnête qu'homme d'esprit et de talent.

Il consent, mais avec bien des réserves, à donner les lacunes à une dame qui, tout en gardant l'anonyme, s'était recommandée du nom tout-puissant de Jean-Jacques. La publicité qu'elle leur donnerait lui ferait courir un grand danger, car il a tout à craindre de ceux qui ont ordonné ces deux suppressions. Il montre donc une grande confiance.

Je dois même ajouter, dit-il, que je fais pour un défenseur de

M. Rousseau, ce que je n'ai fait pour personne, ni pour M. Turgot, ni pour M. Dupaty, ni même pour mon père[1].

Voici une lettre de Marmontel, scellée d'un grand cachet rouge; un amour se détache dans le fond avec ces mots : *Un me suffit*. Il remercie Roucher de l'envoi de son poème.

Je ne vous promets pas, lui dit il, de n'avoir que des éloges à vous donner; vous méritez qu'on ose être sévère et rigoureusement véridique avec vous. Mais, en tout cas, ce qu'on ne pourra vous dénier c'est un grand talent de poésie, *quod erat demonstrandum*.

Thomas, précisément parce qu'il estime beaucoup Roucher, se croit obligé, en conscience, de lui signaler quelques défauts qui tiennent surtout au sujet, au genre du poème descriptif, et à l'exubérance de son imagination. Roucher, d'ailleurs, loin de se dérober à la critique, se plaisait à la provoquer, et, dans sa réponse à Marmontel, il demandait à l'académicien d'oublier les sentiments de l'amitié pour n'être plus qu'un sévère Aristarque.

D'Alembert promet une grande sincérité :

Je vous dirai, avec toute la franchise que je dois à votre honnêteté, ma très chétive opinion, bonne ou mauvaise, sur une production à laquelle il me semble que tous les gens de lettres honnêtes doivent s'intéresser.

Et dans une autre lettre (17 mars) :

J'en ai déjà parlé à plusieurs de vos amis et ils pourront vous assurer que je ne suis pas au nombre des ennemis de

---

1. Roucher avait reçu plus de cent lettres où on lui faisait la même demande.

votre ouvrage, quoique, entre nous, il s'y trouve, surtout dans les notes, des choses que je désirerais qui en fussent retranchées.

Au fond, d'Alembert était enchanté de l'ouvrage qui se ressentait singulièrement des doctrines philosophiques de l'*Encyclopédie*, et il en était si content que, sortant de son rôle officiel à l'Académie, il présentait chaleureusement le poème à ses confrères, et se faisait pour ainsi dire le patron et l'introducteur de Roucher devant la célèbre compagnie.

Cabanis écrit d'Auteuil sous l'impression de la première lecture pour louer des hardiesses auxquelles on ne saurait reprocher que quelques mots trop nouveaux ou quelques défauts de prosodie.

Ce sont là de petites taches qui tiennent aux plus grandes beautés et qui ne se trouvent que chez les génies créateurs. Il n'est pas donné à la médiocrité de *s'élever à ces fautes*, disait Pope. J'ai lu et relu certains morceaux que je mets au moins au niveau de ce qu'il y a de plus grand et de plus parfait dans la poésie ancienne et moderne.

Le 14 juin, de Brive, nouvelle lettre; Cabanis parle de l'article de Garat au *Mercure*, « article dont les gens de lettres lui sauront mauvais gré pour avoir si bien dévoilé leur manège contre *les Mois* ».

Quant au père de Cabanis, cet homme trop peu connu, il a admiré le poème, il le relit sans cesse, il le déclame dans ses promenades : « Les forêts du pays pourraient redire les vers des *Mois*, » et, cependant, il y a dans cet ouvrage « certains traits qui choquent un peu ses opinions ».

Le poème trop vanté avait presque échoué à l'impression. Roucher s'en rendait compte, mais il conservait encore toute sa fierté confiante, quand il écrivait, le 1er mars 1780, à Dussaulx [1] :

Je ne redoute pas les détracteurs qui ne troubleront pas ma tranquillité. J'ai mis mon âme en un lieu haut d'où je ne veux pas descendre pour m'offrir en spectacle aux passants. Le meilleur ouvrage est celui qui provoque le plus de contradictions. On ne regarde pas le fleuve quand il coule en été, dans ses rives ordinaires ; en hiver, à la débâcle, tout le monde s'arrête et admire. Voilà pour les ouvrages de mérite, et voilà encore ce qui me fait recevoir avec reconnaissance la prophétie que vous daignez me faire : *La détraction m'attend*, dites-vous. Et moi, je réponds : *Amen, fiat ! fiat !*

Le poème des *Mois*, par son sujet et par ses divisions, — mais par là seulement, — est un des types du genre descriptif, triomphe heureusement éphémère de la poésie didactique au XVIIIᵉ siècle.

Comme Rosset dans l'*Agriculture*, Saint-Lambert dans *les Saisons*, Delille dans *l'Imagination* ou *les Jardins*, Roucher a groupé autour du sujet qu'il avait choisi toutes les connaissances philosophiques de son temps. Donner à des théories scientifiques une forme poétique et plus accessible au vulgaire était une tâche ingrate et un obstacle au succès durable.

De plus, *les Mois* sont remplis de tableaux, souvent assez mal rattachés à chacun des douze chants, *disjecti membra poetæ*. L'épisode pourra être intéressant, la narration rapide, la forme poétique ; il restera alors des morceaux excellents, mais isolés, sans liaison et où le lecteur sentira trop le remplissage et le hors-d'œuvre.

---

1. Dussaulx, membre de l'Académie des belles-lettres, écrivait son nom avec deux *s*: ce motif nous a fait adopter cette orthographe de préférence à celle de beaucoup d'auteurs qui écrivent *Dusaulx*.

Les critiques reprochent avant tout au poète l'absence de plan et c'est le procès même du sujet. Ils n'admettent pas non plus cette division en douze chants parce qu'il n'y a pas, entre chaque mois, une différence qui les distingue avec netteté, et c'est en vain, disent-ils, que Roucher avait répondu d'avance à cette objection en rappelant que « l'antiquité tenait compte des douze constellations et qu'elle indiquait par là même le caractère distinctif de chacun des mois ». Enfin, les commentateurs regrettent ces tirades où le poète n'occupe le lecteur que de sa personne, l'abus de la mythologie dans un poème philosophique, les répétitions d'idées, les rejets d'un vers à l'autre et la négligence de la césure [1].

En revanche, on admire certains côtés par lesquels l'œuvre de Roucher brise le moule factice de son époque. Quand il décrit les manifestations multiples et variées de la nature ; quand sa muse l'élève au-dessus des passions du moment pour ne plus voir que les mouvements de la matière éternelle, dirigés et contenus par une puissance supérieure qu'il reconnaît sans la nommer jamais, Roucher, entraîné comme Lucrèce dont il a subi l'influence païenne, apparaît un novateur hardi. Il emporte le lecteur avec lui ; les longueurs s'oublient, et l'esprit, tout à l'heure fatigué, se repose et se complaît dans une admiration qui l'enchante.

Au moment de ces envolées, la hardiesse de l'expression, l'originalité poétique et la coupure bizarre mais puissante

---

1. Dans le *Journal de Paris* du 12 juillet 1782, à propos du compte rendu des *Jardins* de Delille, on parle des *Mois* « où Roucher a, trop souvent, négligé la césure. » — Un critique moderne a fait sur Roucher cette très juste réflexion : « Disciple de Pindare beaucoup plus que de Virgile, il a transporté dans les poèmes de longue haleine ce qui n'avait paru naturel aux Grecs et aux Latins que dans les courts élans d'une ode ou d'un dithyrambe. »

4.

de certains vers comme on n'en avait plus fait depuis l'antiquité, élèvent le poëte au-dessus de ses contemporains[1].

A ceux qui lui reprochaient ses néologismes voici sa réponse victorieuse[2] :

> Tout germe devant lui, tout se meut, tout *s'avive*.

Le mot *s'avive* révoltera sans doute, mais je prie ceux qui le proscrivent d'observer qu'il manque à notre langue, depuis qu'on a cherché à l'épurer. En effet, *revivre*, *s'animer*, n'ont ni le même sens, ni la même énergie que *s'aviver*. D'ailleurs, nos pères s'en servaient. Quelle raison avons-nous eu pour le laisser tomber en désuétude? Ce n'est pas le seul mot ancien que j'aie tâché de rajeunir. On en trouvera, dans ce poëme, un grand nombre d'autres comme *bleuir*, *tempétueux*, *ravageur*, *fallacieux* et même *punisseur*, qui souvent m'ont épargné la longueur d'une périphrase.

Les poëtes anglais et allemands n'ont pas besoin de demander grâce, comme je le fais ici, pour les mots anciens ou étrangers qu'ils emploient. Tout lecteur les adopte pourvu qu'ils soient harmonieux et intelligibles. Je suis bien loin de vouloir qu'on mêle un idiome étranger au nôtre; mais je ne puis m'empêcher de souhaiter que nous nous emparions de nos propres richesses trop négligées. Si nous sommes pauvres, c'est notre faute : Montaigne ne l'était pas!

Et ailleurs, à propos de ce vers du chant de *Décembre* :

> Et le chêne surtout, vieux prophète à Dodone.

Depuis que ce vers a été composé j'ai lu les poésies de

---

1. La pièce si philosophique du chant d'*Octobre* :

> Rien ne s'anéantit : non, rien ; et la matière
> Comme un fleuve éternel roule toujours entière.

est un hymne bien remarquable par le mouvement et par la pensée.

2. *Les Mois*, t. Ier, p. 47 et t. II, p. 225.

Ronsard et, dans un de ses madrigaux, j'ai trouvé la même expression employée pour désigner le chêne :

De nos aïeux la vieille prophétie.

Je dis que je me suis rencontré dans cette expression aussi franchement que j'avouerais l'avoir empruntée. Je suis bien loin de me croire le mérite qui faisait dire à Virgile : *Gemmas de stercore Enni*, et à Molière : *Je prends mon bien où je le trouve*, mais je crois que ce serait rendre service à notre poésie que de l'enrichir des belles expressions et même de beaux vers qui étincèlent de temps en temps dans nos vieux poètes. J'ai pris quelquefois cette licence sans pourtant que je demande grâce pour ce genre de larcin.

Dans le même ordre d'idées, on a reconnu que Roucher fut le véritable introducteur de la période dans notre poésie. Racine en avait fait quelques essais, mais Corneille et Voltaire ne firent jamais sortir la pensée des limites de l'alexandrin. La période entraîne avec elle la nécessité du rejet, trouvé par les poètes de Rome et de la Grèce et repris avec éclat par Hugo et Lamartine ; le chantre de *Jocelyn* voyait même dans cette innovation le plus beau mérite des *Mois*, « ces *Fastes français*[1] ».

Roucher a donc retrouvé les voies anciennes de la poésie : il avait rêvé sans doute un plus grand succès, mais il eut, du moins, la gloire d'ouvrir la brèche où d'autres sont passés.

Plusieurs années après *les Mois*, André Chénier eut, à son tour, cette vive compréhension du génie de l'antiquité ; les deux amis restèrent isolés, et c'est là ce qui fait leur originalité en face des Delille et des Saint-Lambert[2].

1. Nisard a dit de Roucher ce simple mot : « C'est un vrai poète. »
2. Le colonel Staaff, dans son *Histoire de la littérature*, à l'article

M. Revillout, dans son *Discours sur Roucher*, insiste beaucoup sur la *parenté littéraire* des deux poètes :

A la vérité, dit-il, tous les débris de ce naufrage ne furent pas perdus pour l'art, et, sans compter les classiques eux-mêmes qui, malgré leurs dédains et leurs sarcasmes, ne se firent pas faute d'en recueillir les épaves, Roucher trouva, de son vivant, un héritier de ses théories. Cet héritier fut l'aimable et malheureux André Chénier.

Rien au premier abord de plus dissemblable que le talent des deux poètes ; rien de plus certain pourtant que leur parenté littéraire. Dans le poème d'*Hermès*, dans celui de l'*Invention*, il est impossible de ne pas reconnaître, souvent revêtues des mêmes images, les idées habituelles et les théories les plus chères à l'auteur des *Mois* [1].

Et quand le jeune poète, voulant défendre le français contre les plaintes des écrivains médiocres, leur demande avec un poétique enthousiasme :

> Est-ce à Rousseau, Buffon, qu'il résiste infidèle?
> Est-ce pour Montesquieu qu'impuissant et rebelle
> Il fuit? Ne sait-il pas, se reposant sur eux,
> Doux, rapide, abondant, magnifique, nerveux,
> Creusant dans les détours de ces âmes profondes
> S'y teindre, s'y tremper de leurs couleurs fécondes?

Roucher, a constaté l'effort commun tenté par les deux poètes ; mais il n'a pas suffisamment indiqué que Roucher, beaucoup plus âgé qu'André, fut, par là même, l'initiateur du mouvement.

1. On pourrait citer vingt passages de ces deux poèmes qui confirmeraient cette assertion. Je rappellerai seulement celui-ci, qui rend en fort beaux vers une idée bien chère à Roucher, sur le rôle que les progrès des sciences réservaient à la poésie. (*Les Mois*. SEPTEMBRE. pp. 29 et 67. — *Journal de Paris*, 8 octobre 1782.

> Mais quoi! ces vérités sont au loin reculées
> Dans un langage obscur saintement révélées ;
> L'auguste poésie, éclatant interprète,
> Se couvrira de gloire en forçant leur retraite.

(Édition Charpentier, p. 187.)

L'Hermès recommence *les Mois* sur un plan meilleur. (Note de M. Revillout.)

Ne croirait-on pas qu'il a composé ces vers après avoir entendu Roucher répéter sur les toits son idée favorite : « Notre français est un bel instrument de la pensée humaine ; ce n'est pas lui qui manque aux ouvriers ; ce sont les ouvriers qui lui manquent [1]. »

Et la facture d'André Chénier : ces vers brisés dont il sait tirer de si grands effets, ces rejets expressifs, ces coupes heureuses, toutes ces nouveautés enfin qui le font considérer comme un précurseur de l'école moderne, n'en doit-il pas l'idée et l'exemple au chantre des *Mois* ? Mais, ne sait-on pas que Roucher faisait précisément partie de ce petit aréopage d'amis auquel André confiait le secret de ses espérances ?

Comme si une autre consécration devait lui venir de celui-là même qui fut son adversaire le plus acharné, Roucher se vit reprocher par La Harpe des vers qui rappelaient dans leur forme les poésies de Ronsard.

Depuis 1780, l'opinion a changé et ce qui était alors une suprême injure est devenu pour la postérité un titre de gloire et une recommandation involontaire [2].

Roucher n'avait-il pas comme le pressentiment de ce retour de fortune lorsqu'il écrivait à son ami Desherbiers :

> Mais dites-moi donc par quel art
> De jolis vers à votre prose
> Viennent s'unir comme au hasard,
> Quand, pour dire la moindre chose,
> Moi, péniblement je compose
> Des vers qu'on nomme *à la Ronsard !*

1. *Consolations,* t. II, p. 240.
2. Qu'on se rappelle le mot de Fénélon dans sa lettre à l'Académie française : « Ronsard n'avait pas tort, il me semble, de tenter quelque nouvelle route pour enrichir notre langue, pour enhardir notre poésie et pour dénouer notre versification naissante... L'excès choquant de Ronsard nous a un peu jetés dans l'extrémité opposée ; on a appauvri, desséché, et gêné notre langue. »

Cependant les qualités de versification ne sont pas les seuls titres du poëte. Son âme tout entière était passée dans son œuvre. Dans *les Fleurs d'Avril*, dans la *Veillée au village* ou dans la *Mélancolie du soir* « la douceur et le charme intime, comme disait Sainte-Beuve [1], éclatent à chaque vers », tandis que, dans d'autres passages, *la Débâcle*, *les Alpes*, *les Glaciers*, Roucher montre ce profond sentiment de la nature, inconnu avant Rousseau, mais que le philosophe de Genève avait révélé à ses admirateurs et à ses amis [2].

L'histoire, elle aussi, a inspiré quelques pages de ce vaste poëme; en dehors de ses chants sur l'héroïsme de Jeanne d'Arc et le courage de Jeanne Hachette, Roucher a flétri avec indignation le partage de la Pologne, tandis que l'amour de l'humanité lui a fait glorifier la paix et la liberté dans ces vers qui terminent l'ouvrage :

> Et moi, durant ces jours d'injustice et de guerre,
> Oubliant tous ces rois qui désolaient la terre,
> Heureux, je célébrais l'heureuse paix des champs;
> Elle avait tout mon cœur. — Les vœux les plus touchants
> Attendrissaient pour elle et ma voix et ma lyre:
> Écho les entendit; Écho peut les redire.
> Ah! jusques à la mort puissé-je conserver
> Cet amour d'un bonheur si facile à trouver!

1. *Causeries du Lundi*, t. XI, p. 431. Sur *La poésie dans la nature*. Sainte-Beuve parle encore de « cette fleur inattendue de poésie qui, tout d'un coup se découvre », dans Roucher; — il admire « certains vers qui décèlent un instinct de fraîcheur et de nouveauté ».

2. Roucher poussait l'amour de la nature jusqu'à la superstition. Il n'aurait pas voulu qu'on tuât les animaux, même pour nourrir les hommes, et il a pleuré les arbres abattus dans des vers dont Laprade, qui est de sa famille littéraire, paraît avoir conservé le souvenir. C'est à propos de cette sensibilité excessive que Sainte-Beuve disait de Roucher qu'il avait trop de Greuze en lui.

Vers 1810, le grand chancelier de Lacépède rencontrait le fils de Roucher et, revenant avec mélancolie sur la destinée du poète, il s'exprimait ainsi : « Quel malheur ! Il serait aujourd'hui des nôtres. » Ne s'abusait-il pas, et Roucher, qui conserva jusqu'au pied de l'échafaud toutes ses illusions généreuses, se serait-il jamais rallié au glorieux César, amoureux des batailles et destructeur de toutes les libertés [1] ?

Le poème des *Mois* était sous presse quand on apprit que Roucher allait publier dans les notes les *Quatre lettres* écrites par Jean-Jacques Rousseau à *M. de Malesherbes*, au mois de janvier 1762.

« Rousseau n'a jamais rien écrit d'aussi beau », dit Sainte-Beuve[2]. « Ce sont, dit un autre commentateur[3], des chaînons philosophiques qui relient les *Confessions* aux *Rêveries d'un promeneur solitaire*. » Dans le livre XI de ses *Confessions*, Rousseau en parle ainsi :

J'écrivis à M. de Malesherbes quatre lettres consécutives où, lui exposant les vrais motifs de ma conduite, je lui décrivais

---

1. Il serait injuste de ne pas signaler au passage ces *Notes*, pleines d'érudition et de variété, auxquelles les critiques de l'époque ont consacré tant de pages. Elles étaient d'une hardiesse philosophique ou littéraire qui s'imposait forcément à l'attention ; elles contenaient des essais poétiques comme le beau fragment des prophéties d'Isaïe ou de véritables traités d'économie politique, de législation et de haute littérature. La note *Sur les comédiens* faisait dire à Baignères que si jamais Roucher abordait le théâtre il aurait des adversaires implacables. La haine de Collot-d'Herbois, bien que Roucher ne se soit jamais essayé dans le genre dramatique, donna raison à cette prédiction. — Roucher eut un moment l'idée de faire une tragédie, *Bélisaire*. On en trouve la trace dans ses papiers, mais il ne donna aucune suite à ce projet.

2. *Causeries du Lundi*, t. II, p. 332.

3. Dessales-Régis, *Revue de Paris* du 20 octobre 1842, article intitulé *le 7 Thermidor* et consacré en entier à Roucher.

fidèlement mes goûts, mes pensées, mon caractère, et tout ce qui se passait dans mon cœur. Ces quatre lettres, faites sans brouillon, rapidement, à trait de plume et sans même avoir été relues, sont peut-être la seule chose que j'aie écrite avec facilité dans toute ma vie. Ces lettres plurent à M. de Malesherbes et il les montra dans Paris... On trouvera, dans mes papiers, la copie qu'il en fit faire à ma prière et qu'il m'envoya quelques années après.

Dans ces quatre lettres, qui témoignent une fois de plus de son orgueil et de sa misanthropie, Rousseau déclare que « le commerce des hommes lui est odieux; il mourra persuadé que de tous ceux qu'il a connus, aucun n'est meilleur que lui; il a une violente aversion pour les états qui dominent les autres; il hait les grands; le moindre devoir lui est insupportable; il redoute jusqu'aux bienfaits parce qu'il faut en être reconnaissant et que la reconnaissance est un devoir; personne au monde ne le connaît que lui seul, parce qu'il ne vit qu'avec lui-même; sa manière d'être est due à une imagination déréglée; enfin, il a été heureux autant que la nature le lui a permis ».

A côté de ces paradoxes, que de jugements lumineux, d'intrigues percées à jour, de petitesses dévoilées !

On voulait établir contre Jean-Jacques un système de diffamation et l'on sentait bien que ces lettres entraveraient ce charitable dessein. De plus, l'Académie se savait directement visée par ces lignes méprisantes :

Vos gens de lettres ont beau crier qu'un homme seul est inutile à tout le monde et ne remplit pas ses devoirs envers la société, j'estime, moi, que les paysans de Montmorency sont des membres plus utiles de la société que tous ces tas de désœuvrés payés de la graisse du peuple pour aller six fois la semaine bavarder dans une académie, et je suis plus content de pouvoir, dans l'occasion, faire quelque plaisir à mes pauvres voisins que d'aider à parvenir à ces foules de petits intrigants dont Paris est plein, qui tous aspirent à l'honneur d'être des fripons en place et que, pour le bien public comme pour le leur, on devrait tous envoyer labourer la terre dans leurs provinces [1].

Il fallait prévenir une semblable publication. L'Académie fit auprès de Roucher une première démarche. Le poète, qui s'était donné la mission de défendre son ami, refusa de supprimer les lettres ; il fit plus : pour expliquer sa conduite il rappela dans une des notes des *Mois* le mot de Diderot :

La calomnie disparaît à la mort de l'homme obscur, mais on la voit debout devant l'urne du grand homme et continuant d'en remuer la cendre avec un poignard.

C'est alors que La Harpe, plus intéressé que tout autre à la suppression des fameuses lettres [2], se chargea de reprendre la négociation. Accompagné de deux confrères, amis du poète, il se rend à Montfort. Un fauteuil à l'Académie et une pension de douze cents livres seront le prix du silence de Roucher. Celui-ci rejette cette proposition avec l'indi-

---

1. Grimm (t. X, p. 295), à la date de juin 1780, donne une nouvelle preuve des sentiments de l'Académie pour la mémoire de Jean-Jacques. — Racontant une visite de la reine au tombeau de Rousseau à Ermenonville, il s'exprime ainsi : « On aurait bien voulu se persuader (*ce n'est pourtant pas à l'Académie !*) que la dévotion à la mémoire du saint philosophe avait été le principal objet de l'auguste pèlerinage. » Mais comme la reine était restée froide, « *Que de haines*, ajoute-t-il, *que de jalousies, ce silence a consolées !* »

2. Au lendemain de la mort de Jean-Jacques, il avait écrit un libelle contre Rousseau et les quatre lettres faisaient éclater son imposture.

gnation qu'inspire à un honnête homme la pensée même
d'une lâcheté. Les éloges, les flatteries, tout est impuissant.
On en vient aux menaces : « Son nom sera proscrit, sa
réputation étouffée, sa famille et lui plongés dans la misère. »
Toujours même refus. La Harpe s'adresse alors à madame
Roucher, la descendante de Jeanne Hachette. Il n'est pas
plus heureux et revient à l'Académie blessé, le fiel dans le
cœur.

De ce jour, a dit Guyot-Desherbiers[1], Roucher fut voué aux
persécutions, aux outrages, aux calomnies et au malheur. On
y avait presque réussi, lorsque la Révolution fit le reste.

Musset-Pathay, dans son *Histoire de la vie et des ouvrages
de Jean-Jacques Rousseau*, s'est exprimé ainsi :

Les démarches que l'on fit pour empêcher l'impression
des lettres sont à peine croyables, quoique certaines. Roucher,
ajoute-t-il, eut le courage de résister aux séductions et de
braver toutes les menaces.

Les quatre lettres parurent donc dans le poème des *Mois*
et elles sont liées à jamais à cet ouvrage où elles rappellent
les souvenirs, si honorables, qui s'y rattachent[2]. Et voilà

---

1. Grand-père d'Alfred et de Paul de Musset, Claude-Antoine Guyot-
Desherbiers, dont nous retrouverons le nom dans la suite de cette
étude, méritait beaucoup mieux que les lignes trop courtes qui lui ont
été consacrées par Paul de Musset dans la biographie de son frère
Alfred (p. 9). M. de Musset-Pathay, dont je cite l'opinion après celle
de Guyot-Desherbiers, était le gendre de celui-ci et le père du poète.
2. *Les Mois*, t. II, pp. 288 et suiv. Dans la contrefaçon de Liège,
contre laquelle Roucher a protesté dans le *Journal de Paris*
(29 août 1780) et dans le *Journal Encyclopédique* (1er octobre même
année), les lettres ont été supprimées, ce qui ferait supposer que
l'Académie ne fut pas étrangère à cette édition frauduleuse.

pourquoi Roucher ne fut pas de l'Académie. En parcourant
la liste des membres qui la composaient en 1789, on recon-
naîtra qu'elle aurait plus gagné à l'admettre que le poète ne
perdit à en être exclu.

Dès le lendemain de l'apparition des *Mois*, La Harpe
commença dans le *Mercure* une campagne de six mois qui
ne s'arrêta que lorsqu'on l'eut chassé de ce journal. Toutes
les armes lui semblaient bonnes, et la critique littéraire
tenait beaucoup moins de place dans ces diatribes que les
injures personnelles ou les imputations calomnieuses. Le
public outré imposa silence au critique. Madame Panckoucke
en faisait part au poète dès le lendemain, 6 septembre 1780 :

M. de La Harpe est brouillé avec mon mari. Il renonce au
Mercure et voulait faire ses adieux au public dans un long
article. Nous avons pris la défense de ce même public en ne
permettant pas que M. de La Harpe voulût l'affliger de la
sorte. Alors, la grenouille s'est enflée du poison de l'orgueil ;
je ne sais pas encore comment elle n'en est pas crevée. Nous
avons reçu une lettre de ce petit monstre d'orgueil où il nous
dit avec bonhomie que *nous manquons à un homme à qui tout
le monde doit des égards et nos pareils du respect*. Ne parlons
plus de ce petit homme, car ce serait l'estimer encore que de
s'en occuper.

Pour détruire l'impression que La Harpe avait laissée,
le *Mercure* confiait à Imbert la nouvelle critique des *Mois*.
Vaincu de nouveau, La Harpe jura de se venger. Mais, cette
fois, il attendit la mort du poète.

Dans le *Cours de littérature* [1], tandis qu'Homère, Virgile et Ovide sont jugés en quelques pages, Roucher occupe
seul près d'un demi-volume. Les mots : *bêtise, ineptie,*

____

1. Publié en 1798, t. IX, p. 335 et suiv.

platitude, niaiserie, ridicule, baroque, barbare, délire, déraison, ignorance, impuissance, fatras, manque d'esprit, absurdité, égoïsme, se rencontrent à chaque page. Le poème a « tous les défauts imaginables, tous les ridicules possibles » ; La Harpe ne comprend pas que Roucher se soit assis aux meilleures tables de Paris ; il le critique d'avoir parlé de Montpellier ; d'avoir dédié son livre à son père, de « s'être servi de ce qu'il avait lu ». Il n'admet pas qu'on fasse allusion aux événements de l'époque ; qu'on parle de Catherine ou du grand Frédéric.

Maintenant, et pour nous consoler, rappelons-nous que La Harpe a déclaré « la *Divine Comédie* un poème monstrueux et rempli d'extravagances ».

S'il est obligé de reconnaître en certains endroits que Roucher a montré « un réel talent » et que quelques tableaux, comme *la Débâcle,* sont « admirables en tous points », La Harpe prend bien vite sa revanche en refusant au poète toute sensibilité et surtout en incriminant ses opinions. Dans sa ferveur de nouveau converti, il reproche à l'auteur des *Mois* « l'affectation d'une prétendue philosophie qu'il n'entendait même pas et qui a fait, dit-il, tous ses torts et tout son malheur ». Il l'accuse d'« avoir subi l'influence de Jean-Jacques, ce copiste de Plutarque... Je l'aurais renvoyé, dit-il, à son héros, à celui qui est à ses yeux le docteur des docteurs, à Rousseau[1] ».

Et dans sa haine aveugle, confondant Roucher et Jean-

***

1. « Notez bien, dit à ce propos M. de Musset-Pathay, que c'est pour une opinion qu'admettaient La Harpe et Jean-Jacques. Il semble qu'il fût humilié d'avoir la moindre conformité avec un homme qui vivra plus que lui ; qui avait plus de talents que lui ; plus de vertus que lui ; qui savait oublier et pardonner, tandis que le critique n'oublie rien, ne pardonne point et passe presque toute sa vie à chercher des fautes. » — Rousseau, moins sévère que La Harpe, louait un jour Roucher sur ses vers ; le poète se défendant de ces éloges, Jean-

Jacques dans un même anathème, il prononçait ces paroles criminelles :

Roucher n'est pas mort martyr de la vérité comme il convient à de vrais sages, mais martyr de ses étranges sottises et de la fureur des étranges disciples de Rousseau.

La postérité a jugé les deux adversaires ; le nom de Roucher n'est cité qu'avec respect ; celui de La Harpe, méprisé de son vivant, jusque dans le sein de l'Académie[1], restera toujours le synonyme d'hypocrisie et de lâcheté.

La réaction ne tarda pas à se produire. Sous l'empire, Marie-Joseph Chénier, dans un *Rapport sur le grand prix décennal de littérature*, s'était exprimé ainsi :

Les formes de son langage violent toutes les convenances. Comment ce poème qu'il déchire l'arrête-t-il plus longtemps que vingt autres poèmes ensemble? Quel plaisir trouve-t-il à prolonger durant cent quarante pages non seulement des chicanes minutieuses, mais les plus ignobles injures ? Comment

Jacques lui dit alors, avec un ton de brusque vérité, en le frappant sur l'épaule : « *Modestie, fausse vertu*. Quand on a du talent, on le sent, mais on n'en écrase pas les autres. » Roucher a complété l'anecdote dans une lettre à sa fille (*Consolations*, t. II, p. 136). C'est Deleyre qui, se trouvant présent en 1777 à l'entretien de Roucher avec Jean-Jacques, avait d'abord reproché au poète sa trop grande modestie.

1. A sa réception, le 20 juin 1776, Marmontel rappela, avec une violence sans précédents dans les souvenirs de la compagnie, les immenses défauts du récipiendaire. (Sur cette curieuse séance, voir Grimm, t. IX, p. 84.) A la mort du critique, son successeur à l'Académie, Lacretelle aîné, semblait bien plutôt une voix vengeresse qu'un confrère faisant un discours, où l'éloge seul est permis. — Les traditions courtoises de l'Académie furent donc violées deux fois vis-à-vis de La Harpe. — Faut-il rappeler aussi que son épitaphe, gravée sur sa tombe au cimetière de Vaugirard et rédigée par son exécuteur testamentaire et ami M. Boulard, contenait cette ligne caractéristique en un tel lieu : « Quelquefois trop sévère dans ses jugements littéraires ».

es mots *déraison, délire, absurdité, niaiserie, bêtise* tombent-
s à chaque instant de sa plume? Ce ton convient-il à la vraie
critique? Est-ce là le style de Quintilien ?

Plus explicite encore, l'éditeur de La Harpe, en 1826,
écrivait :

Les articles qui concernent Racine le fils, Bernis, Gresset,
Dorat, Lemierre, Saint-Lambert, sont instructifs malgré leur
brièveté ; ils ont, tous ensemble, moins d'étendue que celui
où Roucher subit *seul* une amère et impitoyable censure. On
s'explique d'autant moins la longueur de cet article qu'on y lit
que le poëme des *Mois* n'a plus de lecteurs. Pourquoi donc
cet interminable examen des idées, du plan, du style et de la
versification de l'ouvrage ? Pourquoi cet amas d'objections et
de chicanes? Pourquoi ce torrent d'injures et cet acharnement
à déprécier un homme de lettres qui avait laissé d'honorables
souvenirs? Les malheurs de Roucher auraient dû suffire à
désarmer la critique; il venait de périr victime de la tyrannie
révolutionnaire dont il s'était déclaré l'ennemi bien avant son
censeur et avec plus de courage.

De nos jours, pour ne citer qu'un nom, choisi parmi les
plus respectables, M. Gérusez a porté ce jugement :

La Harpe ne pouvait pardonner à Roucher la fidélité à des
principes que, pour sa part, il avait désertés. Au nom du goût,
il oublia la décence et eut le triste courage d'outrager longuement, devant un cercle de lettrés, la mémoire de l'homme de
bien dont le souvenir rappelle de bonnes actions, des écrits
courageux, quelques beaux vers et une mort héroïque. Certes,
Roucher était digne de mourir à côté d'André Chénier.

Roucher dédaigna de répondre; il suffisait à son honnêteté d'avoir refusé de s'incliner devant le critique. N'est-ce

pas lui qui, citant dans une de ses notes, les excellents
éloges de Sully et du maréchal de Saxe, avait ajouté[1] :

J'aurais nommé l'éloge de Fénelon par M. de La Harpe, si
l'auteur n'était pas journaliste; mais on dirait que je l'ai loué
par timidité, tandis que je crains les défauts de mon ouvrage,
et non les censeurs qui peuvent me les reprocher même avec
amertume.

Il ne se faisait donc aucune illusion sur le sort qui l'attendait ; son acte courageux, il l'avait accompli volontairement. Jamais plus fier langage n'a été tenu à un critique
tout-puissant; La Harpe était indigne de l'entendre.

En résistant à l'Académie, Roucher s'était montré un de
ces hommes dont le talent, par ses allures propres, par je
ne sais quoi de fier, d'honnête et d'indépendant, suscite
mille jalousies et mille haines; il était donc tout désigné
pour être la victime de cette cabale envieuse, seule cause de
l'injustice qui pèse encore sur sa mémoire littéraire.

Buffon lui-même eut le malheur de se laisser entraîner par
la nouvelle mode. Il écrivait à madame Necker, « sa discrète
amie », sachant bien que son opinion serait criée sur les
toits, pour lui dire que le poème si vanté l'avait ennuyé et
qu'il lui avait déplu jusqu'au dégoût. Dans sa mauvaise
humeur déclamatoire, il disait :

Saint-Lambert au Parnasse n'est qu'une froide grenouille,
Delille un hanneton et Roucher un oiseau de nuit.

Malheureusement pour lui, le grand naturaliste eut toujours des amis indiscrets.

En ouvrant le poème, Buffon court au passage où il

1. Tome Ier, p. 354.

devait être célébré. Vaines recherches; il interroge un de ses amis, il lit et relit le poème et sûr maintenant qu'il n'est pas nommé, il jette le livre avec dépit, en déclarant bien fort qu'il ne comprend rien à ce silence.

Roucher a connu cette anecdote; il ne l'a pas racontée; une lettre, retrouvée dans les papiers du poète, avait jusqu'aujourd'hui conservé ce secret[1].

On était arrivé à faire tomber l'ouvrage. L'esprit voulut s'en mêler. Bussy, ayant reçu un exemplaire, remercia Roucher par ce quatrain :

> De vos vers, triste destinée!
> Les reprenant cent et cent fois.
> Enfin, j'ai lu vos douze *Mois*
> Et je suis vieilli d'une année.

Il n'avait pas eu l'esprit d'attendre quelques mois et son accusé de réception était maladroitement daté du 28 mars 1780, c'est-à-dire d'un mois à peine après l'apparition.

On mettait autant d'acharnement dans l'attaque qu'on avait montré d'enthousiasme au moment des lectures. Quelques bons esprits, cependant, refusant d'entrer dans la cabale, consolèrent Roucher du dénigrement de ses contemporains.

Dans les premiers jours, le poète, encore bien que rempli d'illusions, se déclare prêt à supporter courageusement tous les assauts. Le 6 mars 1780, il écrit au marquis de Tourny :

Vous parlez de la postérité à un enfant qui vient de naître et que des serpents veulent étouffer. Si j'étais Hercule, ce serait

1. Loin de s'en venger, dans une lettre des *Consolations* (t. II, p. 188) où il raconte une petitesse de Buffon vis-à-vis de Linné, Roucher dit avec indulgence : « Qui sait si la jalousie n'a pas joué ici son petit rôle. Mais, chut! sur cette faiblesse du cœur humain. »

moi qui les étoufferais ; mais je ne le suis pas et l'issue de cette
lutte est encore bien incertaine. Vainqueur, je n'en serais pas
plus fier ; vaincu, je n'en serais pas plus malheureux.

Les jouissances de la composition l'ont déjà largement
payé de son travail ; cependant, il est sensible aux louanges
du marquis :

Vous avez couru avec trop de distinction une autre carrière
où l'on poursuit également la gloire pour penser qu'on s'y
refuse, lorsqu'elle arrive. Ainsi, j'avouerai sans honte que je
suis flatté que vous m'ayez jugé poète.

Mais Roucher est encore bien plus heureux du jugement
qu'on porte sur son cœur ; c'est par là qu'il *ambitionne*
d'être apprécié, et qu'il « pense valoir quelque chose ».

Parlant de l'essor qu'il a voulu donner à la poésie française, des voies nouvelles qu'il a essayé de lui tracer et des
critiques que cela lui attire, il en arrive à faire des auteurs
classiques et de ceux du grand siècle un classement bizarre :

Homère serait le lion, Milton l'éléphant, Boileau le bœuf,
Corneille l'aigle, Racine et Virgile le cygne et, finissant par
Molière à qui je donnerais presque toutes les qualités des autres,
j'y ajouterais une forte dose de la finesse du renard.

Dans le post-scriptum, il donne ces détails sur l'une des
gravures :

Madame de Tourny et vous, monsieur, vous mettez trop de
prix à la gravure de votre rosière. Le dessin n'est pas ce que
je voulais qu'il fût, encore moins ce qu'il devait être. Je le
souhaitais de la main de M. Greuze ; lui seul était fait pour
traiter ce sujet. Il m'avait promis de s'en charger. Mais ses

5.

occupations l'ont empêché de remplir sa parole. Alors je me
suis vu contraint de m'adresser à qui j'ai pu[1].

Tout concourait encore à entretenir Roucher dans ses
illusions. Sylvain Maréchal, dans le *Journal de Paris*,
adressait des vers à la gloire du poète des *Mois*[2], tandis
que Girard et Pujos lui demandaient l'autorisation de
faire graver son portrait pour enrichir la *Collection des
hommes célèbres du siècle*.

Roucher répond qu'il ne mérite pas cet honneur, lui que
les critiques commencent à déchirer ; cependant, ajoute-t-il,
comme pour se consoler et se donner un témoignage à lui-
même :

Il serait bien extraordinaire qu'un ouvrage qui m'a coûté
douze années d'un travail obstiné fût aussi barbare, aussi mauvais que l'ont voulu faire croire certains hommes de lettres
qui, peut-être, ne le croyaient pas eux-mêmes[3].

Montfort devenait un lieu de pèlerinage : Lacépède,
Cabanis, Marmontel s'y trouvaient souvent réunis.

Roucher aimait ces visites ; il appelait les poètes dans sa
studieuse retraite. C'est là seulement, écrivait-il, à M. de
Lœuillard, l'auteur d'un poème *Sur les Maux de la servi-
tude domaniale*, « c'est à la campagne qu'on fait les meilleurs vers ».

A ce moment aussi, Roucher est choisi comme un arbitre

---

1. Ces lignes ne doivent pas faire croire, cependant, que dans ce
poème des *Mois*, si luxueusement édité, les gravures aient été négligées : Elles sont au nombre de cinq et sont signées des noms célèbres
de Moreau, de Marillier et de Cochin.

2. Numéro du 26 mars 1780.

3. Il fut donné suite au projet de Girard et Pujos et le portrait de
Roucher figure dans leur collection.

du goût et de l'équité. Il encourage les jeunes écrivains avec l'autorité d'une réputation qui n'est pas encore atteinte. Dans une querelle entre Barthe de Montfort et Fontanes, tout jeune alors, Roucher porte sur celui-ci ce jugement que Napoléon devait ratifier à Sainte-Hélène :

J'estime infiniment, vous le savez très bien, ses grands et très grands talents. Je voudrais pouvoir rendre la même justice à son caractère qui me semble bien jeune encore.

Et ce conseil :

Si vous avez le malheur de voir clairement votre confiance et votre amitié trahies, n'éclatez point, ne faites aucun bruit, séparez-vous tout doucement de qui vous aura trompé.

Roucher, d'ailleurs, continue à être bien accueilli dans la haute société ; il correspond avec Turgot qui allait mourir bientôt et qu'il pleurera plus encore comme citoyen que comme ami.

Il console madame Necker, dont le mari vient de quitter le ministère : « Une grande bataille perdue, lui dit-il le 23 mai 1781, est moins mauvaise que la chute d'un bon ministre. » Ce n'est pas elle qui est à plaindre, ni son mari. C'est le peuple, c'est le roi, qui veut le bien et que l'on trompe toujours, qui seront les véritables victimes.

Au mois de septembre 1781, Duval d'Éprémesnil remerciait Roucher de l'envoi de ses lacunes et il profitait de cette occasion pour diriger contre Voltaire un réquisitoire des plus violents. Le poète lui répondait :

Je conviens avec vous, monsieur, que Voltaire a mérité les reproches que vous faites à sa mémoire et mon opinion sur lui est très connue de ses enthousiastes forcenés. Je leur ai dit un jour avec toute la franchise dont je suis capable que *j'étais à genoux devant l'auteur, mais que je méprisais l'homme et que, si je trouvais son âme sous mes pas, je ne m'arrêterais pas pour la ramasser*[1]. Daignez lire, s'il vous plait dans le IXe chant des *Mois* la remarque qui suit ce vers :

> Poursuis donc Dupaty.......

Et vous verrez que, sans le nommer, je n'ai point trop ménagé Voltaire. Mais le juste ressentiment du mal qu'il a fait à son siècle ne doit pas nous fermer les yeux sur ce qu'il a fait de bien; avouons que nous lui sommes redevables de cet esprit général de bienfaisance, d'humanité et surtout de tolérance dont nous avions un si grand besoin pour nous sauver du fanatisme. Sur ce point même on peut l'accuser, je le sais, d'avoir passé les bornes; mais plaignons l'esprit humain qui, par sa malheureuse condition, est presque toujours en deçà ou au delà du bien. Remarquez encore, s'il vous plaît, que les qualités morales de Voltaire ne sont pour rien dans l'éloge que j'ai fait de cet homme célèbre et qu'on sentira davantage si l'on rapproche ma lacune du morceau qui la suit et que j'ai consacré à Rousseau. Je présente le premier à l'admiration des hommes, tandis que j'offre le second à leur amour. J'ai placé Voltaire parmi les *chefs-d'œuvre d'un Dieu*; il l'était certainement par l'universalité de ses talents. Je me suis élevé contre le refus de sépulture qu'on a fait à ses restes; ce refus était illégal. Vous savez mieux que moi, monsieur, que nos lois n'autorisent ce refus que contre un homme déclaré schismatique ou apostat par le jugement exprès d'un tribunal ecclésiastique revêtu de la sanction d'un tribunal civil. Ce jugement n'avait point été prononcé contre Voltaire vivant, on ne pouvait non plus le prononcer contre Voltaire

---

1. La même pensée, singulièrement audacieuse, est également venue à Victor Hugo qui, du reste, ne l'appliquait pas à Voltaire :

> Et s'il trouvait cette âme au coin des bornes,
> Il la dédaignerait !

mort que par suite d'une procédure et il n'y avait point de
procédure commencée. Ce refus était donc une violation
de nos lois; donc, quiconque veut vivre sous leur sauvegarde a dû s'affliger de les voir ainsi méprisées. Je suis
même persuadé que, sans l'*Histoire du Parlement*, que
vous avez raison de qualifier de libelle, ce tribunal eût été
disposé à accueillir la plainte que les parents du défunt voulaient porter contre le curé de Saint-Sulpice en refus de sépulture. Le parlement le devait, du moins, parce que le premier
devoir des magistrats est de faire exécuter la loi, même en
faveur de ceux dont ils ont à se plaindre. Je conçois la petite
passion de la vengeance dans l'âme d'un particulier, mais je
ne la conçois pas dans une assemblée aussi auguste que celle
des premiers magistrats d'un royaume. Vous voyez, monsieur,
que je ne crains point de penser tout haut avec vous. Vous
aimez tout ce qui est honnête, bon et juste, parce qu'on aime
tout ce qui nous ressemble. La voix publique me l'avait dit et
elle ne m'a pas trompé. Une de mes plus douces jouissances
désormais sera de penser que je suis l'obligé d'un des hommes
les plus éclairés et les plus vertueux de la magistrature. Oh!
comme mon âme repose doucement entre vous et M. Dupaty.
Ce sentiment m'élève et m'attendrit. Je ferai tout pour l'augmenter et pour l'accroître encore. J'en sais le moyen : c'est de
tâcher de devenir meilleur tous les jours.

L'abbé de Besplas s'était chargé à la cour des intérêts du
poète. Voici les nouvelles qu'il lui en donne le 12 mars 1780.
La lettre est datée ainsi :

Du séjour !... Dieux, quel séjour où l'amitié, la vérité, la
justice n'ont pas *ubi caput reclinent !*
Vous êtes trop hardi, mon ami; vous vous êtes fait par là
beaucoup d'ennemis. J'ai pourtant dit à Monsieur (le futur
Louis XVIII) le mot de votre lettre : *Flagellum non appropin-
quabit tabernaculo tuo* dont il a ri. Le roi vous a lu, au moins
en partie, et les notes surtout l'ont intéressé... Job avait fait un

pacte avec ses yeux ; vous devriez en faire un avec votre plume.

Ce à quoi Roucher répond par ces lignes d'un entrain tout méridional :

Eh ! pourquoi voulez-vous que je retienne la vérité captive, vous prêtre d'un Dieu qui vous ordonne de la publier non pas à l'oreille, mais sur les toits ? Vous avez voulu plaisanter sans doute lorsque vous m'avez reproché de la hardiesse. Je sais que vous respectez les puissances, mais que vous respectez encore plus la vérité. Certes, la littérature ne serait plus qu'un vil métier si on ne la faisait servir au profit de la société. Pour tout autre, je craindrais de parler ainsi, parce que la franchise de ma haine pour tout ce qui opprime serait traitée d'esprit de révolte. On me regarderait comme un homme dangereux ; mais vous me connaissez : vous savez que mes intentions sont pures... Depuis qu'on écrit, qu'on imprime, le séjour que vous habitez n'est-il pas toujours « Dieux ! quel séjour ! » Je me félicite des ennemis que je me suis attirés. Une des neuf béatitudes est de souffrir pour la justice. Je laisse dire les critiques. Je vais peut-être plus loin qu'eux et voilà pourquoi je dors tranquille. Ils ont beau me jeter de la boue à la figure, viendra l'été qui la séchera ; alors, en me passant la main sur le visage, je me dirai : « Ils ne m'ont point fait de mal. » Est-ce que je n'ai pas attaché quelques plumes de plus aux ailes de notre poésie ? Ne l'ai-je pas un peu guérie de sa timidité ? N'ai-je pas corrigé la monotonie de sa chanson ? Enfin, n'ai-je point forcé son indigence orgueilleuse à recevoir l'aumône ? Que veulent donc dire ces alignements de mots que mille autres ont alignés avant eux ? S'ils ont leur toise, j'ai la mienne. Pardon, en vérité, de cette explosion d'amour-propre. Mais vous concevez bien que si quelqu'un venait vous dire : « Vous êtes mort », votre premier mouvement serait de vous palper et que, tout votre corps répondant aussitôt à votre main, vous vous écrieriez : « Non, je suis en vie ! »

Chaptal écrit de Montpellier :

Lorsque je suis arrivé dans notre commune patrie, j'ai trouvé une effervescence générale sur votre compte ; vous avez contre vous des ennemis et des envieux ; mais les hommes éclairés et instruits se sont prononcés pour vous. M. Duché, ami de La Harpe, de Marmontel, de d'Alembert et Cie me disait de vous : « C'est un homme à tête toute poétique. Quelle différence entre nos rimeurs compassés et sa large poésie ! »

Et demandant à Roucher ce qu'il fait, il donne en retour quelques détails sur ses occupations :

Les femmes s'enthousiasment, suivent mon cours ; cela pourrait devenir à la mode. Qu'en sait-on ? Elles sont si inconstantes.

De son côté, Mercier lui dit :

Vous êtes un vrai poète ; la force, la grâce, la facilité, un jet libre et hardi, voilà ce qui caractérise vos vers. Laissons donc parler les schismatiques littéraires et ne soyons pas intolérants comme des théologiens. Le goût est comme la lumière. Il est susceptible de toutes les nuances.

Bailly ne peut non plus s'empêcher de protester contre la cabale ; sa lettre montre que le savant était doublé d'un littérateur :

Le reproche qu'on vous a fait d'imiter Ronsard me paraît tout à fait ridicule. La plupart de ces enjambements si reprochés m'ont plu beaucoup :

> Sur la roche sauvage où le chêne a vieilli
> J'irai m'asseoir...

En revanche, quand il y a description ou récit tranquille, l'enjambement me déplaît.

Je n'aime pas par exemple :

> On dit qu'à ses regards l'indulgente Immortelle
> Apparut, lui sourit...

Je n'aime point encore :

> Pour couronner enfin les richesses qu'étale
> Des jardins renaissants la pompe végétale
> La tulipe s'élève...

Dans la nomenclature des fleurs, Bailly préfère le cyclamen, chanté pour la première fois par le poète, à la frétilaire. Il termine en faisant des réserves :

Les mots anciens que vous avez fait revivre, les nouveaux que vous avez créés, les tours que vous avez hasardés, c'est de la hardiesse. Peut-être en cela vous êtes-vous un peu pressé d'user du droit que votre talent peut vous donner un jour sur la langue.

Saint-Lambert et Roucher échangent des billets qui ne sortent pas de la banalité ordinaire des relations entre gens de lettres; avec Florian, les rapports sont naturellement plus affectueux, mais l'auteur des *Mois* ne fréquentait pas le même monde que le chantre d'*Estelle*, et les deux poètes ne se rencontraient que bien rarement.

La sympathie de Roucher était tout entière acquise à Chamfort qui la lui rendait. En apprenant que son ami vient d'être reçu à l'Académie, Roucher lui écrit :

C'est elle que je félicite. Pourquoi ne nomme-t-elle pas toujours des Chamfort? Mais c'est qu'il n'y en a pas.

L'auteur de la *Jeune Indienne* lui répondait :

Il faut que mon physique aille bien mieux, car je commence

à être enchanté de toutes les sottises qu'on me raconte et qu'on débite sur *Mustapha*. Je songeais déjà à me défendre d'un peu d'amour-propre lorsque votre billet trop obligeant m'est arrivé et m'a mis en danger d'une rechute...

Vos talents feront voir de plus en plus que vous êtes bien meilleur à étouffer. J'ai du monde chez moi et je suis obligé de supprimer tout ce que je sens sur cela. Je vous embrasse, monsieur, de tout mon cœur, pour vous embrasser et non vous étouffer, en dépit des mauvais exemples que me donnent certaines gens.

Malgré tous ces témoignages, l'envie et la haine avaient fini par terrasser le poète. Bientôt Roucher se sentit en proie à cette crise que les anciens nommaient *Tædium vitæ* et que, de nos jours, Sainte-Beuve appelait la maladie de quarante ans. Heureux ceux qui peuvent y échapper et qu'un succès toujours grandissant a maintenus et conservés dans les illusions de la jeunesse !

Après un long silence, Roucher écrivait à Bailly pour s'excuser de sa paresse ; une écritoire l'épouvantait, les livres l'endormaient. Mais il va mieux. « Je suis, dit-il, le convalescent qui visite ses amis. »

Et à Santerre :

Je vais me remettre aux lettres. Il est vrai que je n'y apporterai point cet espoir de célébrité qui m'a leurré pendant près de douze années. En travaillant pour la gloire j'ai travaillé pour une ingrate. Plus sage dorénavant, je n'aurai en vue que de cultiver ma raison.

Il vit isolé ; il apprend à se passer des autres et à savoir se payer de ses propres mains.

Je vous jure que je suis très versé dans cette science et que, dans un besoin, j'en pourrais donner leçon... J'admire Delille et je me place dans la catégorie de ceux à qui la gloire des autres ne fait pas de mal et qui sont assez justes pour louer même un injuste rival.

C'est en vain que Mercier cherche à le remonter : « L'ennui, écrit-il à Roucher, est la couleur noire; que celle-là seule soit proscrite ». Dans l'année 1784, la crise est encore bien forte. Un magistrat de Montauban, M. Poncet-Delpech, lui avait soumis le plan d'un ouvrage, et Roucher lui répond :

Je me hasarderais bien à crayonner le tableau de l'homme, si je n'en avais d'autres de commencés. Il me faudrait une longue vie, du courage et les illusions que j'ai perdues. *J'ai vu trop tôt la chimère de la célébrité. Il me semble qu'elle ne vaut pas les frais qu'on fait pour elle.* En province, on ignore ce qu'elle coûte; comment un caprice la donne et un caprice l'enlève.

Le travail, les douceurs de la vie de famille et quelques amitiés d'élite pourront seuls sauver le poète de cette épreuve cruelle.

Les lettres affectueuses de Cabanis parviennent à peine à le distraire un moment. Le 15 novembre 1780, son jeune ami lui écrivait :

Je suis toujours malade et le plus frileux des hommes. C'est là ce qui m'a empêché d'aller faire mon pèlerinage de Montfort. J'espère bien que vous viendrez cet hiver àParis pour voir madame Helvétius et l'abbé de La Roche. La gloire ne m'occupe plus pour mon compte, mais pour le vôtre. Soyez sûr que vous n'en aurez jamais, ainsi que de bonheur, ni autant que je vous en désire, ni (rapportez-vous-en pour cela à un siècle dénigrant) autant que vous en méritez... Il me semble qu'Homère devait être tel que je vous ai vu dans nos dîners paisibles et dans nos promenades de Montfort. L'homme à qui vous ressemblez le plus parmi les modernes, c'est Milton. L'envie cherche à vous rapprocher encore plus de ce modèle en vous disputant autant qu'il est en elle une gloire que la postérité vous paiera avec usure. Vous n'êtes pas de votre siècle, mon cher ami ; moi je ne me console d'y être né qu'en songeant que j'y ai trouvé quelques âmes comme la vôtre et quelques têtes à votre manière...

Foulez donc aux pieds toutes les opinions frivoles des eunuques de notre littérature.

Dans une lettre datée d'Auteuil, 2 avril 1781, Cabanis remonte encore son courage ; il lui conseille de travailler et de braver l'injustice du public envieux de Paris :

Garat m'a dit que vous renonciez au travail et que vous laissiez triompher l'envie qui ne demande pas autre chose.

... Votre ouvrage sera jugé un jour à sa valeur.

Puis, il en arrive à la mort de Turgot :

Parlons de la perte que nous venons de faire l'un et l'autre ; vous avez sûrement pleuré M. Turgot ; c'était votre bienfaiteur, c'était votre ami ; c'était un des hommes les plus distingués du siècle, c'était un des hommes les plus vertueux. Madame Helvétius a été surprise et affligée que vous ne lui ayez pas écrit un mot au sujet de ce funeste événement. Il a été pour nous un sujet de parler de vous ; ce que nous faisons souvent. Huit mois de temps nous ont enlevé l'abbé de Condillac et M. Turgot ; de pareils hommes ne se remplacent pas.

Il envoie ses respects à madame Roucher ; ses sentiments à d'Aubanel, le frère du poète :

Mimi (Eulalie), ajoute-t-il, en méritera bientôt dont il ne faudra pas qu'on vous charge d'être l'interprète.

La paresse et l'indolence de Roucher sont vaincues, dès qu'on fait appel à son cœur et à sa reconnaissance ; il répond de Montfort, le 8 avril :

Oui, mon cher ami, j'ai pleuré la mort de M. de Turgot, et je la pleurerai longtemps encore. Je dois à cet homme rare le sort dont je jouis. Je me suis fait un honneur de le publier et je me ferai un devoir de le répéter à mes enfants afin que, pendant toute leur vie, ils bénissent sa mémoire. Madame Helvétius a raison de se plaindre de mon silence ; rien ne pourrait l'excuser si c'était oubli ou indifférence de ma part ; mais, jugez-moi : mon activité n'est plus.

Il se plaint de cet état ; il est à charge à lui-même.

Défendez bien votre âme contre toutes les folles espérances de la vanité. Rousseau avait bien raison de dire que les passions factices sont les vautours qui dévorent notre bonheur ! Je leur ai laissé dévorer le mien.

La solitude lui pèse et il n'a plus l'espoir de rien faire de bien.

Dieu ne s'embarrasse guère de toutes ces petitesses de notre âme. Il nous a faits pour un bonheur moins idéal et plus facile. C'est notre affaire à nous si nous gâtons son œuvre.

Roucher est tout heureux de l'élection de Chamfort, si supérieur à tant de ses confrères. Il se rappelle au souvenir de madame Helvétius, de Garat, et de l'abbé de La Roche.

Venez nous voir dans notre ermitage. Les campagnes sont déjà parées. Ma femme qui vous appelle toujours *son grand fils* voudrait bien que vous le fussiez réellement.

Roucher tenait donc une place fort honorable dans cette

société d'Auteuil [1], où il formait avec Cabanis, Marmontel, Destutt de Tracy, Condillac, Franklin, d'Holbach, Turgot, Chamfort, Morellet, le premier noyau de ces *Idéologues*, dont l'opposition littéraire et philosophique inquiéta un moment la toute-puissance de Napoléon.

Malgré la divergence des opinions politiques, la mémoire de Roucher subsista pure et intacte dans l'âme de Cabanis. Le 11 germinal an XIII, le nouveau sénateur écrivait à Eulalie, qui l'avait félicité d'un récent ouvrage :

Oui, madame, le souvenir de monsieur votre père me sera toujours cher. Ses grands talents, ses malheurs, l'amitié dont il m'avait honoré autrefois me feront toujours prendre un vif intérêt à tout ce qui lui a appartenu et je n'oublierai jamais les années de votre enfance où j'ai eu l'avantage d'observer les premières lueurs de cet esprit si distingué que vous avez déployé depuis. Votre suffrage, madame, et celui de vos amis est une digne récompense de travaux entrepris pour éclairer les hommes.

Un autre ami de Roucher, Lacépède, lui écrivait pendant ces années douloureuses pour l'encourager et le soutenir :

Que de larmes vous avez fait couler!... Continuez, mon bon ami, faites des odes et vous doublerez votre gloire. M. Dupaty a raison de dire que la nature vous a fait pour tout... Faites des vers à la Roucher et aimez-moi toujours.

Au poète qui tarde à lui communiquer ses travaux, il adresse cette requête délicate :

1. Dont l'histoire n'a jamais été écrite. L'auteur espère l'entreprendre ; il a déjà recueilli de nombreux documents dans ce but. On sait qu'après 1800, les membres principaux de cette société furent : Marie-Joseph Chénier, Daunou, Ginguené, Volney, Laromiguière, de Gérando et Maine de Biran.

Hâtez mes jouissances et envoyez-moi votre manuscrit que je puisse promptement m'honorer d'une marque de confiance qui me touche et me flatte.

Et une autre fois, en donnant à Roucher le **premier** volume de sa *Physique* :

Vous verrez par mon ouvrage que, si je suis né sans talent pour la poésie, je n'en suis pas moins plein d'amour pour elle et d'admiration pour les grands poètes et particulièrement pour ceux qui, comme vous, chantent si bien la nature dont je cherche à expliquer quelques lois.

Parmi les académiciens, il en était un qui, outré de l'injustice systématique qui poursuivait le poète des *Mois*, s'était constitué son défenseur officieux devant la compagnie. A toutes les élections, il présentait la candidature de Roucher. Cet ami désintéressé était l'abbé Maury[1]. Au mois de mars 1786, désespérant d'arriver au résultat qu'il poursuivait, il voulut, du moins, faire obtenir au poète le prix d'encouragement de douze cents livres que M. de Valbelle venait de fonder. La noble fierté de Roucher se révoltait contre cette bonne volonté un peu importune. Dès qu'il apprit les intentions de l'académicien, il lui écrivit qu'il serait assurément flatté d'une récompense qu'il n'avait pas sollicitée ; mais que, pour sa dignité et pour celle de l'Académie, il préférerait que la somme fût transformée en médaille. Maury, le jour même, approuve son idée :

1. Thomas comptait aussi parmi les défenseurs du poète. Il lui envoyait des billets pour l'Académie, « en attendant que Roucher pût en donner lui-même ». Marmontel, l'abbé Morellet, MM. de Chabanon et de Guibert se réunirent dans toutes les circonstances à Thomas et à Maury pour donner leurs voix au poète.

Votre lettre est pleine de sens et de raison. Je ferai part ce soir de vos observations à l'Académie sans vous nommer et je désire de tout mon cœur que tous mes confrères en soient frappés autant que moi[1].

Il terminait en indiquant à Roucher les objections que sa candidature rencontrait. Roucher répond le lendemain même, 14 mars 1786; il remercie Maury et l'assure de sa reconnaissance; il est sensible à ses conseils, mais il n'aurait jamais cru qu'on puisse lui reprocher « une ivresse d'orgueil. Orgueilleux! et de quoi? D'une chute retentissante! » son silence, de l'orgueil! Il est si peu ivre d'orgueil qu'il a besoin à chaque instant d'être averti par l'amitié d'avoir à se défendre du découragement. « Se plaint-on? c'est de l'insolence! Vous taisez-vous? c'est de l'orgueil! » En réalité, il est ami du repos; tandis que l'orgueilleux aime l'activité et la domination. Roucher s'excuse de cette lettre.

Mais la défense est légitime quand on est attaqué... Il m'importe que vous me connaissiez. Mon apologie serait mal dans ma bouche. Dans la vôtre, elle aura le poids que votre personne et vos talents doivent donner à votre témoignage.

Il y avait plus qu'une sympathie littéraire entre le comte de Guibert et le poète. Le général[2] académicien, intelligent et ambitieux, était un original qui se lançait dans les affaires les plus compliquées pour s'effrayer ensuite des responsabilités qu'il pouvait encourir. Dans ces cas-là, il songeait aussitôt au fidèle et sage Roucher et un billet

1. Roucher obtint le prix; mais il ne m'a pas été possible de savoir si la substitution si désintéressée qu'il avait proposée avait été accueillie.
2. A treize ans, il avait fait ses premières armes pendant la campagne de Sept Ans.

appelait auprès de lui « l'homme dans le sein duquel il pouvait s'épancher avec confiance ».

Au *Journal de Paris* comme au *Mercure*, Roucher abordait les sujets les plus divers. Il s'y rencontrait avec Marie-Joseph Chénier, Marmontel, Bailly, Imbert, d'Ussieux, Lalande, Fontanes, François de Neufchâteau, Vicq-d'Azyr, Pinel, Malet du Pan, Belfroi de Reignies, etc.

Livres nouveaux, questions d'art ou de littérature, réflexions à propos d'un simple fait divers, souscriptions charitables à ouvrir, tout objet sollicite sa plume[1].

Ainsi, Roucher tenait encore au monde par les discussions littéraires ou artistiques, en même temps qu'il se consolait de ses désillusions par mille travaux d'un genre plus sérieux.

---

1. *Mercure*, 1er mars 1780. La littérature et les arts ne sont si négligés dans le midi de la France qu'à cause de l'éloignement de Paris.

Journal de Paris, 6 août 1780. Roucher défend la mémoire littéraire de Dorat.

28 mars 1781. Sur un enfant qui s'était sauvé de sa pension.

Avril 1780. Sur la richesse de la langue française.

Juin 1784. Roucher approuve le projet des statues à élever dans les galeries du Louvre à Jeanne d'Arc « qui sera vengée ainsi du ridicule que le génie n'a pas craint de répandre sur elle et d'attacher à son nom », et à saint Vincent de Paul « le citoyen le plus vertueux qu'ait produit la France parce qu'il en fut le plus utile ».

Juillet 1782. Sur un jeune sculpteur de talent, Lucas Montigny.

Janvier 1783. Supériorité de la langue française pour les inscriptions à mettre sur les monuments publics. La polémique, renouvelée de Santeul et de Perrault, dura plus de deux mois.

— A propos de la souscription charitable qu'il avait provoquée, Roucher avait reçu de Cubières, avec une obole généreuse, ces vers qui furent insérés dans le *Journal de Paris* :

> J'ai vu des palmes du talent
> S'orner ta jeunesse paisible.
> A notre estime il a des droits
> Le vert laurier qui te décore.
> Le ciel te gardait toutefois
> Un triomphe plus doux encore.....

On retrouve dans toutes ses poésies la trace des préoccupations du moment : doctrines nouvelles, finances, découvertes de la science, édilité même, tout a un écho dans ces vers. Roucher, qui avait une énergie de travail prodigieuse, gênée par une grande difficulté de versification, — ses manuscrits en témoignent, — s'entourait consciencieusement de tous les documents qui pouvaient éclairer son œuvre.

Pour écrire avec toute la perfection que sa conscience artistique réclame, il ne cesse de traduire les poètes anglais, italiens ou latins.

Se défiant de ses forces, il communique ses essais à des critiques auxquels il demande de ne pas se laisser distraire par l'affection. Et ceux-ci de lui écrire comme faisait Marmontel en 1787 : « J'y répondrai par une sincérité sans réserve, bien persuadé qu'il faut être, comme disait Fontenelle, ami des imprimés et ennemi des manuscrits. »

L'*Almanach des Muses*, *les Étrennes de la vertu*, sont remplis des productions du poète.

Au mois de juillet 1784, Gustave III vient à Paris, et, le lendemain de son arrivée, Roucher lui adressait une ode avec cette épigraphe tirée de Virgile :

Quis novus hic nostris successit sedibus hospes?

La guerre de l'Indépendance américaine échauffe son patriotisme et, dans le *Rétablissement de la marine française*, le poète nous présente un tableau consolateur :

> D'Estaing, Bouillé, Suffren se lèvent
> Qui, d'un bras triomphant, relèvent
> L'étendard pompeux de nos lys !

L'ode sur les *Embellissements de Paris* lui fournit

l'occasion de célébrer chez Pelletier de Morfontaine, et le prévôt des marchands et l'ami de Turgot.

La mort d'Élie de Beaumont, que Voltaire tenait en si grande estime, inspira *les Leçons de la Mort* que Roucher lut à la loge des Neuf Sœurs.

C'est encore devant la même société et dans une autre cérémonie funèbre[1] qu'il avait déclamé son *Immortalité de l'homme*, cette ode admirable, inspirée par le plus pur spiritualisme et où Roucher revenait sur quelques-unes des doctrines qui lui étaient chères.

> Nos passions ont fait notre incrédulité,

y disait-il. Et la pièce se terminait par ces vers qui expliquent l'intrépidité du poète en face de l'échafaud :

> Si l'homme veut régner, il faut que l'homme expire ;
> Au delà de la tombe est placé son empire :
> C'est la mort qui l'enfante à l'Immortalité.

Ce fut encore dans une circonstance semblable que Roucher composa et lut, en 1788, son ode *à la Mémoire du président Dupaty*.

Le poète se délassait de ces œuvres sérieuses par des pièces moins longues qui ont été publiées dans les recueils du temps.

Quand la marquise de Tourny, la charmante châtelaine de la Falaise, fut emportée par la petite vérole, Roucher célébra ses vertus dans une épitaphe en vers qui fut gravée sur la tombe de cette femme de bien.

---

1. Devant quatre ou cinq cents personnes présidées par Lalande. — Cette « pompe funèbre » était donnée en l'honneur de M. Court de Gébelin, auteur du *Monde primitif* et du comte de Milly, de l'Académie des sciences (Mars 1785).

Sa muse allait jusqu'à aiguiser l'épigramme et dans un recueil qu'il intitula *l'Archi-sot*, mais qu'il voulut toujours conserver manuscrit, Roucher attaquait, non sans verve, l'Académie, où il faisait entrer son héros, parce que les sots n'y sont pas encore assez nombreux, et les jésuites, si décriés à cette époque.

Ces vers légers, ces odes même, succès de sociétés particulières, ne suffisaient pas à l'activité du poète, et, malgré ses désillusions, il pensait à des sujets plus relevés. *L'Astronomie*, *les Jardins*, *Gustave Wasa*, *la Rhodéide*, etc., furent le fruit de cette pensée. En 1789, Roucher n'avait pas moins de cinq grands poèmes sur le chantier.

Dans *la Rhodéide*, qui devait compter six chants, dont cinq seulement furent composés, Roucher voulait célébrer la conquête de l'île de Rhodes par les chevaliers hospitaliers de Saint-Jean de Jérusalem; il en avait annoncé l'intention dans son *Mois de Juin* :

> Me trompé-je? de Rhode, au fond de ce lointain,
> Ne vois-je point d'ici le boulevard hautain?
> Oui, c'est lui-même : un jour il deviendra ma proie,
> Quand ma muse, enfantant une seconde Troie,
> Y conduira vainqueur ce peuple hospitalier
> Qui monta dans Solyme au rang de chevalier.
> Que tes rayons alors, soleil, dieu de la Lyre,
> Jusqu'aux transports d'Homère échauffent mon délire!

Le manuscrit de ce poème est égaré, comme bien d'autres productions de Roucher que la veuve du poète confia, après sa mort, à des littérateurs amis qui, par négligence ou par oubli, ne les rendirent jamais.

En écrivant un poème sur *les Jardins*, Roucher ne voulait pas surpasser Delille, mais reprendre « les fleurs que celui-ci avait négligées » :

> Et sur le même sol embelli par ses mains
> Vers la gloire, après lui, s'ouvrir d'autres chemins.

Ce poème devait compter quatre chants. Le second est perdu.

Le poète se proposait de faire revenir les grands sur leurs terres, au milieu de leurs vassaux dont ils seraient les bienfaiteurs.

La muse champêtre de Roucher était faite pour cette poésie et bien des vers sont délicieux et charmants. Un critique appelé à examiner le manuscrit avait mis à la fin du premier chant cette note bien vraie :

Vieille poésie, si l'on veut. Mais en est-il qui fasse mieux aimer l'auteur et éprouver le charme attaché à tout ce qu'il décrit ? N'y sent-on pas combien Roucher était bon, sensible et vertueux !

C'est dans ce poème que Roucher a décrit les ruines grandioses du vieux château de Montfort-l'Amaury :

> Ces tours qui, de nos preux, ont vu fleurir la gloire,
> Ah! respectez ces tours. Rohan, Bouillon, Mailly
> Défendirent ce fort par de Nesle assailli ;
> Ces glacis, ces fossés et leur eau prisonnière
> Ont vu des Ligneville ondoyer la bannière.
> Sur ces angles, Sabran luttait avec d'Osmond,
> Montmorency pour frère adopta Bauffremont;
> Près de ce pont mouvant, un jour, Aliénore
> Au sortir d'un tournois dont leur amour s'honore
> Des faveurs d'une écharpe accueillit un Choiseul.
> Loyaux adorateurs de la beauté d'Iseul,
> D'Aubusson, Fézensac la choisirent pour dame.
> Ce portail fut témoin des secrets de leur flamme,
> Alors qu'en s'embrassant ils jurèrent tous deux
> D'aller le mériter par des faits hasardeux.

Entrez dans ce salon ; c'était à ses murailles
Que le prix des tournois, des joutes, des batailles,
Les casques, les brassards, les lances, les écus,
Les drapeaux des vainqueurs, les drapeaux des vaincus
S'appendaient en triomphe et disaient les services
Dont les vieux chevaliers enflammaient les novices.
Et cette voûte encore, au siècle des Nemours,
Couvrit le tribunal où siégeaient les amours.
Ici, de la constance on créait les modèles ;
C'est d'ici que, honteux, sortaient les infidèles,
Lorsqu'en un vœu commun tous les vœux réunis
Renvoyaient les ingrats et jugés et punis.

Victor Hugo, au mois d'octobre 1825, logeait à Montfort dans la maison même qu'avait habitée le poète des *Mois*. Dans un cénacle d'amis, il y lisait *la Fiancée du timbalier* qu'il venait de composer ; et le lendemain, après une promenade aux ruines, il rentrait dans cette maison déjà visitée par la Muse, et portait en lui les premières ébauches de la pièce qu'il allait consacrer *aux ruines du château de Montfort*.

C'est dans la fréquentation de Bailly que Roucher avait puisé l'idée de son *Astronomie*.

L'*Invocation à la Nuit* qui ouvre ce poëme contient quelques beaux vers.

Roucher essayera de

...Révéler quels accords
Du monde planétaire animent tous les corps ;
Attachent les soleils aux plaines de l'espace,
Précipitent vers nous la comète qui passe
Et tracer le tableau vaste et prodigieux,
Des biens que l'homme doit à l'étude des cieux !

Sans doute ; il aura à lutter contre la pauvreté du langage français :

> A la hauteur des cieux comment lancer mon âme
> Et du génie éteint ressusciter la flamme?
> N'importe.....

Gustave Wasa, ou *la Liberté de la Suède*, devait être, comme le titre l'indique, un poème épique. On n'en trouve aucune ébauche dans les papiers du poète ; le projet cependant est positif, car Roucher y faisait allusion dans un article du *Journal de Paris* et dans une *Ode sur Léopold de Brunswick*. Les amis et les confidents du poète concevaient les plus belles espérances sur le succès de Roucher dans ce genre nouveau pour lui. En 1786, Cabanis lui écrivait :

> Votre *Wasa* avance-t-il ? Je ne vois que l'intérêt vif d'un travail intéressant qui puisse vous faire oublier toutes les tracasseries des libraires et des critiques. Précipitez-vous dans le délire de la composition et, perdu pour le bas monde, oubliez-nous tous tant que nous sommes.

Les Amants de Lyon, qui, suivant la mode du temps, s'appellent encore *l'Héroïsme de l'amour* ou *Thérèse et Faldoni*, ou *le Despotisme paternel*, sont en germe dans ces quelques vers des *Mois* :

> Et lorsque nos enfants qu'unit déjà l'amour
> Demandent que l'hymen les unisse à son tour
> Nous repoussons leur vœux! l'avarice d'un père
> Mettra sur un autel leurs destins à l'enchère.
> Barbares! si nos mains les vendent au malheur
> Ah! permettons du moins la plainte à leur douleur.

Telle était la thèse que Roucher, après Shakspeare, voulait soutenir [1] ; l'œuvre est loin d'être parfaite. Les amis de

---

1. Grimm (VI, p. 435, édition de 1829) raconte le fait réel qui donna à Jean-Jacques Rousseau, à Léonard, à Hapdé et enfin à Roucher l'idée de traiter ce sujet.

Roucher, dans l'intérêt de sa réputation, furent les premiers, soit de son vivant, soit depuis sa mort, à combattre la publication de cet ouvrage pour lequel Roucher semblait avoir une certaine prédilection, si on en juge par quelques passages refaits avec amour. Quelques vers sont gracieux ; mais, malgré tout, ce mot d'un ami du poète reste toujours juste : « Ce ne sera jamais qu'un roman et non un poème [1]. »

Ces divers travaux témoignaient chez Roucher d'une grande fécondité, d'un labeur immense, et d'une imagination toujours en mouvement.

En prose, il recherchait l'honneur d'être utile à la littérature et à l'instruction générale de ses contemporains. Si pour vulgariser dans les hautes classes les doctrines économiques, Roucher songeait déjà à traduire l'ouvrage de Smith sur la *Richesse des Nations*, il n'oubliait pas non plus les femmes, pour lesquelles, avec Lacépède, Lalande et Imbert, il créait cette *Bibliothèque universelle des Dames*, où il s'était réservé un petit cours de philosophie à l'usage de ses belles lectrices.

Il collaborait aussi avec Panckoucke, Berquin, Imbert, mais surtout avec d'Ussieux et Duchesnay, à la *Collection des Mémoires relatifs à l'histoire de France*.

Enfin, il avait organisé, sous la présidence de Condorcet, une société littéraire pour la publication d'un *Voyage universel* ou *Encyclopédie des voyages*. Ce projet, qui a été repris avec succès, fut entravé par la Révolution ; en effet, une convention datée du 29 septembre 1789 portait qu' « il a

---

1. A la fin du quatrième chant, Roucher avait mis cette mention : « Achevé à Montfort le 2 de septembre 1785, dans le pavillon du jardin extérieur de Reine Blanche. » Sainte-Beuve raconte (Lundis, X, p. 260) que le philosophe inconnu, Saint-Martin, à la fin d'une de ses œuvres, *le Crocodile* avait écrit : « Terminé le 7 août 1792, dans le petit cabinet de mon appartement de Petit-Bourg, donnant sur la Seine. » Quelle singulière coïncidence !

été convenu unanimement qu'*attendu le malheur des temps
et la cessation du commerce* », la publication serait remise
au 1er février 1790, si un nouveau délai n'était pas nécessité
par les mêmes circonstances à cette date [1].

Une anecdote littéraire des plus curieuses se rattache au
souvenir de l'une des œuvres de Roucher.

Le 27 avril 1785, Maximilien-Léopold de Brunswick
périsssait dans l'Oder, en cherchant à sauver des paysans,
menacés par l'inondation.

Le comte d'Artois proposa un prix de trois mille livres
que l'Académie française devait décerner à l'auteur de la
plus belle pièce de vers sur cet événement. Roucher se mit
sur les rangs; ses concurrents étaient nombreux et choisis :
Ginguené, Grouvelle, Rioulle, Marmontel, l'abbé de Barral,
madame Levacher de Valincourt, etc.

Roucher, satisfait de l'ode qu'il avait composée, redoutait
cependant l'examen de l'Académie et ses amis partageaient
ses craintes. Lacépède lui écrivait le 14 juillet 1786:

Vous craignez, mon cher ami, de n'avoir pas le suffrage de
l'Académie. Tant pis pour elle, si elle ne vous décerne pas la
couronne. Ce sera un mauvais feuillet de plus à ajouter à son
histoire, et un trait de ressemblance que vous aurez de plus
avec le grand homme que vous avez immortalisé une seconde
fois.

Les craintes du poète n'étaient pas vaines; il n'eut qu'un
accessit et Ginguené une mention. Le prix était décerné à
M. Terrasse-Desmareilles, officier de la maison royale !

---

1 Roucher fit encore une grammaire anglaise qui est restée manus-
crite dans ses papiers; mais qui n'était peut-être destinée qu'à l'éducation d'Eulalie. — Il collabora aussi à la *Bibliothèque étrangère*
qui donnait la traduction des ouvrages célèbres; Roucher y traduisit
les *Saisons* de Thomson.

Voici ce qui s'était passé : la reine écrivit trois lettres à l'Académie en faveur du courtisan, mais sans le nommer, et en désignant simplement la pièce par la devise. L'Académie s'imagina que le comte de Provence qui aimait la littérature avait eu la noble émulation de concourir. Sans pousser plus loin l'examen et trouvant la pièce passable, les juges lui décernèrent le prix. En ouvrant la devise et en n'y trouvant que le nom d'un simple officier de la reine, les académiciens furent consternés, mais il n'était plus temps de se dédire !

Roucher était chez madame Helvétius, à Auteuil, quand on apprit la première décision de l'Académie. Le poète n'était même pas nommé.

Vexé, il débita ses vers devant toutes les personnes présentes ; à l'unanimité, on les déclarait très bons, quand Chamfort affirma qu'ils n'avaient pas été lus devant l'Académie. Roucher se plaignit ; on fit une enquête et il fut démontré que La Harpe avait dissimulé l'œuvre de Roucher derrière un meuble. Une seconde lecture fut ordonnée. La Harpe interrompait constamment ; il voulait empêcher toute discussion. La justice, — justice toute relative, — finit par l'emporter et Roucher obtint l'accessit qu'il avait ainsi doublement gagné.

Tous les concurrents d'ailleurs en appelèrent de l'opinion des Quarante à celle du public. Ils firent imprimer leur poème, et la ville fut d'accord avec la cour pour reconnaître que l'Académie avait commis une véritable injustice.

Roucher adressa son ode à la duchesse douairière de Brunswick-Lunebourg, mère du jeune prince et sœur du roi de Prusse. En même temps, il en faisait parvenir une copie au grand Frédéric, à ce « roi qui, législateur, conquérant et philosophe, avait, comme le disait Roucher, réuni dans sa personne tous les genres de gloire ».

Dans son intérieur, Roucher montrait des qualités charmantes. Il avait des mœurs irréprochables et l'union du ménage ne pouvait que s'en ressentir.

Sa correspondance avec sa femme est pleine de cette douceur et de cette intimité qu'on ne saurait raconter, parce qu'elle est faite de ces mille riens, petits ennuis et petites joies, qui n'intéressent pas le public.

Si Roucher était affligé, sa femme le consolait :

Tu seras vengé tôt ou tard, lui écrivait-elle, de toutes les injustices qu'on t'a faites. Adieu, mon bon ami, du courage et tu écraseras l'envie.

De son côté, Roucher l'entretenait de ses travaux :

Je ne me sens pas, disait-il, cet appétit de travail qui me charmait autrefois. Ma raison est toujours là, surveillant mon enthousiasme, et peut-être aussi lui rognant les ailes. On prétend que les ouvrages doivent être ainsi faits pour être bons. Passe pour les ouvrages, mais je regrette pour l'auteur les plaisirs de la composition.

Il lui envoyait les parties achevées, les ébauches de ce qui restait à faire et la femme distinguée tantôt blâmait un passage et tantôt s'extasiait et admirait sans réserves.

Dès que j'ai vu des vers, je me suis mise à pleurer comme un enfant avant de les avoir lus. Dis-moi pourquoi, mon ami. C'est sans doute parce qu'il y avait longtemps que je n'avais rien reçu de toi en ce genre ; c'étaient des vers de mon mari. Je ne sais, mon bon ami, mais j'ai éprouvé une sensation délicieuse qui tient aussi sans doute à ce qu'il me semble te voir renaître à la gloire et à la vie. Tu te porteras mieux après, je crois. Ils sont délicieux. Je viens de les relire et je pleure encore. Je ne sais si c'est de l'enthousiasme, mais ils me paraissent doux et frais comme les fleurs dont tu parles. Courage, mon bien-aimé, courage ; tout ira bien. Je les relirai plus d'une fois, car ils me font bien plaisir.

Par goût, Roucher aimait la politique. Ses lettres sont curieuses sous ce rapport : elles intéressaient sans doute aussi le cabinet du lieutenant général de la police, car, à tout instant, Roucher se plaint que ses correspondances aient été interceptées ou du moins retardées.

Le 13 mai 1788, au lendemain du coup d'État de Loménie de Brienne, après l'emprisonnement de d'Éprémesnil et de Montsabert, Roucher écrit à sa femme :

On ne vous a pas donné de fausses nouvelles de la catastrophe générale. Le tout n'est que trop vrai ! C'est un bouleversement universel ! Adieu les droits de citoyens ! Adieu les droits d'hommes ! Plus d'intermédiaires, de réclamants entre la nation et celui qu'elle a fait souverain. Il en arrivera ce qui pourra, mais tous les gens sensés et patriotes gémissent en secret. Il faut dire comme Joad dans *Athalie...* Je ne te dis rien des opérations de la cour. La prudence impose la loi de se taire et je me tais. Reste à savoir qui l'emportera des volontés de la cour ou de l'intérêt de la nation.

Le 22 mai, d'Ablon, où Roucher est en villégiature chez son ami le président d'Ormesson :

Il est question aujourd'hui d'une déclaration du roi qui rétablira les choses sur l'ancien pied, par provision, jusqu'à la tenue des états généraux, indiquée pour le mois de janvier prochain. Tout serait peut-être déjà achevé, si l'on ne bataillait pas, d'un côté, pour obtenir les quatre magistrats exilés, de l'autre, pour ne pas les rendre. Cette nouvelle est trop belle peut-être pour être vraie.

Tout le monde, même dans le camp de l'opposition,
— et Roucher en faisait partie, — rendait hommage aux
bonnes intentions du roi.

Les affaires publiques, écrivait-il le 31 mai, sont toujours
en stagnation. On voudrait faire accroire qu'elles ont pris du
mouvement; mais il n'en est rien. On imprime des mensonges,
et à leur faveur on trompe celui qui est à la tête et qui serait
effrayé s'il savait la vérité :

> Détestables flatteurs, présent le plus funeste
> Que puisse faire aux rois la vengeance céleste!

Le 7 juin, les troubles de Bretagne lui arrachent cette
prophétie :

Tout cela est alarmant et Dieu veuille qu'on n'aille pas plus
loin.

Roucher était naturellement bon et généreux ; un jour,
avant son mariage, rencontrant un ami réduit à la misère,
il avait, pour subvenir à ses besoins, vendu ses boucles
d'argent ; et, depuis, chargé de famille [1], il avait recueilli
chez lui le pauvre Bitaubé, que ses traductions d'Homère
n'avaient pas enrichi [2].

Y avait-il parmi ses amis quelque sujet de brouille ou
de discorde, il s'employait pour le faire disparaître et
n'était satisfait que lorsqu'il y avait réussi.

1. Roucher avait deux filles dont une mourut un peu avant 1789; de
plus, son père, en mourant, l'avait désigné pour le remplacer auprès
du dernier de ses enfants, Roucher d'Orseranne. Ce jeune homme,
d'une intelligence remarquable, mourut subitement chez le poète, en
janvier 1789. Il avait vingt-deux ans.

2. Une autre fois, Roucher choisit dans sa garde-robe tout ce qu'il
avait de mieux et de plus neuf pour en habiller Piccini qui n'avait pas
de vêtements convenables.

Grâce à son travail, à ses habitudes d'ordre et de régularité, Roucher qui n'avait aucune fortune en se mariant. jouissait, en 1789, d'une aisance honorable[1].

Il avait trois domestiques et même un secrétaire. Médéric Messent, l'un des associés de l'entreprise du *Voyage universel.*

Madame Roucher pensait réaliser bientôt le rêve de toute sa vie; elle aurait une maison de campagne et le poète, qui venait de faire son budget, l'entretenait dans cet espoir[2].

Avant que la Révolution détruise tout ce bien-être (Roucher en mourant ne laissait pour toute fortune que quatre cent quarante-sept livres en deniers ou en assignats), entrons un instant dans l'intérieur du poète.

Le mobilier était confortable; les meubles ornés de ces appliques de cuivre ciselé qui donnent tant de prix aux chiffonniers et aux commodes de cette époque; le salon recouvert de velours d'Utrecht cramoisi, avec bois peint en gris.

1. *Les Mois*, malgré leur insuccès, s'étaient bien vendus, puisqu'au mois de janvier 1784, il restait à peine chez l'éditeur quelques exemplaires des deux éditions du poème.

2. Un projet de bail (février 1787), pour un appartement dans une maison située rue des Fossés-Monsieur-le-Prince, n° 117 et qui appartenait au collége d'Harcourt, montre, quelles étaient, à cette date, les conditions d'une habitation bourgeoise à Paris; c'était un entresol comprenant cinq pièces dont la cuisine donnant sur le derrière, sur le devant une chambre et un salon éclairés par fenêtres à balcon, de plus une chambre de domestique au quatrième et deux caves, le tout moyennant six cents livres par an, les termes aux « quatre quartiers de l'an ordinaires et accoutumés ». — Les bailleurs s'obligent : 1° à ouvrir ou faire ouvrir à toute heure du jour et de la nuit la grande porte d'entrée; 2° à faire jouir les preneurs de l'usage de la fontaine d'eau d'*Arcueil*, sise dans la cour de ladite maison. Cette dernière stipulation prouve que, dès cette époque, les maisons qui n'étaient pas alimentées en eau de Seine avaient une plus-value.

Le cabinet de travail était en bois de palissandre ; sur quatre colonnes tronquées, les statuettes originales de Voltaire, Molière, Racine et Crébillon par Lucas Montigny. Le 8 Thermidor, le délégué révolutionnaire, ayant reconnu qu'elles étaient « d'un bon artiste », les mit à la disposition de la commission des arts, en vertu de la loi de confiscation. Aux murs étaient pendues cinquante-cinq gravures, de différentes grandeurs, qui représentaient des poètes, des personnages célèbres et quelques sujets de fantaisie.

L'inventaire des habits n'est pas moins curieux à consulter. Roucher possédait entre autres choses : un habit de peluche de soie doublé de velours ; une veste assortie audit habit : habit, veste et culotte de velours de printemps doublé de taffetas jaune ; habit et veste de soie ; un habit de ratine bleu de ciel, doublé de satin blanc, et sa veste assortie ; gilet et culotte de casimir chamois.

Tout ce luxe était indifférent au poète qui avait mis dans sa bibliothèque toute sa fortune. Sur les rayons de ce meuble « à trois corps, à deux portes garnies de verre de Bohême », on rencontrait au hasard des formats ou des lectures : L'*Imitation de Jésus-Christ* et le *Roman de la Rose*, — le Dictionnaire de Trévoux, — des recueils d'histoire naturelle, d'économie politique à côté des voyages de Cook ou des romans de l'abbé Prévost, — la collection des auteurs latins dite de Manheim, — trente-quatre volumes de poètes italiens, — la *Henriade*, — l'*Iliade*, — Perse et Juvénal, — Horace, — les *Sermons* de l'abbé Poule, — Gessner, — tout La Fontaine. — les œuvres du roi de Prusse, — vingt-huit volumes sur le magnétisme, — les *Confessions* de saint Augustin, — le *Mercure français*, — Pline, — les *Annales de la monarchie*, — l'*Histoire de Charles-Quint*. — la *Bible*, — Montaigne, — tout Voltaire, — Madame de Sévigné, — d'Alembert,

— Plutarque, — Rabelais, — Ronsard, — Jean-Jacques Rousseau, — Fénnlon, — Corneille, — La Bruyère, — La Rochefoucauld, — les *Mémoires* de Sully.

Mirabeau peint par lui-même, — *la République,* de Bodin, — *l'Histoire philosophique,* de Raynal, — plus de mille brochures relatives aux travaux de l'Assemblée et à son cérémonial rappelaient l'époque tourmentée où l'on vivait.

Quelques livres d'une grande valeur, — des incunables du XVIe siècle, — les ravissantes éditions de Berquin et de Marmontel, enrichissaient une bibliothèque qui, malgré la dépréciation générale, représentait encore en 1794 plus de six mille livres.

De 1780 à 1789, Roucher dépensa plus de mille livres par an pour augmenter cette collection.

Une fille dont « les progrès devançaient les désirs paternels » égayait la maison du poète qui n'avait plus d'autre ambition que de faire d'Eulalie une jeune fille accomplie et qui serait « son plus bel ouvrage ».

A cette enfant de treize ans qu'il appelle son petit secrétaire, il parle de la *Henriade* et des beautés d'Homère. Il lui apprend le latin, l'anglais, l'italien; il surveille ses travaux de dessin et de musique; chaque jour, il lui fait réciter quelques vers de Boileau, de La Fontaine ou de Racine; — chaque jour, il corrige le style de l'enfant, et, en même temps qu'il forme l'esprit de sa fille, Roucher ne néglige ni son caractère ni son cœur :

Tous les matins, en te levant, il faut te dire :
Je veux que ce jour ne passe point sans profit pour moi. Il faut que j'attaque tel défaut et l'attaquer ainsi jusqu'à ce que tu te sentes corrigé tout à fait en toi. Un jour viendra et il n'est

pas loin où il faudra que je mette un intervalle de paix et de repos entre la mort et la vie active. Eh bien! c'est dans cet intervalle qu'il me sera si doux de te rencontrer... Je veux être ton ami; tu seras mon amie. Fais que je puisse dire réellement de toi ces vers que tu as lus l'année dernière à ton retour de Houilles :

> Sur toi de mes vieux ans le bonheur reposait;
> Je sondais l'avenir et mon cœur y lisait
> Que ma Minette, un jour, d'une main caressante,
> Couronnerait de fleurs ma tête blanchissante!

La femme, lui écrit-il une autre fois, doit être distinguée uniquement par les vertus, et parmi les vertus les qualités de l'intérieur tiennent une large place. Il y a dans un des plus beaux psaumes un mot d'éternelle vérité: *Toute la gloire d'une femme vient de son intérieur.* C'est cet intérieur qu'il faut s'appliquer à embellir.

Roucher jugeait avec raison que l'application aux choses du ménage ne doit pas être plus négligée que la culture raisonnable de l'esprit.

Quand le poëte, en 1788, perdit son père, il annonçait cette nouvelle à Eulalie dans des termes émus que nous connaissons déjà et il ajoutait : « Conserve avec respect de l'amour pour sa mémoire. *C'est la religion que je te demande.* » C'est la seule fois, dans cette éducation tout empreinte des souvenirs de Jean-Jacques, que ce mot fut prononcé devant Eulalie.

Roucher, on le devine, était fier de sa fille. Madame Helvétius, — Notre-Dame d'Auteuil, comme on l'appelait — adorait l'enfant et élevait pour elle, dans sa propre chambre, de jeunes oiseaux qu'elle destinait à la volière d'Eulalie.

A ton retour, écrivait Roucher, tu trouveras ces nouveaux hôtes privés d'une main qui doit te les rendre plus chers.

Mesdames Aicylie et de Montalembert, la princesse de Listenois demandaient à la voir, — Cabanis, Lacépède, Marmontel ne parlaient d'Eulalie qu'avec enthousiasme.

Berquin, lui écrivait son père, a été bien sensible à ton souvenir. Il t'en remercie. Je l'ai vu hier à la Comédie-Française. On donnait *l'Optimiste*. L'hiver prochain je te le ferai voir. C'est un ouvrage charmant et qui, sûrement, te donnera du plaisir.

En dehors de ces consolations du foyer, Roucher en trouvait d'autres dans sa correspondance avec Dupaty et dans sa liaison avec Guyot-Desherbiers.

Au président qui venait d'être frappé d'une nouvelle persécution, Roucher rappelait, le 19 janvier 1780, ce vers qu'il avait écrit autrefois :

Et toujours aux vertus le malheur réuni

et aussi celui du poète des philosophes :

Non semper imbres nubibus hispidos manant in agros.

On n'a pas impunément une âme et une raison supérieures, ajoute-t-il. L'envie ne s'en accommode point, mais sa haine est bien maladroite. Elle fortifie ce qu'elle voudrait étouffer et finit par être étouffée elle-même. Il faudra bien qu'on finisse par l'enregistrement. A coup sûr, le roi ne reculera pas. Il vous a donné des provisions. L'honneur de son autorité veut qu'elles soient enregistrées. Dans l'état d'asservissement où la dernière révolution a mis la magistrature, il n'est plus possible de dire : Je ne veux pas, quand le roi dit : Je veux. Il faudra batailler, je le sais bien. Vos ennemis me paraissent des gens qui ne céderont qu'après avoir été forcés dans leurs derniers retranchements.

Cela distrait le président de la mort de sa mère, et c'est ainsi qu'on peut dire qu'un mal est parfois un bien.

Le hasard qui est si sage quelquefois vous a doublement frappé, en même temps, comme pour vous affliger moins.

Au lendemain des *Mois*, le 25 février 1780, il écrivait encore au président :

Pourquoi me laissez-vous sans réponse, mon cher ami, c'est-à-dire dans des inquiétudes mortelles ? Pouvez-vous croire que je vive tranquille, tandis que j'ignorerai quel succès a eu la cabale de vos envieux? Vous suis-je devenu si indifférent que vous ne jugiez pas nécessaire de m'instruire de ce que vous faites? De grâce, mon bon ami, un mot et pas davantage si vous n'en trouvez pas le temps; mais un mot. C'est souvent une grande consolation. Songez que vos succès, vos chagrins sont les miens. Mon cœur a épousé vos intérêts pour toute ma vie. Apprenez-moi que vous êtes enfin tranquille, que vous le serez bientôt du moins et, si vous n'espérez pas ce jour de sitôt, mettez-moi avec vous en part d'inquiétude. Songez que dans l'ignorance de tout, j'imagine et crains tout. Je ne vous parlerais pas des *Mois* si le *Journal de Paris* ne vous avait déjà instruit qu'ils ont paru mercredi dernier, 23 du courant. Je suis confiné à Montfort pour me tenir loin de tout ce qui pourrait me faire entendre les détracteurs, si je mérite d'en avoir. Je ne sais rien de mon sort, sinon que la vente va bien. Je voudrais, si vous êtes toujours persécuté, que l'ouvrage fût déjà à Bordeaux. Le juste hommage que je vous ai rendu humilierait peut-être un peu vos ennemis, si toutefois ils savent rougir encore. Oh! que ne puis-je aller vous voir! Que j'aurais du plaisir à vous embrasser, à vous presser sur mon cœur, à me sentir pressé sur le vôtre! J'ai besoin de vous aimer et d'être aimé de vous. Nos âmes s'entendent, et la mienne s'élève et s'attendrit avec la vôtre. Il fallait que je vous écrivisse, mon cher ami, pour le plaisir seul de vous écrire. Je l'ai fait et il me semble que je suis déjà plus tranquille sur votre sort.

L'amitié a-t-elle jamais parlé un plus beau langage et une pareille lettre ne forcerait-elle pas la sympathie des plus sceptiques?

Dupaty répondait à cette affection par des témoignages non moins touchants, et cependant, pendant quelques mois, Roucher négligea même Dupaty. Garat écrivait au poète :

Je voudrais vous épargner des torts qui sont dans votre conduite, sans être dans votre cœur, mais que tout le monde vous reprochera, mon cher Roucher, parce que tout le monde ne sait pas distinguer les sentiments et la conduite d'un homme; il n'y a que Dieu et les amis qui sachent faire cette distinction.

Dupaty s'est plaint à madame Suard et à Garat du silence de son ami :

Lui qui est accablé de malheurs et de travaux, continue Garat, il vous écrit, et vous qui vivez dans le repos et la solitude d'une petite ville, vous ne répondez point. Il est indignement persécuté, il est menacé d'un décret et vous lui refusez les consolations que vous pouvez lui donner...

Les tristesses, la haine qu'il rencontrait de toutes parts emportèrent prématurément le magistrat intègre et respectable. Roucher fut si profondément affligé de cette mort, arrivée en 1788, qu'il tomba lui-même gravement malade. Guéri, il se donna la seule consolation qui lui restait.

Dans une ode qu'il fit à sa mémoire et qu'il avait fait précéder de cette épigraphe :

Solatia luctus ingentis

Roucher célébrait le philosophe éclairé, le magistrat

honnête, l'homme excellent que son amitié pleurait encore.

Lors des premiers excès de la Révolution, le poète, resté fidèle à la mémoire de son ami, disait de lui « qu'il en serait mort de douleur s'il n'en avait pas été la première victime[1] ».

Il voulut consacrer encore le souvenir de cette affection par cette belle dédicace qu'il mit en 1790, en tête de sa traduction de la *Richesse des Nations* :

A la mémoire de M. le président Dupaty, orateur éloquent, magistrat intègre, philosophe courageux, enlevé avant le temps à la législation, aux lettres, aux arts et à l'amitié. Cet hommage n'ajoute rien à la gloire d'un grand citoyen : il adoucit la douleur d'un ami.

ROUCHER.

Après Dupaty et au second plan, l'amitié de Guyot-Desherbiers a joué dans l'existence de Roucher un rôle important. Les deux amis demeuraient dans la même maison, rue des Noyers, c'est pour cela que souvent, dans *les Consolations*, Desherbiers est appelé *le voisin du troisième* ou *l'oncle d'amitié*.

Dans cette intimité, Roucher trouvait à satisfaire ses goûts littéraires, en même temps que son cœur s'épanouissait à ce contact d'une famille éclairée et respectable.

Desherbiers, dont la figure respirait la finesse, l'enjouement et la bonté, aimait beaucoup la littérature[2] : c'était un

---

1. « Aux jours de deuil et de sang, j'ai souvent entendu mon père répéter ces paroles. » (Eulalie, ébauches d'une notice sur son père).

2. Il a composé de nombreuses poésies qui sont restées inédites, mais dont quelques-unes et particulièrement son poème sur *les Chats* auraient mérité les honneurs de l'impression. Il y a dans cette poésie et dans cette gaieté quelque chose qui présage déjà, à deux générations

des hommes les plus gais et les plus distraits et l'on dit que
Picard, son ami, le prit comme type de sa charmante comédie, *Monsieur Musard*. Desherbiers recevait chez lui Marmontel, Berquin, Lalande, Morel, Parny, et dans ce milieu
Roucher occupait la place éminente due à son caractère et
à ses talents.

C'est ainsi que le travail, les charmes d'une union assortie, les devoirs paternels et les affections de l'intimité
avaient sauvé Roucher de la crise terrible qu'il venait de
traverser.

A la loge des Neuf Sœurs, de nombreux devoirs occupaient
le poète. Les fonctions d'*orateur* consistaient moins encore
à prendre la parole dans les assemblées qu'à diriger tous
les jours l'administration de la société dont Roucher était,
en réalité, l'archiviste et le secrétaire.

Ce fut Roucher qui eut à faire l'éloge de Dupaty quand
ce magistrat, renonçant à une des dignités maçonniques,
fut remplacé par « le premier astronome de la nation et de
son siècle », l'illustre Lalande.

D'autres fois, reprenant le programme de la régénération
de l'homme par le bonheur et par la vertu, il en arrivait à
fulminer contre le despotisme et à proclamer, avec une hardiesse politique qui ne se montrait encore que dans les
sociétés secrètes, l'avènement prochain d'une république
idéale !

Et cependant Roucher, comme s'il avait le pressentiment
du lendemain, s'efforçait de limiter le rôle politique de la
loge. Rappelant à ses auditeurs la Société royale de Lon-

---

de distance, l'auteur des *Comédies et Proverbes*. Jurisconsulte avant
1789, Guyot-Desherbiers se fit remarquer dans les assemblées primaires
de la Révolution par la facilité de sa parole et l'énergie de ses convictions honnêtes ; mais, plus heureux que Roucher, il traversa la tourmente et devint, en 1798, membre du conseil des Cinq-Cents.

dres qui réunit tous les savants et tous les littérateurs du pays, il aurait voulu que l'assemblée des Neuf Sœurs fût dirigée par le même esprit, et que, sans abandonner les principes maçonniques, elle devînt surtout un centre où, dans les charmes d'une douce intimité, des hommes intelligents pourraient trouver le moyen de se tenir à l'abri du vulgaire.

Roucher terminait en rappelant la Grèce où « la coutume et les mœurs permettaient aux Appelle, — j'allais dire aux Vernet, si cette Grèce si fière avait eu la gloire d'en posséder, — la coutume et les mœurs, dis-je, permettaient aux Appelle d'exposer à leur porte les œuvres du pinceau et d'interroger, sans crainte du ridicule, l'opinion de la foule, même celle de l'ignorance, parce qu'il est des beautés qui ne peuvent ressortir qu'au tribunal du sentiment ». Rome adopta ces usages. Les académies françaises, au contraire, ne répondent pas à ce but ; que la loge le fasse ; qu'on y mette les lumières en commun ; qu'on discute, qu'on critique ; « que le talent qui commence se fortifie ici de la vigueur du talent qui est arrivé à la perfection et que celui-ci y trouve ces modestes observations qui l'avertissent du moment où le génie a sommeillé ».

On trouve dans les papiers de Roucher une lettre des plus curieuses qui se termine par ces mots :

« Je vous prie de me pardonner l'usage d'une main étrangère. ÉLIE DE BEAUMONT. »

Le grand avocat des Sirven et des Calas, l'ami et le collaborateur de Voltaire, n'avait pu que tracer ces quelques lignes au bas d'une lettre qu'il avait dictée le 9 janvier 1786, le matin même de sa mort.

Ce jour-là, Beaumont devait lire, devant la loge des Neuf Sœurs, un travail important ; la maladie l'avait terrassé subitement la nuit précédente :

Il n'est pas possible, disait-il, de souffrir plus que j'ai souffert depuis hier soir jusqu'à présent et surtout cette nuit où je n'ai pu fermer l'œil.

Il priait donc Roucher de faire remettre à une séance ultérieure la publication de son rapport; mais, en même temps, il le suppliait de veiller à ce que sa lettre ne tombât pas sous les yeux de son fils, qui faisait aussi partie de la loge. En outre, il demandait qu'au repas, son enfant fût placé à côté de Roucher et d'un autre frère sérieux pour qu'il ne prît pas une indigestion, « ce qui pourrait être mauvais pour lui, ajoutait ce père stoïque, s'il venait à apprendre ma mort en se levant de table ».

C'était un caractère bien trempé que celui d'Élie de Beaumont, et l'amitié d'un tel homme honorait singulièrement le poète des *Mois*[1].

Roucher, l'épreuve passée, retournait dans le monde où il retrouvait les succès de sa jeunesse.

Dans la fameuse prophétie de Cazotte, il tient une place qui montre — l'anecdote ne fût-elle pas vraie, — dans quelle société il fréquentait.

On se rappelle ces lugubres prédictions faites, au commencement de 1788, à la table d'un académicien grand seigneur qui réunissait chez lui la meilleure société de l'époque. Il y avait des femmes comme la duchesse de Gramont, des hommes de lettres comme Condorcet, des savants comme Bailly; quand ceux-ci, et Chamfort et Nicolaï et Vicq-d'Azyr et Malesherbes furent fixés sur le triste avenir qui les attendait :

— Ah ! Dieu soit béni, aurait dit Roucher dans sa gaieté en-

---

1. Le fils d'Élie de Beaumont, dont il est question dans la lettre ci-dessus, épousa, quelques années après, la fille du président Dupaty.

diablée, il paraît que monsieur n'en veut qu'à l'Académie. Il vient d'en faire une triste exécution et moi, grâces au ciel...

— Vous, monsieur, reprit Cazotte, vous périrez sur l'échafaud.

La correspondance de Roucher avec sa femme nous introduit dans ce monde que le poète se reprenait tous les jours à aimer davantage.

Aujourd'hui, M. de Montalembert le présentait à la comtesse de La Touche, femme de chambre du duc d'Orléans, et Roucher ne dissimulait pas qu'il en concevait les plus grandes espérances.

Le lendemain, c'était une fête chez la princesse de Listenois, où le poète était convié.

A la campagne, Roucher séjournait des mois entiers chez le président d'Ormesson, le conseiller trop peu écouté de Louis XVI, le médiateur estimé entre le roi et le parlement, lors de la querelle de 1788.

On se rencontrait aussi chez mademoiselle de Sully, la descendante du grand ministre, amie intime du poète, marraine du fils qui va naître aux premiers beaux jours de 1789, de ce fils que Roucher appellera Émile en souvenir de Jean-Jacques, comme il avait donné à sa fille le surnom de *Minette* que madame Helvétius, — quand elle n'était encore que mademoiselle de Ligneville, — portait avec tant de grâce et de charme dans les salons de sa tante, madame de Graffigny. Turgot, qui avait connu la belle jeune fille, plaisantait plus tard sa vieille amie sur ce surnom de sa jeunesse et Roucher, présent à ces joyeux entretiens, avait facilement obtenu de baptiser sa fille de ce nom, autrefois si aimablement illustré.

Les historiens de *la Société française pendant la Révolution* ont retracé le tableau de ces derniers salons de l'ancien régime :

Il y avait auprès de Paris comme une chapelle où l'on gardait souvenir des saints de l'*Encyclopédie*. C'était à Auteuil, en cette maison champêtre où madame Helvétius « trouvait tant de bonheur dans quatre arpents de terre », où Franklin avait passé et donné un nouveau baptême aux filles de madame Helvétius, madame de Mun et madame d'Andlau, qu'il appelait *les Étoiles*.

Là se réunissaient l'abbé Sieyès, Volney, Roucher, Bergasse, Manuel ; Chamfort, alors dans toute sa ferveur révolutionnaire, y apportait sa verve impitoyable et prodigieuse. L'abbé La Roche, le commensal de la maison, se promenait, regardant par les fenêtres les beaux jardins de madame de Boufflers ; Cabanis jetait sa parole ardente et madame Helvétius, le regardant, disait : « Si la doctrine de la transmigration était vraie, je serais tentée de croire que l'âme de mon fils est passée dans l'âme de Cabanis. »

Chez madame Necker, Roucher était accueilli plus encore en ami qu'en littérateur.

Un salon s'ouvre bientôt, plus égayé, moins sévère, le salon de l'intime amie de madame de Condorcet, de celle qu'on appelait tout à l'heure Julie Soubise, qui est maintenant Julie Talma et qui amène toute sa société au joli hôtel de la rue Chantereine. Dans la galerie de la maison, toute garnie de yatagans, de flèches et d'armes anciennes, de ces trophées dont David a donné le goût à Talma, vous verrez passer les poètes de la Révolution : Vergniaud, Ducis, Roger-Ducos, Chénier. Cet homme aux longs cheveux bouclés, c'est Greuze qui, insoucieux des temps, passe ces années agitées à peindre *Marie l'Égyptienne*. Lavoisier cause avec Roucher ; ils ne se retrouveront qu'au cimetière de la Madeleine [1]. Puis ce sont Roland,

---

1. MM. de Goncourt ont, ici, commis une légère erreur. Roucher, exécuté place du Trône, fut enterré à Picpus avec Montalembert, Créqui, Montmorency et aussi avec Chénier, qui vaut bien tous ces grands

Lebrun, Legouvé, Lemercier, Bitaubé — et Riouffe qui rede-
mandera ces heures si courtes des soirées de Julie Talma
aux heures si longues des prisons de Robespierre.

Tout près de ces grands salons où les pensées s'échauffent
plus que de raison, où le paradoxe s'étale vainqueur, il y a
le cénacle, la maison amie où, dans les intimités et dans une
atmosphère recueillie, les poètes, dédaigneux du vulgaire,
se confient entre eux le secret de leurs espérances.

On se retrouvait chez les Trudaine ou chez madame de
Chénier et là, quand Roucher, le doyen de l'aréopage, avait
lu quelques vers de son *Astronomie* ou de ses *Jardins*,
André se levait et, comme le poète antique, il improvisait à
haute voix les vers enflammés de l'*Hermès* ou de l'*Aveugle*,
tandis que Marie-Joseph, Lebrun, de Pange et Brazais,
assistaient religieusement à ces amours superbes de la muse
et du poète.

Mais voici que les événements politiques s'accentuent;
Roucher laisse à son frère d'Aubanel la recette de Montfort;
il veut être définitivement et uniquement *bourgeois de
Paris*.

Les premiers jours de 1789 apparaissent comme l'aurore
d'une vie nouvelle et le recommencement dans l'âge mûr des
illusions de la jeunesse.

La littérature et la poésie l'occupent encore; mais on sent
que, dans sa vie comme dans les salons, il y a aujourd'hui
un nouvel élément. L'enthousiasme général a eu un contre-
coup au foyer tranquille du poète. Les leçons paternelles
vont embrasser dès aujourd'hui la politique aussi bien que la
morale: c'est une heure bénie de joie indescriptible et dont

noms. Dans ce terrain qui appartient aux familles des victimes, le
général de La Fayette, ironie du sort, repose à côté de ceux qui n'ont
connu de la Révolution que les amertumes!

Roucher, en homme du Midi, prendra largement sa part. L'espérance l'agite, comme en 1780, à la veille des *Mois*; mais elle a un objet plus élevé. Roucher ne pense plus à la gloire pour lui-même; il n'a plus qu'un but et qu'un rêve : LE BONHEUR DU PEUPLE.

CHAPITRE III

LE COURAGE CIVIL.

Les rêves et les illusions. — Élections aux États généraux. — Premiers actes. — L'opinion de Roucher prend forme. — Son appréciation confiée à sa famille. — La femme et la Révolution. — Une jeune citoyenne. — Roucher président du district de Saint-Étienne-du-Mont et notable-adjoint à l'Assemblée nationale. — Discours de Roucher. — La garde nationale. — Ode à La Fayette. — Bailly, maire de Paris. — Lettres de Mahérault, de Piccini, etc. — La loge des Neuf Sœurs devient une société nationale. — La *Société de 89.* — Roucher en fait partie. — Aux Feuillants. — Les premiers clubs. — La Fédération de 1790. — Cabanis et Condorcet accentuent leurs doctrines. — Premières séparations. — Roucher reste avec André Chénier. — La traduction de *la Richesse des Nations* de Smith. — Travaux de la Constituante. — Acceptation de la nouvelle constitution. — Roucher et la fuite du roi. — Démission de Bailly. — Précepteurs proposés à l'Assemblée pour faire l'éducation du dauphin. — Élections à la Législative. — Brouille avec Cabanis. — Rixe avec Danton. — Le club de la Sainte-Chapelle. — Roucher y prend plusieurs fois la parole. — Il est candidat à la Législative. — Affaire des Suisses de Châteauvieux. — Belles paroles du poète. — Fureur de Grégoire et de David. — Roucher se prononce contre la Gironde. — Polémique avec Collot d'Herbois. — Lutte contre Robespierre. — Belle campagne de Roucher et d'André Chénier dans le *Journal de Paris.* — Le café de Valois. — La cérémonie de Simonneau, maire d'Étampes. — Roucher fait les paroles de l'hymne funèbre. — Dernier rayon d'espérance. — Le 10 Août. — Les deux poètes

accepent la république. — La Harpe insulte les honnêtes gens qui
ont mené la campagne. — Chénier et Roucher jugés par Lacretelle
et Lamartine. — Roucher se retire de la lutte. — Il ne s'occupe
plus que de l'éducation d'Eulalie et de botanique. — Retraite studieuse. — Perquisitions. — Visites domiciliaires. — Un dernier
succès à la tribune du Panthéon français. — Sa conduite politique
sera travestie par Fouquier-Tinville dans l'acte d'accusation — Le
poète est arrêté et conduit à la prison de Sainte-Pélagie.

En 1789, toute la génération littéraire, fille de Voltaire
ou de Jean-Jacques, marchait, comme en triomphe, derrière
Condorcet. Celui-ci, avant d'être atteint de ce fanatisme
négatif qui allait faire de lui le plus dangereux des sectaires,
se montrait à cette heure bénie le plus enthousiaste des illu-
sionnés. Dans les salons, comme l'a si bien remarqué
Becq de Fouquières dans une de ses belles études sur
André Chénier, l'ironie du siècle tempérait peut-être ce qu'il
y avait de faux, d'excessif ou d'absolu dans cet optimisme
du philosophe. Mais ceux qui, tout en fréquentant la société,
sentaient en eux quelque chose de supérieur aux idées su-
perficielles qu'on émettait autour d'eux, ceux-là croyaient
avec une foi invincible à l'excellence et à l'infaillibilité des
principes.

Pour Roucher, cette force que donnent les convictions
raisonnées était encore augmentée de ce que, chez lui, au
contraire de beaucoup d'autres, l'homme ou l'auteur n'avait
rien à rétracter de ses opinions ou de ses écrits antérieurs.

Régénération de la société, destruction de l'arbitraire et
des abus, économie dans les finances, égalité devant la loi,
indépendance de la pensée, tout ce qu'il y a de beau et de
bon dans le gouvernement des hommes quand le prince est
sage et libéral à la fois, voilà ce que le poète entrevoyait
dans ces rêves des premiers jours.

Comme hier en littérature, Roucher jouissait aujourd'hui de la confiance des économistes. On n'oubliait pas sa liaison avec Turgot. Les faiseurs de systèmes lui soumettaient leurs projets, et c'est ainsi que les programmes du chevalier de Prévereau, où les utopies, se mêlent aux idées les plus sages, ont été presque tous revus, modifiés, rendus pratiques. Le *Plan sur les Finances de l'État* et les *Réflexions sur les Eaux et Forêts* n'ont même été imprimés qu'après les corrections du poète.

En même temps, les assemblées où l'on préparait les états généraux lui accordaient une attention respectueuse et le forçaient même à se prononcer sur des sujets qui n'avaient aucun rapport avec ses précédentes études.

C'est ainsi qu'à l'assemblée du tiers du quartier Saint-Benoît, Roucher prit la parole pour condamner les erreurs et les fautes de ce régime qui s'effondrait.

Il signalait « d'une part, les prétentions de tant de compagnies aristocrates et, de l'autre, le despotisme de tant de ministres déprédateurs qui, dans une alternative continuelle de défaites et de triomphes, se faisaient comme un jeu de se disputer notre dépouille, s'en investissaient tour à tour et punissaient ou d'arrêts ou de lettres closes quiconque dénonçait les crimes de l'usurpation ».

Puis, Roucher faisait le procès des compagnies de judicature qui, cassant le testament de Louis XIV, avaient donné la régence à Philippe d'Orléans; ce sont elles, disait-il, qui ont laissé aggraver les impôts du peuple; qui ont défendu de citer le nom de Montesquieu; qui se sont opposées « aux projets bienfaisants et populaires du vertueux Turgot »; qui ont condamné aux flammes l'ouvrage « et décrété d'ajournement la personne du président Dupaty, qui vivait alors pour la chose publique, hélas! et pour ses amis... Mais si les compagnies souveraines de judicature nous laissaient peu d'espérance, combien plus avions-nous à craindre de la puissance ministérielle! Tels furent ses attentats dans le court espace de dix-huit mois qu'elle serait parvenue, si la chose était possible, à déshériter Louis XVI lui-même de notre amour. Cet auguste mandataire de la nation, effrayé, sitôt qu'il peut la connaître, de la dilapidation des finances que lui cachait avec tant d'adresse un ministre, homme d'esprit et mauvais citoyen, appelle, pour lui donner sa confiance, le prélat que des voix intéressées lui désignent comme le futur restaurateur de la monarchie ».

Le roi, cette fois encore, fut trompé et Roucher montre combien étaient mauvaises, pour le pays, cette incertitude et cette faiblesse constantes du gouvernement.

Dans une autre réunion, et à propos de la rédaction des cahiers, Roucher réclamait, après tant d'autres, la distinction des deux pouvoirs; la périodicité des états généraux; le vote et le contrôle des impôts; mais il se signalait tout particulièrement en demandant aussi la responsabilité des ministres vis-à-vis du Corps législatif, sur leur honneur et *sur leur vie*.

Il y a d'autres points qui ont fait l'objet de ses méditations.

J'en offre le tableau à la nation assemblée; nulle autre magistrature n'est compétente pour me juger. Je les récuse toutes d'avance. Il est temps qu'elles cessent de vouloir être à la fois et juges et partie.

Le premier de ces points, c'est d'abord de contenir le militaire. Déjà, il y a progrès: « néanmoins, comme il serait possible qu'au ministre actuel, si recommandable par son respect et par son amour pour les vrais principes, l'in-

trigue fît succéder de nouveaux fauteurs du despotisme »,
il est indispensable que les états généraux déclarent coupable de lèse-majesté tout militaire qui porterait la main
sur un représentant du peuple, soit à son domicile, soit au
lieu ordinaire des séances.

La magistrature, elle aussi, paraît vouloir se renfermer
dans son rôle judiciaire. Cependant les individus, et plus
encore les corporations, renoncent difficilement à leur
ambition. « L'héroïsme de leur sacrifice en a rendu la sincérité suspecte à la plus grande partie de la nation. » Il faudrait priver de leur charge les magistrats qui voudraient
s'immiscer dans les affaires publiques.

Enfin, Roucher insiste beaucoup pour que la date des
réunions soit fixée par la loi constitutionnelle. Qu'on se
rappelle ce qui se passait aux précédents états généraux. La
royauté promettait bien la réunion pour la date désirée,
mais les ministres apprenaient au roi « à se jouer impunément de sa parole royale, en sorte qu'en fait de promesses
le Français semblerait autorisé à dire par manière de proverbe : Infidèle comme un roi. Ce manque de probité dans
l'homme qui devrait être l'image vivante de l'honneur nous
avertit aussitôt de ne plus compter sur des paroles toujours
violées. Si Louis XVI et M. Necker n'étaient pas au nombre
des mortels, il serait moins important de se défendre de
l'avenir, car, aujourd'hui, sur le trône et sur les marches
du trône, est assise la probité. Mais qui oserait assurer
à nous et à nos descendants un tel roi et un tel
ministre? »

Les états généraux sont réunis, et Roucher assiste aux
événements en spectateur curieux; parfois même il y joue
un rôle. Dans ses lettres à sa femme et à sa fille, il se
montre dans toute sa franchise honnête, effrayé, dès le
premier jour, des éclats de la colère populaire.

Le 28 juin, il parle de la réunion des trois ordres. L'enthousiasme du peuple était à son comble; le roi, la reine et le dauphin se sont montrés au balcon et ils ont été acclamés. La reine versait des larmes de joie. Quant à Bailly, il reste président de l'Assemblée.

Il paraît qu'on va travailler en commun. Si ce bonheur nous arrive, ce sera une belle, grande, magnifique et profitable chose que l'Assemblée de 1789. Souviens-toi qu'hier était le 27, c'est-à-dire le terme du deuxième mois depuis l'ouverture. Rappelle donc à M. de Laigner[1] ma prophétie : Il vous faut deux mois pour faire votre lit. Il ne voulait pas me croire et ma prophétie s'est accomplie jour pour jour.

Le 15 juillet, au matin, Roucher rassure sa femme sur son sort. Il ne lui est rien arrivé de fâcheux pendant la journée de la veille; mais, les communications étant interrompues, il ignore si sa lettre parviendra.

Nuit et jour, on entend vingt ou trente tocsins sonner à la fois. Encore un peu de temps et toute cette calamité publique cessera; je l'espère, du moins. Il n'est pas possible qu'elle ne finisse pas.

Le lendemain, nouvelle lettre :

Me voilà encore vivant, bien portant et joyeux de la joie commune. Le roi est allé hier, sans suite, à pied et sans gardes, se remettre à la sagesse de l'Assemblée nationale. M. Bailly est prévôt des marchands. Je suis président de notre district.

Le 25 juillet, Roucher est moins enthousiaste :

1. Le député de Montfort-l'Amaury.

Vous êtes bien heureux à Montfort de vous trouver loin des scènes horribles qui se sont passées ici. Ce peuple, irrité par de longues années de malheur et d'injustices, est devenu terrible et même atroce. C'est presque une horde d'anthropophages. M. de La Fayette n'a pu obtenir de la multitude furieuse qu'on réservât l'infâme Berthier à un jugement légal. Ils l'ont presque arraché de ses mains. Aussi a-t-il, à l'instant même, envoyé aux soixante districts sa démission de colonel-général des gardes parisiennes. Mon district ne l'a pas acceptée. Tous, par des députés envoyés jeudi soir à l'hôtel de ville, l'ont prié, supplié, conjuré de rester fidèle à la commune et on est venu à bout de le vaincre. Hier, à l'assemblée générale de Saint-Étienne, j'ai lu un petit discours qui a bien réussi et dont tous les auditeurs ont demandé presque au même instant l'impression aux frais du district. Soixante copies seront envoyées aux autres districts... La maison de d'Aubanel à Montfort sera une sauvegarde pour vous durant ces troubles de la capitale. Ce n'est pas qu'il y ait à craindre encore, mais quand la populace se tourne vers le brigandage et la férocité il faut se tenir sur ses gardes. Du reste, sois tranquille sur mon compte; je ne vais nulle part qu'à Saint-Étienne.

Roucher a été seulement trois fois en députation à l'hôtel de ville, et une fois chez La Fayette, « mais quand on marche dans Paris comme député du tiers, on est en pleine et parfaite sécurité ».

Le père entretient aussi sa fille, qui n'a pas quinze ans, de cette politique qui fait l'objet de toutes les préoccupations. Les femmes suivent le mouvement; Goncourt l'a très bien dit :

La femme, la Bastille prise, avait senti en elle une émotion et une fébrilité. Elle s'était engouée de la liberté, comme on s'engoue d'une espérance, et elle s'était mise à aimer cette fée naissante, pour l'avenir qu'elle lui promettait, pour les grâces et les sourires futurs qu'elle lui rêvait. Dans la liberté, la femme caressait, enivrée et charmée, ses illusions en éveil...

Roucher voulait provoquer l'éclosion de ces sentiments.

Je suis charmé, écrivait-il à Eulalie, d'avoir une fille qui commence à sentir le mérite d'être citoyenne. Tu seras bien plus heureuse, Minette, que nous ne l'avons été sous le régime passé. Nous étions esclaves et, au moment où tu peux penser, tu te verras membre d'un peuple libre qui se gouvernera par le seul empire des lois qu'il aura faites, car la liberté n'est autre chose, ne l'oublie jamais, que la soumission de tous aux lois que tous ont faites. On dit que les Anglais sont en admiration devant nous, eux qui, tout à la fois, nous méprisaient et nous portaient envie. S'il faut en croire le bruit public, la cité de Londres a voté une adresse d'hommages et de félicitations à notre Assemblée nationale. Je voudrais que cette nouvelle ne fût pas fausse. Ce serait un grand et magnifique exemple de l'influence des lumières du siècle : elles ne se bornent pas à agrandir l'esprit ; elles passent jusqu'au cœur en y développant les semences des vertus les plus nobles et les plus héroïques. Tu verras toujours ou presque toujours que les hommes les plus éclairés sont aussi les plus vertueux. Un sot, un ignorant ne conçoit presque rien d'élevé, de beau et de grand.

En sa qualité de président du district de Saint-Étienne-du-Mont[1], Roucher joua le rôle principal dans la cérémonie qui fut célébrée à l'église de ce nom pour la remise de l'étendard. Ce drapeau qui portait, sur un fond rouge et bleu fleurdelisé, le navire de *la Liberté* voguant sur les flots, avec cette devise : « Il ne périra pas », était donné par le chapitre de l'abbaye royale de Sainte-Geneviève.

1. En 1791, ce district devint la section Sainte-Geneviève qui s'appela bientôt la section du Panthéon français.

Après la bénédiction, une quête fut faite par madame de
La Fayette au profit des prisonniers « pour dettes de nour-
rice » ; puis, les jeunes filles du district vinrent déclarer
qu'elles affecteraient à la même œuvre le prix des pains
bénits qu'elles offraient d'ordinaire à leur paroisse. Pour
achever la cérémonie, Roucher et M. Étienne, commandant
du bataillon de la garde nationale[1], firent aux pauvres une
distribution de six cents pains de quatre livres.

Mais Roucher avait des devoirs plus sérieux à remplir.

Dans une protestation qu'il devait faire trois ans après,
lors de son incarcération à Sainte-Pélagie, il rappelait la
matinée du 13 juillet 1789, où il avait formé l'assemblée
Saint-Étienne-du-Mont, et où il avait développé, « avec toute
la chaleur d'une âme haletante après la liberté », ce mot
qu'il avait écrit en 1780 : « La révolte est le droit des
peuples opprimés », en faisant appel à l'insurrection, « ce
principe conservateur de la liberté des peuples ». Ce jour-là,
Roucher entraîna deux mille citoyens après lui.

Dès le surlendemain, revenu de son enthousiasme, effrayé
du sang versé, Roucher se prit à réfléchir, avec amertume,
sur la férocité populaire. Mais les événements qui se pres-
saient effaçaient bientôt jusqu'au souvenir du chemin déjà
parcouru.

Bailly, l'ami des anciens jours, vient d'être nommé maire
de Paris. Sa destinée et celle du poète vont suivre désormais une marche parallèle. Roucher luttera par la parole
et par la plume, sortant, pour défendre les grands principes, de cette modestie et de cette tranquillité intérieures
qui lui étaient si chères, tandis que Bailly, candide et
satisfait, s'avancera lentement et malgré les concessions les

____

1. Ce commandant se suicida à la prison de Saint-Lazare quelques
jours avant l'exécution de Roucher.

plus coupables, vers une impopularité dont il ne comprendra ni la cause ni les effets et qui le laissera impuissant et désarmé.

Au mois de juillet 1789, Roucher, dont on connaissait les relations avec le nouveau maire, fut aussitôt désigné pour lui porter les hommages et les félicitations du district.

Accompagné de son ami Desherbiers, Roucher se rendit donc le 18 juillet, à sept heures du soir, à l'hôtel de ville. Aussitôt reçu, il prit la parole pour féliciter Bailly qui, après avoir illustré son nom dans les sciences et dans les lettres, se faisait remarquer encore par son patriotisme à l'époque la plus mémorable de notre histoire.

Et si, ajoutait-il, après l'intérêt public qui nous amène vers vous, monsieur, il m'est permis de vous parler des sentiments qui me sont particuliers, souffrez que je m'applaudisse de ne pas avoir attendu le moment actuel pour dire hautement que la France pouvait compter sur un homme de bien et sur un grand homme de plus.

Bailly remercia le district, et, s'adressant particulièrement à Roucher :

Pour vous, monsieur, je vois que vous avez une grande influence dans votre district, puisque vous lui avez fait passer vos sentiments pour moi[1].

A ce moment-là même, le général de La Fayette, qui s'était vu impuissant à contenir les passions révolutionnaires, venait de donner sa démission de commandant général des gardes nationales parisiennes.

1. Toute cette scène a été racontée dans le *Journal de Paris*, n⁰ 203, 22 juillet 1789.

Roucher, qui le connaissait depuis longtemps[1], et qui ne pouvait deviner l'avenir prochain, regardait cette détermination comme un grand malheur. Le 24 juillet, à l'assemblée générale du district, il s'écriait :

Qu'allons-nous devenir si, laissés à nous-mêmes, nous avons à nous défendre et sans guide et sans chef! Il faut alors de deux choses l'une, ou que, chargés des débris de notre fortune, emportant avec nous, à la hâte, nos femmes et nos enfants, nous abandonnions cette ville au pillage des brigands et des malfaiteurs, ou que nous allions demander à genoux pour notre garde dix mille de ces soldats étrangers dont l'obéissance aveugle menaçait nos foyers et nos vies, il n'y a pas douze jours encore. Concevez-vous, messieurs, l'horreur de cette alternative : la fuite ou des soldats? Est-ce là ce que vous attendiez de vos généreux combats pour la liberté? Nous fûmes assez vaillants pour la conquérir et nous ne serions pas assez sages pour la garder!...

Quand le général eut repris sa démission, Roucher l'annonça en ces termes :

Son âme héroïque s'est laissé vaincre. Vos députés ont obtenu qu'il resterait votre chef. Les gardes parisiennes auront encore à leur tête l'ami, le disciple et l'émule de Washington. Votez donc, messieurs, votez d'un commun accord à ce jeune héros une adresse d'actions de grâces.

Et il achevait en conseillant à ses concitoyens de « s'abandonner sans réserves et sans restrictions à la loyauté d'un

1. Lors de la guerre de l'Indépendance américaine, Roucher avait adressé une ode au général. Cette poésie, dont l'existence est certaine, n'a été retrouvée ni dans les papiers du poète, ni dans ceux de La Fayette.

héros qui courut aux combats non pour asservir les hommes, mais pour les rendre libres ».

Messieurs, il est connu de la Liberté; la Liberté lui sera fidèle. Que partout, dit-il, les assistants prêchent, comme le premier devoir, l'obéissance à La Fayette. Point d'ordre, point de sûreté, point de paix sans obéissance. Nos ennemis nous épient encore, les malfaiteurs nous menacent ; les malfaiteurs et nos ennemis seront réprimés, si M. de La Fayette est obéi.

Roucher ne laissait passer aucune discussion de l'Assemblée constituante sans éclairer ses concitoyens sur les vérités qu'il croyait utiles.

Dans la garde nationale, dont il faisait partie, il prêchait l'obéissance absolue, en même temps qu'il se prononçait, avec un véritable esprit démocratique, pour « l'incompatibilité des offices civils et des offices militaires jusqu'au grade de sergent ou de caporal exclusivement ».

La parole de Roucher atteint parfois à la véritable éloquence. Il n'avait pas assez de mépris pour le despotisme dont il disait :

Faisons si bien, messieurs, que l'histoire puisse dire un jour : Le despotisme a passé au milieu des hommes, du moins n'y a-t-il laissé aucune trace de son passage;

Tandis qu'il donnait de l'anarchie cette belle définition :

Tant il est vrai que, dans les choses même où il est le plus puissamment conseillé par son intérêt, l'homme n'évite souvent un écueil que pour aller se briser contre un autre plus funeste encore, et telle est l'anarchie, le pire des gouvernements, sans en excepter même le despotisme.

Dans une discussion sur le siège de l'Assemblée, il disait que « ni Versailles ni la province ne peuvent fournir un lieu convenable à l'Assemblée nationale », et rappelant l'exemple de Louis XIII enlevé loin de sa capitale par Richelieu, il y opposait le souvenir « du bon Henri IV ». « Qu'on n'oublie pas, ajoute-t-il, que les provinces sont privées de cette universalité de connaissances dont la discussion de la chose publique a besoin d'être environnée. » Et il terminait en disant « que la lumière morale, par une marche contraire à celle de la lumière physique, fuit des extrémités vers le centre ».

Par l'honnêteté de ses principes et de sa vie, Roucher était arrivé dans son district à jouir de l'estime et de la considération publiques ; sa réputation avait même franchi les limites de son quartier, et il n'avait pas tardé à être nommé l'un des notables-adjoints à l'Assemblée nationale. Ces fonctions, tout honorifiques, consistaient à représenter le public dans tous les actes secrets de la procédure criminelle ; le notable-adjoint n'était pas le défenseur des accusés, mais il veillait à la véracité des preuves ; surveillant du juge instructeur, il était chargé, comme le disait Roucher, de cette double fonction « de protéger l'innocence et de s'opposer à l'indulgence qui épargnerait le coupable ».

Il se montra ici, comme toujours, entièrement dévoué à ses nouveaux devoirs ; les scrupules qu'il apportait à les bien remplir ne tardèrent pas à lui être reprochés et à lui créer des inimitiés redoutables.

Roucher fit naturellement partie de la *Société de 89* avec Malouet, de Pange, Grouville, Dupont de Nemours, Kersaint, Pastoret et André Chénier. Condorcet en était l'âme. Cette réunion d'hommes intelligents et libéraux avait pour but de s'opposer à l'invasion des théories anarchiques et de repousser les empiétements dangereux de la licence populaire. L'*Avis aux Français sur leurs véritables ennemis*, bien que sorti de la plume d'André Chénier, passa pour être la profession de foi de la société tout entière.

A la tribune des Feuillants, André Chénier et Roucher prirent plusieurs fois la parole ; mais, bientôt, les deux amis abandonnèrent ce club où la majorité ultra royaliste voulait suivre une voie de réaction qui ne s'accordait pas avec leurs principes.

Malgré cette vie d'agitation fiévreuse, le poëte n'abandonnait pas la loge des Neuf Sœurs, qui s'était transformée en société nationale. Dans les instants que Roucher pouvait dérober aux devoirs de la vie publique, il aimait à venir se reposer parmi ses anciens amis ; on y parlait politique, comme partout ; mais, cependant, la littérature n'avait pas perdu tous ses droits et, un jour, il put entendre ce *tribut* qui lui était dédié :

> Quand il peint les saisons l'une à l'autre enchaînées,
> Sa muse du printemps emprunte les couleurs,
> De l'automne les fruits, de l'été les chaleurs ;
> Il a chanté les *Mois* pour vivre des années.

Cependant, toutes ces occupations ne suffisaient pas encore à sa verve et à son activité. Roucher avait entrepris la traduction de l'ouvrage de Smith sur *la Richesse des Nations* et, dans la préface, il faisait connaître les motifs patriotiques de son travail :

Aujourd'hui, la sphère de nos espérances s'est agrandie et, avec elle, le cercle de nos idées... Il faut que la lumière se répande dans toutes les classes qui, désormais, pourront fournir des membres aux prochaines législatures. C'est dans cette vue que, renonçant à des occupations moins austères, je me suis voué à un travail qui aurait cent fois rebuté mon courage, si je n'eusse vu devant moi le grand objet de l'utilité publique. Puisque le Français prétend au titre d'homme libre, il faut qu'il commence par s'occuper en homme fait. Nous habitons une maison délabrée et tombant de vétusté ; des circonstances impérieuses l'ont renversée. Le moment présent doit être employé tout entier à la reconstruire sur un nouveau plan. C'est l'œuvre de la philosophie. Quand elle aura achevé sa tâche, nous pourrons appeler les arts et leur confier le soin d'ajouter l'agrément à la solidité.

Cette dernière phrase, tout en expliquant le silence poétique de Roucher, était pleine d'espérance dans un avenir qui, hélas ! n'a pas été réalisé.

Les quatre volumes parurent à quelques mois d'intervalle. Sur le premier, en 1790, on annonçait que l'ouvrage serait prochainement suivi d'un cinquième volume de notes par le marquis de Condorcet ; en 1791, on ne dit plus que M. de Condorcet, et, en 1792, celui-ci est devenu un simple roturier. Ces notes, d'ailleurs, n'ont jamais paru, bien que leur publication ait été annoncée comme très prochaine dans le *Journal de Paris*, au mois de juin 1791 [1].

Veut-on savoir quelles sont, vers cette époque, en pleine Assemblée constituante, les autres occupations de Roucher. Une lettre qu'il écrivait à sa fille, le 21 mai 1790, va nous satisfaire :

Qu'ils sont heureux ces gens de province ! A Paris, nous n'avons pas le temps de nous amuser. Toujours occupés de la grande affaire, passant sans cesse d'une émotion à une autre, jamais on n'a vieilli plus rapidement. Il est très vrai qu'on n'a pas le temps de goûter la vie. Les journées s'entassent et s'empilent les unes sur les autres avec une vitesse qui tient de la magie.

---

1. Quant aux notes qui se trouvent au bas du texte, et qui sont si remarquables par l'érudition, elles sont de Roucher. Le *Journal de Paris*, du 4 juin 1790, a célébré « la fidélité et l'élégance, le style clair et précis » de la traduction.

Le citoyen n'oublie pas cependant ses devoirs paternels :

Et pour nos travaux, comment les menons-nous ? Cet italien, cet anglais, y faisons-nous des progrès ?... Tu sais bien quelles sont mes vues quand je t'occupe ainsi. Vois dans l'avenir, ma chère Minette, et songe que, si je n'y étais plus, ton éducation te ferait une ressource utile et honorable. Ne perds jamais de vue cette pensée. Qu'elle te préserve de l'inapplication quand la paresse viendra te saisir au collet. Laisse dire les sots ou les envieux lorsqu'ils blâment l'instruction, la science et l'amour de l'étude. Tu dois prendre pitié de leurs dires et aller toujours vers ton but.

Les leçons civiques du père avaient, du reste, produit leur résultat. Au mois de juin 1790, Eulalie ne songeait, ne rêvait qu'à la Fédération. Le 1er juin, elle écrivait à sa mère qu'elle voudrait contempler « ce beau spectacle, le plus beau qu'on aura jamais vu et qu'on verra peut-être jamais ».

Le 7 juillet, elle y revenait encore :

Ma tante me charge de dire à papa qu'elle a fait une pétition à M. le maire pour que les femmes, ici (à Montfort), fassent le serment civique et lèvent la main comme les hommes ; car elle compte bien aller à celle d'ici et faire le serment. Dernièrement, nous avons eu une querelle très vive au sujet de la Fédération, et c'est toujours là le sujet de disputes. Moi, je prétendais que le moment du serment devait être une chose magnifique et qu'on ne pourrait sûrement pas s'empêcher de pleurer ou du moins d'être ému à la vue de tous ces hommes rassemblés, jurant tous ensemble de soutenir la liberté et de maintenir la constitution, le roi sur un trône au milieu de son peuple, enfin que ce serait un spectacle des plus beaux. Comme je n'ai pas voulu démordre de mon avis, elle a fini par me dire que j'étais bien une tête languedocienne de la famille des Roucher. Pour cela, nous n'en sommes pas moins bonnes amies, et hors cela je tâche de faire tout ce qui lui est agréable. Lors du décret pour la destruction des titres, je lui ai montré que j'en étais bien contente. « Mais, voyez donc, à quinze ans, ça est bien aise de voir la noblesse détruite. — Oui, lui ai-je répondu, je suis bien aise de voir que le peuple ne sera pas vexé comme il l'était, et le riche n'osera plus le faire autant, parce qu'un cordonnier honnête homme a les mêmes droits que lui à telle ou telle place. »

Une semblable précocité étonnerait à toute autre époque; pour la comprendre, il faut se souvenir de l'enthousiasme public et de la fièvre générale au mois de juillet 1790.

Les Goncourt, revenant encore sur la femme et la jeune fille au moment de la Révolution, en ont fait ce tableau, dont nous connaissons maintenant toute la justesse :

L'uniforme galant des miliciens nationaux manqua la distraire; les revues aux Champs-Élysées, les fêtes au Champ de Mars lui donnèrent cet étourdissement qui lui est un plaisir...

Cependant, Eulalie avait d'autres occupations :

Sterne, disait-elle, va être bientôt fini. J'en suis tout à la fois et bien aise et fâchée ; j'avoue que son ton original et gai me plaisait fort ; aussi, ne l'ai-je pas trop négligé.

Elle a aussi une qualité supérieure aux dons de l'esprit ; c'est une grande sensibilité qui montre que l'éducation virile n'avait pas effacé chez elle les tendresses du cœur. Elle voudrait que son père vînt se reposer à Montfort.

Le temps est superbe. La campagne est belle. Il a besoin, j'en suis sûre, d'un peu de repos et pour sa santé et pour son esprit. L'inquiétude et l'agitation où l'on vit n'étant point un état naturel, il est impossible qu'on soit à l'aise d'aucune manière et *Smith* qui vient brocher sur le tout !

Roucher, malgré tout le temps qu'il consacrait à la politique ou à sa traduction, appartenait encore au monde des lettres. Il y avait des gens qui, au milieu de cette atmosphère brûlante, avaient conservé le culte de la poésie. Mahérault, du Collège de France, était de ceux-là et, en 1791, se recommandant de Jean-Jacques, il réclamait à Roucher les fameuses lacunes :

Ce morceau, lui disait-il, ne peut manquer d'être intéressant. Car c'était aux plus beaux fruits que s'attachaient de préférence ces sortes de chenilles. Maintenant qu'elles sont écrasées, souffrez que je réclame ce qu'elles avaient cru dévorer.

> ...Sous la faulx du temps, tout succombe, tout s'use ;
> Roucher, le monument élevé par ta muse
> Doit seul aller à l'immortalité !

Et le poète répond :

Le jour même, monsieur, où je reçus et la lettre et les vers flatteurs dont vous m'avez honoré, je venais d'être appelé à la correspondance du département. Tout neuf encore pour les affaires d'autrui, j'ai dû négliger les miennes...

Vous m'avez rendu justice, monsieur, en ne me croyant pas capable d'un sentiment que je n'eus et que je n'aurai jamais pour aucun de mes semblables, et encore moins pour les hommes qui aiment et cultivent les lettres. J'ai toujours respecté en eux le caractère de précepteurs du genre humain. Vous mériterez sans doute un jour ce beau titre puisque votre cœur s'enflamme d'amour au nom de Jean-Jacques Rousseau.

Les vers que vous me demandez ne regardent pas ce grand homme et cet homme de bien. Ils sont relatifs au refus de sépulture fait aux cendres de Voltaire...

Puisse cette lacune faire plaisir à son correspondant dont

il s'abstient de louer les vers pour ne pas ressembler aux médecins de Molière.

Nous nous louerions mutuellement; ce n'est pas d'éloges qu'on est altéré quand on est vraiment digne de cultiver les lettres. J'ai beaucoup fréquenté Jean-Jacques Rousseau dans les dernières années de sa vie et, quoi qu'aient pu dire de lui des hommes qui le haïssaient parce qu'ils étaient écrasés de son génie, il m'a répété plusieurs fois qu'il fallait s'accoutumer de bonne heure dans la carrière des arts et des lettres à vivre *sans orgueil et sans modestie*.

J'ai l'honneur d'être, monsieur, avec tout le dévouement que se doivent les uns aux autres les hommes qui pensent, votre, etc.

C'était le moment où la Constituante, hâtant ses formidables travaux, venait d'achever la constitution qui était soumise à la ratification du peuple.

Dans un document où il s'est plu à outrer ses sentiments politiques, Roucher a fait le récit de sa conduite pendant ces journées de juin 1791 :

Le jour où le gouvernement monarchique fut déclaré celui de la France, je me levai seul, dit-il, pour déclarer solennellement que j'étais pour le régime républicain, parce que je ne voyais que là seulement l'homme naturel et social mis en jouissance de la plénitude de ses droits.

Roucher néanmoins se soumit à la loi adoptée par la majorité, mais il entraîna l'assemblée à voter le veto suspensif et non le veto absolu et « pour me récompenser de cette victoire remportée sur les loquaces amis de la royauté, Saint-Étienne me nomma avec trois autres citoyens pour aller porter son vœu à l'Assemblée nationale ».

Au lendemain de la fuite de Varennes, le 22 juin 1791,

arriva vers huit heures du matin la nouvelle du départ du
roi et de sa famille.

Une profonde consternation glaça d'abord tous les esprits; le
trouble succédant à la terreur, l'assemblée allait se dissoudre.
Seul, je m'opposai à ce mouvement désastreux et je prononçai
ces paroles dont je conserve le souvenir avec quelque orgueil :
« Un roi parjure abandonne son poste. Gardons le nôtre. Nous
n'avons rien perdu. L'Assemblée nationale nous reste. Faisons
notre devoir; qu'elle fasse le sien ! » et plusieurs fois, pendant
ce jour et les deux suivants, je maintins l'assemblée dans un
calme qui favorisa la sagesse des démarches et des délibéra-
tions.

Au lendemain de la funeste journée du Champ de Mars,
Bailly, qui avait perdu la confiance populaire, dut se démettre
de ses fonctions. Deux candidats étaient en présence. La
Fayette, détesté par la reine, et Pétion qui, beaucoup plus
révolutionnaire, était cependant le candidat de la cour.
Pétion l'emporta. Ce fut un grand chagrin pour Roucher,
qui avait soutenu le général avec toute l'énergie dont il
était capable.

C'est ainsi que la Révolution, avançant dans sa marche,
faisait chaque jour de nouveaux vides dans le parti modéré.
Condorcet, accentuant ses doctrines, quittait la *Société de 89*
pour passer au club des Jacobins, tandis qu'au *Journal de
Paris*, les directeurs lui retiraient la rédaction des comptes
rendus de l'Assemblée pour la confier à Regnault de Saint-
Jean-d'Angely.

Cabanis, qui venait de recevoir le dernier soupir de Mirabeau et qui avait déjà préparé à tout événement le poison de
Condorcet, suivait celui-ci dans sa retraite et il organisait,
avec ses amis d'Auteuil, une succursale des Jacobins où il
se signalait par des doctrines ultra-révolutionnaires.

André Chénier et Roucher, plus clairvoyants que leurs amis, s'étaient arrêtés sans hésiter. La *Société de 89* était dissoute ; mais il leur restait la tribune des assemblées et le *Journal de Paris*, pour lutter jusqu'à la fin contre les excès de cette multitude aveugle et barbare qui sacrifiait la vertu et le mérite partout où elle les rencontrait.

Avant de se séparer, l'Assemblée nationale, dans sa séance du 2 juillet 1791, voulut désigner à Louis XVI un certain nombre d'hommes parmi lesquels il aurait à choisir le précepteur du dauphin. Sur cette liste, « véritable image de l'amalgame et de la confusion des idées du siècle », on trouve le nom de Roucher, à côté de ceux de Condorcet, Bernardin de Saint-Pierre, Berquin, Saint-Martin le philosophe inconnu, Sieyès, Ducis, Bigot de Préameneu, François de Neufchâteau, Hérault de Séchelles, Lacépède, Lacretelle, Malesherbes, Necker, d'Ormesson, Pastoret, Ségur, Quatremère de Quincy et Robespierre lui-même, qui avait intéressé à sa cause madame de Lamballe[1] sans pouvoir emporter la place, qui fut donnée, le 18 avril 1792, à M. de Fleurieu.

Dans la voie d'opposition où il vient d'entrer, Roucher, dès le premier jour, ne rencontra que des déboires. Sans doute, il comptait encore sur la sagesse de l'Assemblée ; mais il sent que ses espérances ne sont déjà plus que des illusions.

Le 28 août 1791, il écrivait :

A ma fille qui est loin de moi et que je voudrais bien aller rejoindre : Tu veux des nouvelles de la chose publique, mais tu

---

1. M. Georges Bertin, dans son ouvrage si intéressant sur *Madame de Lamballe*, p. 368, a fort bien exposé toutes les démarches qui furent faites par le terrible révolutionnaire, et il n'est pas éloigné de penser qu'en organisant les massacres de Septembre, Robespierre avait principalement en vue de faire disparaître un intermédiaire, témoin dangereux de son ambition.

sais bien qu'il n'y a d'intéressant pour moi que les travaux de l'Assemblée. Or, les papiers publics sont pleins de ces travaux. Vous lisez sans doute quelques feuilles, et ce que je dirais n'ajouterait rien aux connaissances qu'elles vous donnent. Quant à l'état de Paris, il est satisfaisant. Les secousses qu'on nous avait promises étaient des chimères. On y veille de trop près. Nos ennemis sont furieux de voir l'Assemblée tromper leurs espérances et démentir leurs calomnies en donnant au pouvoir exécutif l'action qu'elle devait suspendre et qu'ils disaient anéantie. L'Assemblée agit comme elle le devait. Elle a fait mourir pour ressusciter, c'est-à-dire pour changer une mauvaise existence en une vie parfaite.

Puis, le père reprenant le dessus :

Je ne veux pas de contrainte dans notre correspondance épistolaire ; ainsi, point de brouillon, je t'en prie. Mais, en laissant courir la plume pour laisser mieux aller tes sentiments et tes pensées, il faut t'accoutumer à surveiller machinalement ton expression. C'est avec cette légère attention que tu viendras à bout de mettre à profit tes études antérieures.

Qu'Eulalie veille à ses amitiés de jeune fille.

Il y en a dont les conseils détruisent pour la vie et la beauté corporelle et la beauté morale.

Il frémit en pensant aux dangers qu'on court à l'âge de sa fille :

Si mon malheureux sort te faisait un jour ce mal, jamais je ne m'en consolerais. Bonjour, ma fille, ma chère Minette. Tu ne devineras jamais tout ce qu'il y a de tendresse pour toi dans le fond de mon cœur.

La Constituante avait terminé sa tâche. Roucher était tout

désigné pour jouer un rôle important aux élections à la Législative. Il ne voulut pas s'y soustraire et sans se faire d'illusion sur les haines qu'il allait attirer sur lui, il se lança courageusement dans la mêlée, tenant haut et ferme le drapeau des modérés constitutionnels.

Dans les assemblées et dans les clubs, « où il parlait toujours le langage de la raison, de la justice et de l'humanité », le poëte cherchait à maintenir les conquêtes de la Constituante, « tout en signalant à l'indignation publique les atrocités qui se préparaient[1] ».

Roucher n'était étranger à aucun des sujets de discussion et, avant de s'attaquer aux hommes, il cherchait à renverser les fausses doctrines. Rappelant le mot de Sénèque qui avait dit : « L'empire à la république et la propriété aux citoyens, » il s'élevait contre la théorie de l'État propriétaire. « Cela, disait-il, nous mènerait bientôt à la désastreuse communauté des biens. » Parmi les républiques, Athènes, Sparte, la Pologne avaient rejeté ce système dangereux. Moïse, lui aussi, se garda bien de créer des propriétés nationales, même en faveur de son clergé, et le poëte rappelait encore les récentes discussions de l'Assemblée « et surtout le décret qui, pour ôter la vie politique à l'ordre indomptable du clergé, le détacha de la terre, comme avait fait Hercule lorsqu'il étouffa le géant ». En passant, Roucher donne son opinion sur l'abbé Sieyès et sur Mirabeau ; le premier « était l'Achille de son parti et l'on pouvait craindre que celui de la vérité n'eût à lui opposer qu'un Hector, » l'autre « était ce grand homme dont les pensées étaient si souvent de soudaines illuminations ».

1. Biot, dans son discours de réception à l'Académie française, le 5 février 1857. — L'illustre savant remplaçait Lacretelle, et c'est ainsi qu'il eut à parler incidemment de Roucher et de Chénier.

Danton et Condorcet, tout-puissants au club de l'Évêché, demandaient les voix des électeurs de Paris. Plusieurs historiens ont dit que, pour combattre l'influence des révolutionnaires exaltés, Roucher avait fondé à la Sainte-Chapelle un club où il avait réuni tous les modérés, épaves des feuillants et de *la Société de 89*. Or, pendant sa captivité, le 13 frimaire an II, le poète écrivait à sa femme qu'« *il n'était pas le fondateur du club de la Sainte-Chapelle*, et qu'il autorisait tous ses amis à donner à ce sujet les démentis les plus formels ». La parole de Roucher, qui ne recule jamais devant les responsabilités, ne saurait être suspectée ; mais s'il ne fonda pas ce club, il le présida pendant quelque temps et en fut toujours un des membres les plus influents.

C'est dans la salle de cette assemblée que, un soir, au début de la séance, il y eut entre Roucher et Danton une telle altercation que l'on dut intervenir et séparer les deux adversaires, au moment où le fougueux tribun allait étrangler le poète.

Ce fut aussi vers cette époque qu'un jour Roucher rentra chez lui tout bouleversé, les larmes aux yeux, plus affligé encore qu'irrité. Comme sa femme et sa fille lui en demandaient la cause : « Qui vient, leur dit-il, de lever la canne sur moi et qui a menacé de me jeter dans le bassin des Tuileries ? Le croiriez-vous ? C'est Cabanis. » Et il pleura amèrement. Une discussion politique, effaçant vingt années d'une solide amitié, avait suffi pour faire oublier au médecin philosophe le respect et la reconnaissance qu'il devait à son bienfaiteur.

Quand, à quelques jours de là, Cabanis témoigna un repentir touchant de cette malheureuse et triste scène, Roucher voulut bien lui pardonner. Mais le coup était porté et la divergence des opinions, qui allait s'accentuer de plus en plus, devait détruire à jamais la confiance des jours anciens.

La constitution de 1791 distinguait les citoyens actifs et les électeurs. Tout Français âgé de vingt-cinq ans, domicilié dans la ville ou dans le canton et payant une contribution de trois journées de travail, était citoyen actif. Les électeurs étaient soumis à des conditions de cens plus élevées; ils devaient être nommés par les citoyens actifs réunis en assemblée primaire.

Roucher fut désigné comme un des électeurs de sa section. Les procès-verbaux de l'assemblée électorale du département de Paris, conservés aux archives nationales[1], témoignent de la haute estime que le poète avait su inspirer à ses concitoyens. Au scrutin pour la nomination du secrétaire général de l'assemblée électorale, Roucher avait obtenu dix voix, tandis que Marie-Joseph Chénier n'en avait recueilli que cinq. Le 20 septembre 1791, Roucher était élu scrutateur du quatrième bureau, tandis que David n'arrivait que comme scrutateur suppléant. Le surlendemain, au vote pour la nomination d'un député, Roucher battant David, Danton, et ses deux amis Lacretelle et Trudaine, disputait jusqu'au dernier moment la place à Condorcet.

Dans toutes les autres réunions, qui durèrent jusqu'en avril 1792, Roucher obtint toujours un nombre honorable de voix. Il l'emporta sur les révolutionnaires exaltés et sur Camille Desmoulins. A plusieurs reprises, il fut élu secrétaire ou scrutateur; à la séance du 26 avril, il était président de l'assemblée. S'il avait voulu intriguer, s'il avait consenti à renier un seul de ses principes, il aurait été élu député de Paris à une immense majorité. Il n'y tenait pas; mais il voulait que le parti modéré

---

1. Archives nationales, C. 46, 60, 3. (C. 137.) Élections à la Législative (septembre 1791-avril 1792).

donnât signe de vie dans le corps électoral de Paris en 1791, et il réussit.

C'est à ce moment que se place un événement qui honore à jamais la mémoire de Roucher.

Au mois d'août 1790, le régiment suisse de Châteauvieux, en garnison à Nancy, s'était révolté contre ses officiers. Sur l'ordre de l'Assemblée, Bouillé, à la tête des gardes nationales du pays et des troupes restées fidèles au roi et à la constitution, se mit en marche sur la ville pour châtier les rebelles, dont la première action avait été de piller les caisses.

Le 31 août, arrivé devant Nancy, Bouillé somme les insurgés de rendre les portes qu'ils occupent. Les Suisses refusent d'obéir et se préparent à la résistance. Un canon chargé à mitraille est dirigé sur les troupes de Bouillé; la mèche est allumée. C'est alors que Desilles, officier des Suisses, se jette à la gueule du canon en s'écriant : « Ce sont nos amis et nos frères. Voulez-vous déshonorer vos drapeaux en tirant sur eux? » A ces mots, il tombe frappé de plusieurs coups de feu. Les troupes royales, arrêtées et décimées par une première décharge de mitraille, reprennent rapidement l'offensive et pénètrent dans la ville. La révolte était vaincue. Vingt-trois soldats suisses furent condamnés à mort; quarante et un aux galères et soixante-douze renvoyés à la justice de leur régiment.

L'Assemblée déclara que le généreux officier avait bien mérité de la patrie; mais, tandis que le dévouement de Desilles devenait pour les constitutionnels l'objet d'un culte patriotique, les jacobins se prononcèrent pour les révoltés.

Au mois de mars 1792, l'Assemblée législative ayant voté une amnistie politique, les jacobins annoncèrent à grand bruit le retour des quarante et un soldats de Châteauvieux qui se trouvaient aux galères de Brest. Une ovation leur fut préparée. Le bonnet des forçats devint le signe emblématique de la plus honorable liberté et on décida qu'une fête politique aurait lieu à cette occasion.

David, Collot d'Herbois, Marie-Joseph Chénier, Théroigne de Méricourt pétitionnèrent, dans ce but, auprès du conseil général de la Commune de Paris. David se chargeait des fonctions d'ordonnateur de la fête, tandis que Marie-Joseph en serait le coryphée.

Aussitôt, les jacobins demandèrent qu'une députation de chacune des sections de Paris fût invitée à assister à la fête. C'est alors que Roucher fut désigné pour y représenter ses concitoyens et qu'il fit cette belle réponse : « *J'accepte la députation, mais à la condition que le buste du généreux Desilles sera porté en triomphe par les soldats de Châteauvieux, afin que tout Paris étonné contemple l'assassiné au milieu de ses assassins.* »

La parole de Roucher, qui trouva des admirateurs dans le *Journal de Paris* et jusqu'à la tribune de l'Assemblée législative [1], souleva, de la part des jacobins, une colère indescriptible. Une lettre de Roucher au *Journal de Paris*

---

1. Chéron, député de Seine-et-Oise, écrivait, le 9 avril, au *Journal de Paris* pour vanter la belle parole du poëte; le journal y ajoutait ces réflexions : « Si nos représentants devaient consentir à recevoir dans leur sein des rebelles à qui ils ont fait grâce, que, du moins, le vœu du patriote Roucher soit rempli et qu'une voix s'élève pour faire placer sur le bureau le buste de Desilles, en face de ses meurtriers. » A la séance du 9 avril, présidée par Dorizy, avant le vote pour l'admission à la barre des Suisses révoltés, un membre, Robecour, reprenant l'idée de Roucher, demanda « par amendement à la motion d'admettre les Suisses, que le buste de Desilles soit descendu des Archives et placé sur le bureau vis-à-vis d'eux ».

L'admission et les honneurs furent votés, est-il besoin de le dire, sans que l'Assemblée législative eût le courage de se rallier à l'idée de Roucher.

devait l'augmenter encore ; le lendemain il écrivait à cette feuille :

Cette réponse méritait peu d'être répétée. Elle appartient à tous les gens de bien. Ils peuvent la revendiquer, car il n'en est pas un seul qui ne l'ait dans le cœur.

Les jacobins, piqués au vif, se servirent de la plume d'un certain Méhée de la Touche pour attaquer Roucher jusque dans son honorabilité.

Le triste adversaire qu'on opposait au poète [1] adressa aux auteurs des *Annales patriotiques* la lettre suivante :

Quiconque connaît M. Roucher a dû sentir que la fête que nous préparons aux soldats de Châteauvieux lui déplairait à raison du bien public qu'elle peut produire. Quiconque connaît le patriotisme de la section de Sainte-Geneviève a bien présumé qu'il n'était pas possible qu'elle eût choisi pour la représenter dans une fête civique un homme qui pue d'aristocratie et qui bâille depuis deux ans après une contre-révolution. Il faut, pour comprendre quelque chose au bruit que le sieur Roucher a fait pour cette affaire, savoir que, dans le nombre des commissaires à choisir, un plaisant proposa de le nommer, ce qui fit beaucoup rire tous les autres. C'est en faveur de la plaisanterie qu'on s'était permise à son égard que l'assemblée lui a pardonné le propos qu'il a tenu, propos trop bête pour être insolent, mais qui, dans une autre occasion, lui aurait vraisemblablement attiré quelque désagrément.

Signé : MÉHÉE DE LA TOUCHE.

L'un des commissaires pour la fête de Châteauvieur.

1. Il fut convaincu plus tard de fabrication de fausses pièces et de vol au moment des massacres de Septembre. (*Mémoires* de Sénart.)

L'auteur de cette lettre ajoutait un post-scriptum que Roucher lui-même va nous donner tout à l'heure.

Roucher fit aussitôt cette énergique réponse[1] :

Messieurs, un *quidam* qui signe *Méhée de la Touche*, vient, dans les *Annales patriotiques et littéraires*, n° 97, page 4, colonne Ire, d'insérer contre moi, au sujet de *la grande fête civique*, une lettre que tous ceux qui se connaissent en décence pourraient bien avoir trouvée écrite en style de laquais.

Mais je ne me plains pas de ce style ; c'est sans doute la propriété du *quidam*, et il ne faut troubler personne dans sa propriété.

Je ne me plains pas davantage du fond des choses. On me dénonce comme un homme sans patriotisme, comme un homme qui, depuis deux ans, bâille après la contre-révolution ; en un mot, comme un aristocrate. Permis à tous les *Méhée* des jacobins, du club central, des sociétés fraternelles, de s'élever, à force de génie, jusqu'à l'invention de cette injure ; d'ailleurs, le ciel n'a pas mis pour rien au cœur de l'homme sensé et de l'honnête homme la pitié pour les sots et le mépris pour les fripons. Mais, au bas de cette lettre, on lit la note suivante, dont je suis encore le sujet :

« Cet ex-président du club de la Sainte-Chapelle[2] dit à l'assemblée qui venait d'approuver la fête et de nommer vingt-quatre commissaires, qu'il se croirait déshonoré s'il se joignait à eux. Déshonoré ! et où en sommes-nous donc, M. l'ex-président ?... Nous savons qu'il y a, de par le monde, une madame de Bussy et une certaine caisse financière qui, *de pleine, un jour, se trouva vide...* »

Voilà, messieurs la calomnie, avec ses caractères les plus

1. Aux auteurs du *Journal de Paris*, 7 avril 1792.
2. *Note de Roucher :* Je tiendrai toujours à grand honneur d'avoir été et d'être encore le président d'une société composée de l'élite de l'assemblée électorale, en lumières, en civisme, et surtout en probité.

hideux. Ceux dont je suis connu personnellement par un long commerce doivent être bien sûrs que je n'imiterai point certain journaliste (Carra), certain législateur même (Brissot), qui, accusés l'un de vol, par la voie des papiers publics, l'autre de manutention infidèle, par affiches au coin des rues, après un premier cri jeté par décence, se sont endormis au bruit de l'infamie qu'on a fait pleuvoir sur eux. Je ne me sens point leur inconcevable patriotisme pour m'endormir de leur sommeil ; et si ces messieurs ont trouvé un doux oreiller dans leur diffamation, celle dont on m'a fait l'objet n'est pour moi qu'un brasier ardent. Le jour même, j'ai porté plainte pour connaître le lâche auteur de cette note.

On dit, mais je ne puis le croire, que c'est le libraire *Buisson* lui-même. Puisse-t-on m'avoir dit faux ! Mais quel que soit celui qui s'est fait de la liberté de la presse un poignard pour assassiner l'honneur d'autrui, je lui déclare, et j'en prends un engagement public, auquel je ne manquerai pas, je lui déclare que je le poursuivrai jusqu'à jugement définitif.

Il est temps qu'un homme probe, outragé, obtienne une justice qui, par un juste effroi, purge enfin la société de ce qu'elle a de plus impur, des libellistes, de leurs fauteurs, complices et adhérents.

Roucher tint parole, et l'on verra plus loin les deux rétractations qu'il obtint de son adversaire. Mais à l'attaque de Méhée de la Touche, en succéda une autre de Collot-d'Herbois, qui provoqua la lettre suivante :

Aux auteurs du *Journal de Paris*, 12 avril 1792.

Messieurs, je n'ai dit qu'un mot sur les Suisses de Château-vieux, et, à l'instant, une horde de prétendus patriotes m'a assailli d'injures sans esprit et de calomnies sans vraisemblance.

Le plus insensé d'entre eux a paru le dernier ; c'est COLLOT D'HERBOIS ; ce personnage de roman comique qui, des tréteaux

de Polichinelle, va sauter sur un char de victoire, lui, dont,
jusqu'à ces derniers jours, j'ignorais totalement l'existence, et
au nom duquel, par conséquent, je ne pouvais attacher ni
estime ni mépris, s'est élancé vers moi comme pour me
frapper de la rame que ses Suisses lui ont apportée des
galères.

Ces nobles armes ne pouvaient m'atteindre ; mes écrits qui,
sans doute, n'étaient pas faits pour l'auteur du *Bon Angevin* [1]
puisque j'y professais déjà tous les principes d'un homme libre,
lorsqu'il y avait quelque chose de mieux que de l'insolence à
prêcher la liberté ; la tendre amitié de quelques grands
hommes qui étaient aussi de grands citoyens et auxquels le
public payait le tribut de sa vénération, comme ils m'accordaient leur estime, quand Collot d'Herbois s'agitait dans la
fange des théâtres de province ; enfin quarante-sept années
d'une vie laborieuse et pure, que n'a point tachée l'ombre même
de l'intrigue et de la flatterie, dans un temps où plus d'un
écrivain, se disant philosophe, flattait ou intriguait, me
placent à un point où n'arrivent pas les traits de tous les *Collot*
présents et à venir ; aussi, dût leur patriotisme d'une si neuve
espèce me désigner aux coups des brigands, *il y a*, ainsi que
disait le président Molé aux jacobins de la Ligue, *il y a loin du
poignard du scélérat au cœur de l'homme de bien.*

Cependant, cet effréné qui, dans une affiche, a poussé le
délire aussi loin que le *mensonge*, me promet de me traduire,
au retour de son triomphe, et à la descente de son char de victoire, devant les tribunaux, comme calomniateur de ses clients.
Or, comme le mot, que vous avez imprimé [2], pourrait bien ne
pas lui suffire pour l'autoriser à m'intenter une action judi-

1. *Note de Roucher :* C'est le titre d'une petite pièce de théâtre de
la façon de Collot d'Herbois, histrion de son métier, à Angers, en 1775.
A cette époque, l'Anjou faisait partie de l'apanage de Monsieur, et
Collot, à qui rien ne disait alors qu'il pourrait y avoir, un jour, des
patriotes en France, usait sa vie à parler, à penser, à écrire comme un
esclave, qui, pour être aperçu du frère de son maître, se prosterne
devant lui et rampe.

2. « J'accepte la députation, mais à la condition, etc. »

ciaire, je crois devoir lui en fournir un moyen plus étendu, le voici, messieurs, dans tous ses développements.

MON OPINION SUR LA GRANDE FÊTE CIVIQUE.

Les vrais amis de la liberté et de la constitution se demandent, avec effroi, quel peut être le but politique ou moral de la fête qui se prépare.

En morale, on doit vouloir, surtout à l'époque d'une régénération, que l'amour de l'argent ne prenne point la place de l'amour du devoir; que le peuple ne se familiarise pas avec l'espoir du pillage; que l'idée de la vertu et de l'héroïsme ne se dénature pas dans l'opinion populaire, et que, même en honorant des actions vertueuses, les honneurs ne soient pas hors de toute proportion avec le mérite.

Or, comment se promettre que ce vil amour de l'argent disparaisse, lorsqu'on va couronner des hommes, malheureusement fameux par ces mots consacrés dans l'histoire de la Révolution : « *Nous ne sommes pas Français, nous sommes Suisses, il nous faut de l'argent.* »

Que cet horrible espoir du pillage cesse d'agiter les brigands, dont les troubles de la Révolution ont soulevé la foule, comme en un temps orageux on voit monter la vase à la surface des eaux ; lorsque cette même foule, qui, de toutes les parties du royaume, est accourue dans Paris et s'y presse, entendra chanter des hymnes de reconnaissance à la louange de ceux qui ont pillé soixante mille livres dans la caisse d'un régiment.

Que cette noble idée de la vertu conserve son caractère pur dans des esprits pour lesquels la réflexion existe peu, parce que des travaux pénibles et journaliers les livrent sans défense à l'empire des objets extérieurs, lorsqu'on aura décerné au vol et au meurtre les couronnes dues à la seule vertu.

Que cette juste proportion entre les honneurs et le mérite commence enfin à régner parmi nous, lorsque, même en supposant des services de la part des soldats de Châteauvieux, ils auront obtenu une récompense supérieure, peut-être, à celle que devrait la patrie à Turenne, à Catinat, à Maurice, si tous les trois, rappelés à la vie, avaient sur nos frontières foudroyé la ligue de nos ennemis.

En politique, on doit vouloir que la *discipline* militaire se rétablisse ; que l'*union* fraternelle des gardes nationales et des troupes de ligne se consolide, que la *bonne intelligence* entre la nation française et le corps helvétique se perpétue, et que l'*obéissance* à la loi s'étende et se fortifie.

Or, comment espérer cette *discipline*, quand l'armée saura que des rebelles ont été transformés en triomphateurs ; *cette union*, quand on verra honorer, comme des héros patriotes, les soldats de ligne qui ont fait couler le sang du frère de notre brave Gouvion, le sang de ce jeune Desilles que la France entière a pleuré, le sang de tant d'intrépides gardes nationales de Metz ? *cette bonne intelligence*, quand la nation helvétique pourra nous reprocher, non pas d'avoir couvert de la grâce de l'amnistie ceux que ses lois militaires avaient condamnés, mais d'avoir, au mépris de sa souveraineté, fait passer le crime des gémonies au Capitole ? enfin *cette obéissance*, quand on se rappellera (et quel bon citoyen n'en garde pas le douloureux souvenir ?) que la lecture de deux lois devint un signal aux excès de la rébellion, de la part de ceux qui, flétris, par les représentants de la nation, en 1790, du nom de traîtres au premier chef, seraient, en 1792, et pour les mêmes faits, proclamés martyrs de la liberté ?

Voilà des considérations qui intéressent l'universalité des citoyens, mais on peut en présenter d'autres qui sont particulières à tous les individus inscrits, au mois de juillet dernier, dans la garde nationale parisienne.

Cette armée, gardienne infatigable de la liberté publique et de la liberté individuelle ; cette armée, que les magistrats ont trouvée toujours à son poste, toutes les fois qu'ils ont dû marcher à la défense des propriétés, au rétablissement de l'ordre, au maintien de la paix, eh bien ! cette armée, on voulait la déshonorer !

Des hommes qui peut-être furent les premiers moteurs

d'une insurrection contre la monarchie constitutionnelle en faveur de la république ; des hommes qui, le 15 juillet dernier, attroupés en fureur autour du sanctuaire des lois, menacèrent de dissoudre le corps constituant ; des hommes qui, le matin du 17 suivant, pour donner le signal d'une nouvelle révolution, avaient fait égorger deux citoyens au pied de ce même autel où la France entière s'était liée par la religion du serment à la défense de la constitution ; des hommes enfin, qui, le soir de ce même jour, provoquèrent les soldats de la patrie, marchant pour la sauver, sous l'étendard de la loi ; ces mêmes hommes veulent une espèce de sacrifice qui expie l'effusion d'un sang coupable que demandait le salut de l'empire.

La garde nationale arrivait avec des sentiments de paix, et des furieux lui déclarent la guerre en la faisant à la constitution ! Il fallait bien que force demeurât à la loi. Si du sang a été versé, ce n'est point le crime de la garde nationale : le crime tout entier est celui des factieux effrénés qui provoquèrent la vindicte publique.

Et pour cet acte, rigoureux sans doute, mais juste, mais nécessaire, on verserait l'opprobre sur les fidèles gardes nationaux de Paris, tandis que des rebelles, infracteurs de toutes les lois, seraient portés aux honneurs du triomphe ! Quel contraste ! le génie de la *guerre civile* l'a-t-il imaginé ?

Maintenant, voilà *Collot d'Herbois* mieux armé contre moi par moi-même ; il a dit qu'il voulait me poursuivre en justice, et moi aussi je réponds : *Collot d'Herbois* a MENTI[1]. Je soutiens qu'il ne le veut pas, et quand même il réaliserait aujourd'hui sa menace, il n'en serait pas moins vrai qu'à l'instant où il la faisait *Collot d'Herbois* MENTAIT.

Toutefois, je lui fais observer que tant de démentis à lui donnés publiquement ne doivent pas l'empêcher de conduire son char, c'est-à-dire de mener son fiacre.

---

1. Le 10 avril, deux jours avant, Chénier avait déjà dit dans le *Journal de Paris* : « M. Collot d'Herbois en a menti. » C'est, sans doute, à cette parole de son ami que Roucher fait allusion.

Une pareille lettre était faite pour porter à son paroxysme la colère du farouche jacobin. Il se promit d'en tirer vengeance.

André Chénier ne voulut pas laisser son courageux ami seul sur la brèche, et il revint à la charge contre celui qui venait d'être si bien ridiculisé. Roucher avait traité son adversaire d'« *histrion* », de « *personnage de roman comique* », André l'appellera « *un farceur, un bouffon* qui n'aura fait que changer de tréteaux pour nous proposer de décerner le triomphe à ces fuyards meurtriers[1] ».

Maintenant qu'il en a fini avec Collot d'Herbois, Roucher se retourne contre le calomniateur des *Annales patriotiques*. Il oblige Méhée de la Touche à se rétracter deux fois de suite, et, le 8 avril, il fait connaître aux lecteurs du *Journal de Paris* les plates excuses de son adversaire :

Messieurs, il y a longtemps que je ne demande aux bons citoyens que d'avoir le courage de leur vertu. Ces factieux, ces calomniateurs, ces brigands qui nous agitent, nous diffament et nous égorgent, ne sont forts que de notre faiblesse ; mais essayons de leur faire tête, et l'audace à l'instant ne sera plus que de la lâcheté.

Je vous envoie une double rétractation que les auteurs des *Annales patriotiques* se sont empressés de publier à mon sujet ; rien n'égale leur légèreté à diffamer que leur promptitude à se démentir.

Rétractation insérée dans les Annales patriotiques, *n° 98, page 4, colonne 2°.*

Ce n'est pas sans la plus grande surprise que dans le numéro d'hier (97), page 432, au bas de la note qui termine la première colonne, nous avons aperçu une faute typographique qui

1. *Journal de Paris*, 5 mai 1792.

pourrait induire en erreur quelques-uns de nos lecteurs ; les trois dernières lignes de cette note ne doivent avoir et n'ont aucun rapport avec les lignes précédentes ; mais comme il serait rigoureusement possible que quelqu'un y aperçût une application injurieuse à la probité de M. Roucher, nous déclarons ici que telle n'a point été notre intention, et que sans partager sa façon de penser sur la chose publique, nous n'entendons porter aucune attaque à son honneur.

Nouvelle rétractation insérée dans les Annales patriotiques, *n° 99, page 1.*

Sur l'erreur typographique malheureusement échappée dans la feuille numéro 97 *des Annales*, et que nous avons volontairement désavouée dans le numéro suivant, nous savons que M. Roucher a manifesté cette vive sensibilité qui caractérise l'homme d'honneur qui se croit outragé. Nous nous faisons un devoir de lui renouveler la réparation la plus solennelle : sa probité bien connue le met au-dessus de l'atteinte fortuite d'une phrase totalement étrangère à la note qui la précède, puisque cette note n'a d'autre objet que la diversité d'opinions sur laquelle chacun est parfaitement libre. Personne ne rend plus de justice que nous à la pureté et à la délicatesse de M. Roucher, et nous ne nous consolerions pas d'avoir pu fournir occasion à la moindre interprétation qui lui fût injurieuse, si nous n'étions bien sûrs que son excellente réputation éloignera toujours de lui, aux yeux de tous les gens de bien, l'ombre même du soupçon.

Encore une fois, ajoute Roucher, je répète mon cri de guerre : *Hommes de probité, vous seuls, les vrais amis de la patrie et de la liberté, montrez-vous avec courage, et vos propriétés, vos vies, votre honneur sont sauvés.*

Pendant que Roucher lançait *ce cri de guerre*, Chénier, lui, écrivait, avec une ironie sublime, son *Hymne sur l'entrée triomphale des Suisses de Châteauvieux :*

Salut, divin triomphe ! Entre dans nos murailles !
        Rends-nous ces guerriers illustrés
Par le sang de Desille et par les funérailles
        De tant de Français massacrés.
Jamais rien de si grand n'embellit ton entrée :
        Ni quand l'ombre de Mirabeau
S'achemina jadis vers la voûte sacrée
        Où la gloire donne un tombeau ;
Ni quand Voltaire mort et sa cendre bannie
        Rentrèrent aux murs de Paris,
Vainqueurs du fanatisme et de la calomnie
        Prosternés devant ses écrits.
Un seul jour peut atteindre à tant de renommée,
        Et ce beau jour luira bientôt !
C'est quand tu conduiras Jourdan à notre armée
        Et La Fayette à l'échafaud.
Quelle rage à Coblentz ! Quel deuil pour tous nos princes,
        Qui, partout diffamant nos lois,
Excitent contre nous et contre nos provinces
        Et les esclaves et les rois !
Ils voulaient nous voir tous à la folie en proie.
        Que leur front doit être abattu !
Tandis que, parmi nous, quel orgueil, quelle joie
        Pour les amis de la vertu,
Pour vous tous, ô mortels, qui rougissez encore,
        Et qui savez baisser les yeux,
De voir des échevins que la Râpée honore
        Asseoir sur un char radieux
Ces héros que jadis sur les bancs des galères
        Assit un arrêt outrageant,
Et qui n'ont égorgé que très peu de nos frères,
        Et volé que très peu d'argent !
Eh bien, que tardez-vous, harmonieux Orphées ?
        Si, sur la tombe des Persans,
Jadis Pindare, Eschyle, ont dressé des trophées,
        Il faut de plus nobles accents.
Quarante meurtriers, chéris de Robespierre,
        Vont s'élever sur nos autels.
Beaux-arts, qui faites vivre et la toile et la pierre,
        Hâtez-vous, rendez immortels

Le grand Collot d'Herbois, ses clients helvétiques,
    Ce front que donne à des héros
La vertu, la taverne et le secours des piques !
    Peuplez le ciel d'astres nouveaux !
O vous ! enfants d'Eudoxe, et d'Hipparque, et d'Euclide,
    C'est **par** vous que les blonds cheveux
Qui tombèrent du front d'une reine timide
    Sont tressés en célestes feux ;
Par vous l'heureux vaisseau des premiers Argonautes
    Flotte encor dans l'azur des airs ;
Faites gémir Atlas sous de plus nobles hôtes,
    Comme eux, dominateurs des mers !
Que la Nuit de leurs noms embellisse ses voiles,
    Et que le nocher aux abois
Invoque en leur galère, ornement des étoiles,
    Les Suisses de Collot d'Herbois !

Malgré tout ce courage inutilement dépensé, le parti constitutionnel se sentait impuissant à empêcher cette solennité : il obtint qu'elle serait officiellement dédiée à la Liberté. Mais personne ne s'y trompa. La victoire restait aux jacobins.

La fête eut lieu le 15 avril 1792 et, pour bien constater leur triomphe, les exaltés, dans les *Révolutions de Paris*, organe officiel de la Montagne (n° 145), firent cette description du cortège :

Derrière le char, un coursier à longues oreilles, monté par un plaisant ridiculement costumé, figurait la Sottise qui, n'ayant pu réussir à faire manquer cette fête, venait, du moins, pour lui chercher des défauts afin d'en faire part aux libellistes Dupont et Gauthier, Durosoy et André Chénier, Pariseau et Roucher.

En même temps, les noms des deux poètes étaient couverts de boue par les journalistes jacobins. Carra, dans les *Annales patriotiques*, Gorsas, dans le *Courrier des dépar-*

tements, Marat, dans l'*Ami du peuple*, Hébert, dans ses *Lettres du père Duchesne*, vomirent sur eux les plus cyniques injures « dans ce style des halles qui les rend impossibles à citer ».

Collot-d'Herbois n'avait pas voulu laisser aux seuls journaux le soin d'attaquer Roucher et André Chénier. Le 4 avril, à la tribune des jacobins, il s'éleva, dans un style d'une virulence haineuse, contre les deux poètes[1] :

Roucher et Chénier, dit-il, ont sonné la charge. C'est en invoquant l'humanité que ces sycophantes prêchent la persécution et la cruauté ; c'est en parlant morale qu'ils prêchent la dépravation. Qu'est-ce que c'est donc que la morale, si ce n'est la justice, la raison, la vérité, c'est-à-dire tout ce qu'il y a de plus cher au peuple ? Et c'est au peuple que les *Roucher* et les *André Chénier* veulent donner des leçons à cet égard ! Oh ! qu'ils viennent plutôt en prendre !

Je répondrai tout à l'heure pour les soldats de Châteauvieux à *Roucher*, à *André Chénier* et autres gens de bien de cette trempe[2]. Mais je veux d'abord parler aux hommes dont le cœur est bon et l'âme élevée et sensible, parce que ce sont ceux-là dont je recherche l'estime...

(Ici Collot d'Herbois discute plusieurs points relatifs à l'insurrection des Suisses de Châteauvieux[3].)

1. Réponse de Collot d'Herbois à des notes barbares envoyées à divers journaux contre les soldats de Châteauvieux, et notamment à celles envoyées par MM. Roucher et André Chénier au *Journal de Paris*, lue à la Société des amis de la constitution, séante aux Jacobins Saint-Honoré, le 4 avril, l'an IV de la liberté. — Un extrait de ce discours fut inséré dans le *Moniteur* du 10 avril ; on y constate l'intention systématique de faire disparaître du discours tous les passages injurieux pour André Chénier et Roucher.

2. Le *Moniteur* a modifié ainsi cette phrase : « Je répondrai tout à l'heure, pour les soldats de Châteauvieux, aux *gens de bien* qui les attaquent. »

3. Toute la partie que nous omettons ici se trouve dans le *Moniteur*. Collot d'Herbois y expose et y discute plusieurs points du rap-

Que direz-vous à tout cela, messieurs *Roucher* et *André Chénier*, vous qui irritez encore les esprits contre les soldats de Châteauvieux[1] ?

Écrivains perfides et fallacieux ! c'est à vous que je parle maintenant, vous qui avez osé outrager les magistrats du peuple parce qu'ils doivent se trouver au milieu de lui dans cette fête, comme s'ils y étaient jamais déplacés. Je sais bien que cette démarche touchante et paternelle contrarie les projets de ceux qui méditaient le désordre, et cela vous fâche. Vous ne voyez donc pas que cette fête aujourd'hui tient au culte de la LIBERTÉ : c'est un hommage rendu à cette divinité des cœurs brûlants. Son aspect radieux ne vous fait donc rien sentir? Rhéteurs glacés, vous faites mine d'être moralistes et sages : votre sagesse est celle des eunuques. Mais au moins, *André Chénier*, prosateur stérile, respecte le peuple producteur et abondant. Au moment où ce bon peuple répare d'incroyables cruautés, de fatales erreurs; au moment où il épanche toute sa compassion, toute sa bienfaisance, tu te permets d'appeler ces généreux mouvements de *misérables orgies*, de *scandaleuses bacchanales*. Va, le peuple est plus sage que toi; il te méprise... et te pardonne.

Et toi, *versificateur Roucher*, je conçois qu'un modéré faiseur d'hémistiches ait quelque rancune contre de braves soldats qui n'ont voulu reconnaître d'autre souverain que le peuple. Que peut faire le peuple pour un poète courtisan? Tu avais en poche, peut-être, au 14 juillet 1789, des strophes toutes prêtes pour chanter le triomphe de la cour et le massacre des Parisiens. Ton métier est de célébrer les *Broglie*, les *Bouillé*, les *Lambesc!* Voilà tes héros! Mais le peuple, les soldats n'ont jamais échauffé ta verve esclave et prostituée. Égoïstes

port rédigé par M. de Salis-Samade, major du régiment de Châteauvieux, lors de l'affaire de Nancy.

1. Ici encore le *Moniteur* modifie cette phrase ainsi : « Que direz-vous à tout cela, vous qui irritez encore les esprits contre les soldats de Châteauvieux? » Et c'est à cette phrase que s'arrête l'extrait du *Moniteur*.

cruels, tous vos mensonges ne pourront ni ôter aux soldats de Châteauvieux la bienveillance nationale, ni empêcher
la fête qu'on prépare. Cette fête sera vraiment populaire, c'est-
à-dire simple, expressive, franche et majestueuse. Je connais
assez l'esprit des sociétés patriotiques qui la dirigent pour être
assuré qu'elle sera remarquable, surtout par le bon ordre, la
fraternité et le respect des lois. Et quand elle sera finie, je
déclare que je donnerai une marque particulière, non seulement de ce respect, mais de ma confiance absolue dans ces lois
bienfaisantes, en attaquant devant les tribunaux MM. Roucher
et André Chénier comme de lâches calomniateurs.

COLLOT D'HERBOIS, Défenseur officieux des quarante
soldats de Châteauvieux[1].

Ce langage d'énergumène nous fait rire. Prenons-y garde.
Ce qui nous fait rire aujourd'hui tuait un homme dans ce
temps-là et nous ne pouvons nous empêcher de remarquer
que, deux ans après cette dénonciation à la tribune des jacobins, la même charrette conduisait à l'échafaud André Chénier
et Roucher, réunis dans la même sentence de mort comme ils
l'avaient été ce soir-là dans le même anathème[2].

Jusqu'au 10 Août, le *Journal de Paris*, dont Suard était
alors le directeur, resta l'organe périodique d'une réunion
d'hommes de cœur et de talent : André Chénier, Roucher,
François de Pange, Lacretelle jeune, Dupont de Nemours,
Chéron, Théodore Lameth, « plumes héroïques qui croient,
qui parlent quand on se tait, qui osent quand on tremble, et
qui meurent quand on se vend[3] » !

Ennemis de l'anarchie autant que des résistances aristo-

---

1. Les jacobins arrêtèrent l'impression, l'affichage et la distribution à
la société et aux citoyens des tribunes (de l'imprimerie du *Patriote
français*, place du Théâtre-Italien).

2. Caro, *La Fin du* XVIIIᵉ *siècle*, t. II, p. 304.

3. *Histoire de la Société française pendant la Révolution*, par
MM. de Goncourt, p. 270.

cratiques, ces honnêtes gens avaient accaparé le supplément du *Journal*, où ils payaient, au prix ordinaire des insertions, le droit de publier leurs articles.

C'était le moyen de conserver au *Journal de Paris* un semblant d'indépendance et de le sauver de la confiscation et de la suppression.

Avec ses huit articles tous signés, Roucher fut, après André Chénier, le principal rédacteur de ces suppléments [1]. Il y soutint contre la gironde, dominante aux jacobins, pendant cette année 1792, la lutte qu'il avait commencée contre elle aux élections de 1791.

Par une délicatesse excessive, pour attirer sur eux seuls les foudres révolutionnaires, Roucher et Chénier ne perdaient pas une occasion d'affirmer leur indépendance. « Nous sommes des tirailleurs isolés, » ne cessaient-ils de répéter. « Il n'existe entre nous d'association que du genre de celles qui arment vingt villages contre une bande de voleurs, » disait André Chénier [2]. Mais ce défaut de direction politique qui laissait cette armée de héros sans ordres et sans chefs, avait de graves inconvénients. Malgré tout, le premier semestre de 1792 restera l'éternel honneur du *Journal de Paris*.

Ces deux volumes, a dit Becq de Fouquières, « renferment

1. C'est par erreur que l'éditeur de 1840 des œuvres en prose d'André Chénier attribua à Roucher une lettre anonyme qui a été insérée le 7 avril 1792 dans le quarante-quatrième supplément. — Toutes les lettres de Roucher sont signées ; il y avait, d'ailleurs, beaucoup moins de courage dans cette lettre que dans la plupart de celles qui ont été signées par le poète.

2. 27 juillet 1792 : « Parmi les rédacteurs du supplément, il en est sans doute plusieurs, mais au moins un, dont les méchants heureux n'intimideront jamais. ni le cœur, ni la bouche. » Cette précaution de séparer ainsi leur cause de celle de leurs collaborateurs ne donna pas le change aux jacobins, Lacretelle, comme Chénier et Roucher, fut incarcéré ; le 9 Thermidor le sauva ; il allait être exécuté le lendemain.

une suite incomparable d'articles qui sont des chefs-d'œuvre d'éloquence, de style, d'esprit et presque tous des actes de courage ». C'en était assez pour signaler le journal aux colères de la populace et pour mêler désormais son nom à tous les épisodes de la lutte révolutionnaire [1].

Après Collot d'Herbois, c'est Robespierre que Roucher va flétrir. Le 22 avril, le poète se plaint de l'abstention des bons citoyens qui, lors du renouvellement de la municipalité, ont laissé occuper toutes les positions par des gens sans propriété et sans existence régulière. Maintenant les honnêtes gens effrayés du désordre veulent se réunir ; qu'ils ne s'abstiennent donc pas aujourd'hui où ils sont convoqués pour élire un accusateur public près du tribunal criminel.

Roucher ignore « les motifs qui ont pu déterminer *M. Robespierre, surnommé, je ne sais comment, l'incorruptible, par des gens qui ne le sont pas*, à donner sa démission à l'instant où la patrie l'attendait pour savoir enfin s'il voulait la servir et non pas l'agiter ». Il continue à railler :

Le bel emploi, en effet, pour un publiciste que la fonction de protéger l'innocence et de poursuivre le crime sur l'étroit territoire du département de Paris! Il faut à son incurable activité l'universalité de l'empire, de l'Europe et même du monde !

Et puis Robespierre aurait peut-être peur d'y perdre sa popularité; en outre, il faudrait y donner tout son temps et, « dès lors plus de club, plus de tribune, plus de présidence et partant plus de gloire! La patrie n'a pas le droit d'im-

---

1. « Du côté de la rue des Bons-Enfants, c'est le café de Valois où se rassemblent les feuillants, où les fédérés font irruption et déchirent le *Journal de Paris*. » Goncourt, *loc. cit.*, p. 190.

moler ainsi un *grand citoyen* qui porte pour devise écrite dans son cœur :

> Jacobin,
> Tout jacobin,
> Rien que jacobin. »

L'imprudent poëte termine en se demandant avec une froide ironie « s'il est, du reste, de nécessité absolue pour être accusateur, de rester attaché à un tribunal? Une tribune aux jacobins suffit. Toute la différence entre les deux positions se réduit à bien peu de chose. Au tribunal, on accuserait officiellement ; à la tribune on accuse officieusement. »

C'est ainsi que Roucher irritait la colère du sombre démagogue, sans songer un instant à sa sécurité.

Le lendemain, — car dans cette lutte il n'y a pas de repos, — c'est Pétion qui est mis sur la sellette. Roucher démontre jusqu'à l'évidence, que le maire de Paris a été « un menteur, un imprudent et un niais », dans l'affaire de « ses bien-aimés Châteauvieux », et qu'il ne s'entoure à la municipalité que de gens tarés comme Manuel ou de repris de justice comme l'officier municipal du cinquième arrondissement.

Passant des individualités au club même des jacobins, Roucher le criblait de ses sarcasmes. Le 6 mai, il s'élevait avec violence contre un placard affiché la nuit précédente sous ce titre : *Dix millions de Français à l'Assemblée nationale.* Il voyait, dans cette œuvre des jacobins, un appel à la révolte de ceux qui n'ont rien contre ceux qui ont quelque chose ; c'est, dit-il, « l'intention de porter un premier coup à la constitution pour préparer les esprits à un attentat bien plus grave ».

Comme on avait avancé dans ce factum que Rousseau,

lui-même, à cause de sa pauvreté, n'aurait pas été éligible d'après la constitution de 1791, Roucher apporte ici ses souvenirs personnels ; son éloquence s'émeut quand il parle de son ami :

Rousseau que j'ai connu personnellement, dit-il, et qui m'honorait d'une amité presque paternelle ; Rousseau, quoique pauvre, n'était pas indigent, aussi payait-il à l'État bien au delà de trois journées de travail... Et que ne vit-il encore, ce philosophe qu'on méconnaît tout en le louant ! D'un mot, il confondrait cette fausse pitié qu'on affiche pour lui : « Laissez-moi, dirait-il, dans la pauvreté que je me suis imposée par vertu et ne la confondez pas avec ce dénuement de toutes les choses, fruit de la paresse et de l'inconduite. Elle est sage, la loi qui veut trouver, non dans l'opulence, mais hors de la mendicité, un gage de quelque moralité dans les principes et dans le caractère. D'ailleurs, ne vous ai-je pas dit que je regarde avec Locke le travail comme la base de la propriété, et la propriété comme le fondement de la société. » Concluons, ajoute Roucher ; les Jacobins aiment le peuple ; oui, pour s'en faire un instrument de tyrannie. Ils l'aiment, comme les brigands quelquefois invoquent la loi pour défendre ce qu'ils ont volé... Mais, que les honnêtes gens aient confiance ! Qu'ils espèrent ! Encore quelques jours et l'opinion publique qui grossit et se forme en orage contre eux éclatera dans toute sa puissance. Elle fera *paisiblement* une justice exemplaire de ces usurpateurs de la souveraineté nationale ou, si son action ne suffisait pas, la déclaration des droits ferait retentir le même jour, au même instant, dans toute l'étendue de l'empire, ces mots sacrés : *La résistance à l'oppression.*

Ces lignes enflammées, adressées aux jacobins tout-puissants, sont une des pages les plus éloquentes que le courage civil ait jamais inspirées !

Les efforts de Roucher pour empêcher une fête que les exaltés regardaient comme la leur ; la défense d'une constitution, dernier rempart des honnêtes gens ; toute cette admirable campagne au *Journal de Paris* firent au poète des ennemis irréconciliables. David, que l'art ne sauvait pas des passions démagogiques ; Grégoire, qui ne pouvait pardonner à Roucher d'être resté fidèle aux idées sagement libérales de 89 sans avoir versé comme lui dans les excès révolutionnaires ; Collot d'Herbois, qui se sentait marqué au front par les paroles vengeresses de Roucher et de Chénier[1] ; Robespierre, Manuel, bien d'autres encore, n'oublièrent jamais l'intrépidité du polémiste.

Roucher et Chénier avaient, comme à plaisir, attiré sur eux la tempête qui devait les engloutir. L'estime des honnêtes gens ne pouvait suffire à la conjurer[2].

1. Lacretelle, *Histoire de l'Assemblée législative*, p. 105. « Collot d'Herbois, pendant la Terreur, se souvint de l'opprobre dont Roucher et Chénier avaient flétri sa fête. »

2. Lacretelle, *Histoire de la Convention* : « Roucher, à l'époque de l'Assemblée législative, s'était attiré le ressentiment de Robespierre et de Collot d'Herbois par des écrits courageux. Une imagination brillante, audacieuse, l'avait distingué parmi les hommes de lettres ; une âme sensible et forte le rendait cher à tous les gens de bien. » — Le nom de Roucher resta, pendant quelque temps, dans l'histoire politique de Paris, un drapeau pour les honnêtes gens. Dans un discours, prononcé le 27 fructidor an III, à la section de la fontaine Grenelle, un membre, en invitant, comme autrefois, Roucher, tous les honnêtes gens à se grouper, rappelait en ces termes la mémoire du poète : « Estimable et franc Roucher, toi qui, par tes écrits énergiques, annonçais, du milieu des ténèbres de la tyrannie, que tu entrevoyais déjà l'aurore de la liberté ; toi qui, dans un temps où chaque auteur vendait sa plume et se traînait sur les marches du trône, eus la belle idée de dédier à ton père le poème des *Mois* plutôt qu'à un grand, comme on voulait te le persuader ; toi, aimable et vertueux André Chénier, et toi, courageux Malesherbes, que plus de soixante années de vertus auraient dû mettre à l'abri de tout soupçon criminel ; vous vivriez encore ; vous seriez, sans doute, au milieu de nous, essayant de nous éclairer de vos lumières et par l'exemple de vos vertus ! » L'impression de ce discours fut ordonnée ; il fut affiché et envoyé, comme un appel aux bons citoyens, dans les quarante-huit assemblées primaires de Paris.

Roucher, malgré tout, et sans désespérer de l'avenir, ne s'abandonna pas à la réaction, il ne renia pas ses premiers dieux.

Plus il a souffert pour la liberté, plus il reste attaché à ses principes. La société des Neuf Sœurs était toujours dans le mouvement sagement libéral du début ; on y faisait des odes où l'on chantait la liberté en condamnant l'anarchie :

> Mais si l'abus de la puissance
> A ramené l'Égalité,
> Souvenons-nous que la Licence
> Tue, à son tour, la Liberté.
> Redoutons l'orateur perfide,
> Dont l'éloquence légicide
> Par des sophismes nous trahit.
> La loi n'a ni parti ni secte,
> Et le sage qui la respecte
> Est libre alors qu'il obéit [1].

Roucher y tenait toujours une place respectée et l'on continuait à le regarder comme un des plus influents, si nous en croyons cette lettre que lui adressait, le 5 avril 1792, le fils du grand Piccini : « L'heureuse révolution qui a fait de la France un pays libre et qui a fini de démasquer les despotes ecclésiastiques et séculiers m'engage à faire paraître un ouvrage si précieux. » (Il s'agissait d'un manuscrit de Voltaire.) Sa situation est tellement pénible, « le peu que son père retire de l'opéra ayant été saisi par ses créanciers », qu'il vendrait ce document à la loge des Neuf Sœurs ou à toute autre société. Il compte sur Roucher pour l'y aider ; « Ce serait, dit-il, un beau spectacle de voir un homme de

1. Cette *Ode sur la Révolution,* lue par son auteur, Legrand de la Leu, en janvier 1792, est pleine de l'enthousiasme et du langage emphatique de l'époque. — Les vers cités suffisent pour donner une idée de l'esprit politique de la Société.

lettres si célèbre faire le bonheur du fils d'un artiste distingué. »

Chaque jour amenait un nouvel événement. Simonneau, le maire d'Étampes, venait de se faire tuer en défendant la légalité. Une fête en son honneur fut décidée. Ce fut un moment d'arrêt au milieu de la tourmente ; et Roucher, se rattachant à cette lueur d'espoir plus que de raison, voulut la célébrer avec tout l'enthousiasme dont son âme généreuse était capable.

A la fête du 3 juin, on chanta, sur la place de la Concorde, deux cantates dont Roucher avait fait les paroles et Gossec la musique.

HYMNE FUNÈBRE.

Gémis et pleure sur ton crime,
O toi qu'ont trompé les méchants !
Gémis ; qui prends-tu pour victime ?
Sur qui frappent tes coups sanglants ?
Ils succombent sous ta furie,
Les magistrats choisis par toi.
Simonneau, Simonneau, tu meurs, et la Patrie
   S'écrie :
O jour de sang ! O jour impie !
L'homicide a souillé l'écharpe de la Loi !

CHANT DE TRIOMPHE.

Salut et respect à la Loi !
Honneur au citoyen qui lui reste fidèle,
Triomphe au magistrat qui sait mourir pour Elle,
Salut et respect à la Loi !
Qu'on la chérisse, qu'on la craigne !
   Elle règne
Par l'amour et l'effroi.
Nouveau peuple français, marche sous son enseigne,
La sainte Liberté va marcher avec toi.
Salut et respect à la Loi !

Dans le numéro du 5 juin 1792 [1] le poète rendait compte de la cérémonie. On sent qu'il est heureux :

Pendant quelques minutes, dit-il, parmi les cliquetis des armes, l'agitation des chapeaux, le battement des mains, on n'a entendu que ce salut attendrissant et d'un si heureux augure : « Vive la Loi ! Vive la Loi ! » Ce sera, dit-il, un encouragement pour chacun à obéir *enfin* à la loi et à en respecter les organes...

Et il termine :

Sans doute qu'aucun des spectateurs n'oubliera jamais, nos magistrats surtout, la grande leçon qu'a donnée cette fête d'obéir à la Loi et, s'il le faut, de mourir pour elle.

C'est là, en effet, son idéal, comme son illusion a été de prêter sa sagesse à la multitude et de croire qu'avec un hymne à la Loi, chanté sur la place de la Concorde, au milieu d'une foule indifférente, il pourrait résister à *la Marseillaise*.

C'est là aussi ce qui le distingue d'André Chénier. On l'a fort bien dit [2] :

Au journal comme dans les vers des deux poètes éclatait encore la différence de leur talent et de leur caractère. Roucher, calme, intrépide, a le courage hautain d'un penseur et d'un honnête homme. Il combat avec conviction, mais il n'est pas fait pour la lutte. Il aime, il respecte la légalité, il attend tout d'elle seule, prêt à mourir pour elle quand il le faudra.

André, plus jeune et moins convaincu, n'a ni ces illusions, ni cette intrépidité calme et sereine. Il aime la lutte pour ses émotions et pour ses périls, mais sans espoir de vaincre, car il sait ce qu'il doit attendre de ces abominables brouillons qui vivent de la liberté comme les chenilles des arbres qu'elles tuent. N'importe, il mourra content de n'avoir plus sous les yeux

1. *Journal de Paris.*
2. M. Revillout, dans son *Discours sur J.-A. Roucher*. Montpellier, 1868.

l'avilissement d'une grande nation, réduite par ses fautes à choisir entre Coblentz et les Jacobins, entre les Autrichiens et Brissot.

Mais voici le 10 Août, qui termine cette lutte inégale entre une poignée de gens de cœur et les jacobins. Le *Journal de Paris* est pillé. Le 11 et le 12, il essaye de reparaître. Le 12 au soir, la populace vient briser les presses, en même temps que le procureur de la Commune fait brûler les numéros qu'on peut saisir.

Les rédacteurs durent se disperser.

Roucher avait lutté jusqu'à la fin pour sauver la monarchie constitutionnelle, ce gouvernement désemparé qu'en 1791 il regardait déjà comme impuissant [1].

Au lendemain du 10 Août, et comme fascinés par une dernière vision, les deux poètes se mirent à parler du bonheur de *la République*. Ils avaient accepté le nouvel état de choses et ils faisaient des vœux pour elle, comme, en 1791, ils en avaient fait pour la monarchie constitutionnelle. Ce n'étaient pas des hommes politiques à idéal particulier, des idéologues. « L'ordre, la justice, le respect de la loi, tels étaient pour eux les fondements de toute société. Tout ce qui était de pure forme était, à leurs yeux, secondaire. Citoyens véritablement dévoués à la chose publique, ils acceptaient le fait accompli. »

---

1. On a vu plus haut que, lors de l'acceptation de la constitution, Roucher s'était prononcé pour le principe républicain. C'est ce seul souvenir qui a fait dire à certains historiens que le poète dépassa un peu la ligne constitutionnelle et qu'il fut plus avancé que son ami Chénier ; champion de la constitution de 1791, après lui avoir juré fidélité, il voulut y rester, s'y tenir et fut, en réalité, comme l'a dit Sainte-Beuve, « du nombre de ceux qui essayaient de faire durer la constitution et de maintenir la monarchie qu'elle avait trop désarmée. Il lutta en première ligne contre les girondins et les partis plus avancés. »

Roucher devait se rallier d'autant plus sincèrement à la nouvelle forme de gouvernement qu'en théorie la République avait toutes ses préférences ; mais il la voulait sage et modérée et c'est pour y arriver qu'il allait tirer ses dernières cartouches.

La Harpe a dit avec vérité cette fois [1] :

La résistance dura jusqu'au 10 Août en faveur de la constitution de 91 et même jusqu'au 31 Mai en faveur de la liberté ; car ceux qui avaient voulu la royauté constitutionnelle voulurent, la plupart et par la même raison, le règne de la loi, c'est-à-dire une garantie de leur liberté. Après le 31 Mai, toute ombre de résistance disparut. La terreur régna sur la France entière dans le silence de l'esclavage et de la mort.

La Harpe, qui s'aplatira demain devant Robespierre, sait mieux que personne où est la vérité et son témoignage est ici d'une grande importance. Pourquoi son impartialité n'at-elle pas cité les noms de Roucher et de Chénier parmi les défenseurs de la liberté ? Pourquoi reproche-t-il quelques lignes plus loin la faiblesse et la lâcheté dont tous les honnêtes gens auraient fait preuve, d'après lui ? Serait-ce pour effacer le souvenir du bonnet rouge qu'il a porté, tandis que d'autres mouraient pour avoir refusé de s'en couvrir ?

Dans ces jours qui suivirent la chute de la monarchie, les modérés étaient traqués de toutes parts. Les sociétés populaires, c'est-à-dire les clubs, invectivaient les sections et les dénonçaient comme infestées d'aristocratie. Quand Roucher vit les excès de la démagogie triomphante et l'impuissance des gens de bien, il abandonna la lutte. Il chercha dans le devoirs de la famille un oubli de la politique et dans le culte des lettres et de la science un refuge contre les haines des sectaires.

1. *Cours de littérature,* t. XIV, p. 455.

Dans cette charmante retraite, troublée cependant par les émeutes et les perquisitions, Roucher s'occupe plus que jamais de l'éducation de sa fille :

Mon âme, lui écrit-il, a longtemps haleté après la célébrité attachée au nom de grand poète ; aujourd'hui, cette gloire n'a plus rien qui me séduise et me transporte. Je cultive les lettres pour elles-mêmes ou plutôt pour les jouissances pures et solitaires qu'elles donnent à qui sait se livrer à l'étude ; mais te voir une femme distinguée par l'esprit et le caractère, m'applaudir d'avoir aidé à ce beau développement ; entendre, avant le dernier terme de ma vie, le bien que diront de toi tous ceux qui t'approcheront et pourront te connaître, voilà mon ambition, mon unique ambition.

Tous les jours, le père et la fille lisaient et commentaient ensemble nos grands écrivains ; pendant l'hiver, Eulalie perfectionnait son anglais ou son italien ; ou bien elle dessinait et jouait de la harpe auprès de son père. Pendant les belles matinées du printemps, Roucher et Eulalie se rendaient au cours de botanique du Muséum, ou suivaient, dans la campagne et dans les bois, les herborisations de M. de Jussieu pour en rapporter des fleurs dont la jeune fille composait un herbier.

Le soir, « enfermé comme un anachorète, Roucher lisait le *Prædium rusticum* du P. Vanière et comparait ce poème aux *Géorgiques*... A neuf heures, il fermait les deux livres et s'endormait pour retrouver, dans son rêve favori, la ferme rustique, la volière, la basse-cour que le Virgile français avait si bien décrites... En ce moment, la montagne et la gironde luttaient comme le Scamandre et Vulcain dans l'*Iliade* et le poète des *Mois* dormait en souriant[1] ».

---

1. C'est un autre poète, Méry, dans son *André Chénier*, qui a tracé ce gracieux tableau.

Cependant Collot d'Herbois et Robespierre avaient signalé leur courageux adversaire au comité de sûreté générale ; Roucher fut bientôt recherché comme aristocrate et anticivique.

Réfugié après le 31 Mai, avec sa femme et ses enfants, chez son ami Perrin, secrétaire général de la librairie, il en sortit pour aller chercher bientôt un nouvel asile chez le dessinateur Pujos, qui demeurait rue des Postes. La chambre de Roucher donnait sur la place de l'Estrapade ; c'est là, au lendemain des massacres de Septembre, qu'il entendit Chaumette, procureur-syndic, donner lecture au peuple de la proclamation de la Commune de Paris. Son âme en frémit d'horreur.

Deux ou trois jours après, lors d'une visite domiciliaire, il ne dut sa liberté qu'à la présence d'esprit de Pujos, qui lui avait trouvé un déguisement ingénieux.

Fatigué de cette existence d'alarmes continuelles, et surtout ne voulant pas rester plus longtemps à la charge de son ami, Roucher rentra chez lui le 10 septembre 1793, bien décidé à supporter toutes les conséquences de sa résolution.

Il reprit ses courses au jardin des Plantes, comme s'il n'y avait plus eu pour lui aucun danger. Un jour qu'il s'y trouvait, les grilles furent subitement fermées ; les jardins et les maisons des professeurs furent fouillés avec soin. Le bruit se répandit que l'on cherchait le poète. Le botaniste Desfontaines et le savant Geoffroy Saint-Hilaire voulurent le sauver. Ils le cachèrent dans une des caves du Muséum et cette fois encore il put échapper à ses ennemis.

Arrêté chez lui quelques jours après, Roucher obtint d'être conduit à sa section. Là, il prononça un discours si éloquent, il prouva si bien son amour de la liberté et les services qu'il lui avait rendus que ses concitoyens le couvrirent d'applaudissements et le ramenèrent en triomphe à son domicile. Le comité révolutionnaire, devant cette manifestation, lui laissa la liberté ; mais on exigea que son ami, le jurisconsulte Guyot-Desherbiers, répondît que Roucher ne quitterait ni Paris, ni sa maison.

Mécontent de son insuccès, et armé depuis le 17 septembre de la loi des suspects, le comité revint bientôt sur le semblant de liberté qu'il avait laissé au poète. Le 12 vendémiaire an II (3 octobre 1793), le jour même de l'arrestation de cinquante-trois députés girondins et la veille du procès de la reine, à minuit, Roucher reçut la visite de M. Lesueur, capitaine de la garde nationale de la section, qui venait le prévenir de son arrestation imminente. Cet officier risquait sa liberté et peut-être sa vie en faisant une pareille démarche. Son nom mérite d'être conservé ici. Roucher aurait pu se sauver la nuit, et les dispositions de la maison auraient favorisé son évasion. Sa femme le suppliait de partir pour Montpellier. Elle priait, pleurait, le conjurait à genoux. Efforts inutiles. « Non, répétait Roucher, je ne suis point coupable et je ne peux consentir à m'en donner l'air. » Il songea aussi que son ami Desherbiers avait répondu pour lui et il attendit les soldats.

A deux heures du matin, le capitaine se présenta, accompagné cette fois d'un détachement de gardes nationaux. Roucher n'opposa point la moindre résistance. Il s'arracha des bras de sa femme et de sa fille, alla donner un baiser furtif au petit Émile qui dormait dans son berceau ; puis « craignant de paralyser son courage, il s'échappa, dit-il, comme s'il eût fait une mauvaise action », et se remit aux mains des municipaux, qui l'attendaient pour le conduire à la prison de Sainte-Pélagie.

Nous n'avons pas, comme pour André Chénier, le procès-verbal de l'interrogatoire qui suivit l'arrestation. Sainte-

Beuve, dans ses *Causeries du Lundi*[1], a donné, en l'accompagnant des commentaires les plus éloquents, ce document où éclatent à chaque ligne toute la haine et toute la stupide ignorance des pourvoyeurs de l'échafaud. Cette pièce, qui se trouvait aux archives de la ville de Paris et qui fut communiquée au grand critique par M. Merruau, secrétaire général de la préfecture de la Seine, a été brûlée en 1871, par les héritiers des jacobins de 1793. Nul doute qu'il n'en ait été de même pour le procès-verbal de l'interrogatoire de Roucher. Toutes mes recherches ont été infructueuses; il n'existe plus aux archives de la préfecture de police, sous le numéro 136, que le mandat délivré par le comité révolutionnaire du Panthéon français, qui ordonnait au concierge de Sainte-Pélagie de recevoir et d'écrouer l'infortuné poète[2]. Ce document ne contient aucun autre détail.

Nous savons toutefois, en attendant les mensonges de Fouquier-Tinville, que Roucher était accusé, dès ce jour :

« 1° D'avoir fait un voyage à Rouen, un peu avant le 10 Août, dans le but d'y organiser le parti royaliste en force dans ce pays ;

» Et 2° de principes anticiviques, et notamment d'avoir écrit dans le *Journal de Paris* des articles contre-révolutionnaires. »

En réalité, Roucher n'était en prison que parce qu'il avait défendu les principes d'ordre, d'honneur et de probité qui doivent être la base de tous les gouvernements.

Il n'était coupable que de son mérite qui avait jeté de l'éclat sur la modération de ses principes, a dit Lamartine. Il savait

---

1. Tome IV, p. 164.
2. Le style et l'orthographe de cette pièce sont indescriptibles.

que la démagogie ne pardonnait pas même à l'aristocratie du talent.

Et un autre de ses commentateurs :

Roucher s'empressa de mériter la haine des bourreaux. Il devint leur victime pour se punir d'avoir pu paraître, un instant, leur complice.

CHAPITRE IV

SAINTE-PÉLAGIE — LA MAISON LAZARE

de Coigny); la marquise Giambone; la présidente Cambon. — Variété des sujets abordés dans *les Consolations*. — Les croyances de Roucher. — *L'Aiguille-Pinceau*. — Arrivée de Ginguené. — Moyens employés par Chénier et par Roucher pour faire passer leurs lettres et leurs poésies. — L'échafaud vide les prisons. — Les plus courageux se lassent. — Roucher résiste. — Sa mélancolie aux premiers beaux jours. — Nouvelles rigueurs. — La terreur dans les prisons. — Les cinquante sous. — Fête de l'Être suprême. — Loi du 22 prairial. — Plaisanteries cruelles de Barère et de Grégoire. — Les dernières lettres. — Roucher reçoit son acte d'accusation. — Il prend ses dispositions suprêmes. — Le 6 thermidor, au soir, il est transféré à la Conciergerie.

La nuit où je fus arraché de vos bras et à vos larmes, au milieu de mon sommeil interrompu, je vins ici, sur un mauvais grabat, la continuer et l'achever en paix. Je me réveillai à sept heures, au soleil naissant, et je me demandai avec une espèce de honte comment j'avais pu renouer le fil de mon sommeil. La raison s'en offrit à moi dans le courage que je m'étais fait, en vous quittant, pour vous en laisser un peu à vous-mêmes, et ce fut alors que je me rappelai, avec quelque complaisance, la vérité de ce vers de La Harpe :

L'homme a, plus qu'il ne croit, la force de souffrir.

Tel est Roucher le lendemain de son arrestation, tel il se montrera pendant cette captivité d'une année. Ses lettres et celles de sa fille auxquelles il donna lui-même le titre de : *Consolations de ma captivité* ont été publiées pour la plupart en l'an VI [1].

---

1. Aux emprunts que nous ferons à cette correspondance presque introuvable, nous ajouterons plusieurs lettres que l'éditeur de 1797 avait négligées pour des motifs qui n'existent plus et qui les rendent d'autant plus intéressantes aujourd'hui. On m'a affirmé (et j'en ai trouvé en effet l'indication dans quelques ouvrages bibliographiques) qu'une édition des *Consolations* fut faite à Hambourg en 1798. Je n'en ai jamais vu d'exemplaire, et la famille n'en a jamais possédé.

Toutes respirent le même courage, la même philosophie.
Dans ces premiers jours, l'humanité du concierge laissait
l'espérance de se voir et de correspondre sans entraves.

Habiter un espace de neuf pieds carrés, écrivait Roucher le
20 vendémiaire à une de ses amies, avoir pour tout meuble un lit
de sangle, un matelas, un traversin, des draps, une sale couver-
ture de laine, une chaise et une table, être deux à deux sur un
étroit espace, entendre à huit heures du soir les gros verrous se
fermer sur vous, ne les entendre s'ouvrir que le lendemain matin
après huit heures : le reste du jour, n'avoir pour exercer ses jambes
qu'un corridor de cent pieds de long sur quatre de large, n'y
respirer que par une demi-fenêtre placée à l'une des extrémités
et garnie de gros barreaux, s'y heurter, s'y croiser contre cinquante compagnons d'infortune de tous les âges, qui n'ont pas
tous le même courage, ni peut-être aussi les mêmes raisons
d'en avoir ; tel est en deux mots, madame, le sort des citoyens
qui, comme moi, ont voulu un gouvernement libre et le règne
seul de la loi ; mais n'allez pas croire que je sois malheureux.
Oh ! il ne dépend pas ainsi des autres de tourmenter mon âme.
Mon corps peut bien leur appartenir quand il leur plaît de s'en
saisir ; mais mon âme leur échappe. Je l'ai sauvée de la persécution, en la plaçant dans la philosophie ; elle y vit retranchée
contre le trouble, les craintes et la terreur...

Je me suis arrangé de mon mieux dans ma demi-portion de
cellule ; j'y dors, j'y mange, j'y travaille, ni plus ni moins
qu'à mon ordinaire. Je me trompe quand je vous dis qu'il n'y a
rien ici pour moi de pénible. Oh ! oui, je me trompais. J'ai pour
compagnon de chambre un homme qui n'a pas ma propreté, et
ce mélange incompatible de deux excès contraires me fait un
petit supplice de tous les moments.

Mais la philosophie vient encore ici à mon secours. Elle me
prêche son sermon accoutumé sur le respect et la soumission
dus au vouloir de l'inflexible nécessité. Je me figure quelquefois Jean-Jacques Rousseau me disant ici ce qu'il me disait
dans son humble logement rue Plâtrière : *Nous nous faisons*

plus de mal que les autres ne peuvent nous en faire ; le lâche est son propre bourreau. Grand merci, bon et vertueux Jean-Jacques! Cette maxime ne sera point perdue. Je la conserverai précieusement dans mon cœur, je la retrouverai au besoin. Les gens économes ramassent tout parce que, disent-ils, tout sert dans l'occasion ; c'est très bien dit. L'occasion est venue de tirer de mon garde-meuble tout ce que j'y avais serré depuis environ vingt-quatre ans.

Roucher traçait de son compagnon ce portrait humoristique :

Nous n'avons l'un avec l'autre d'autre ressemblance que le malheur ; dans tout le reste, aussi éloignés que le sont les pôles de l'équateur ; lui, croyant à Jésus, à Marie, aux benoîts saints du paradis, et à tous les *Gaude* dont on avait farci à Nevers la tête de Vert-Vert, et, par une suite nécessaire, proscrivant tout, maudissant tout, depuis alpha jusqu'à oméga ; croyant de plus à l'alchimie, au grand œuvre, à la pierre philosophale, dont il me paraît en effet que son gousset aurait besoin, pour l'y substituer au diable de Rabelais. Enfin, et c'est là mon supplice de tous les jours, de toutes les heures, de tous les instants, enfin, dis-je, ressemblant dans toute sa personne, à un vieux *antiphonaire* de village,

Dont la crasse aurait fait une étoffe en glacis.

Mon ami, si jamais pour vous venger d'un grand outrage, vous invoquez contre un méchant un supplice au-dessus des forces humaines, faites d'abord que votre ennemi me ressemble ; et puis, sans vous creuser la tête, obtenez seulement de quelque comité révolutionnaire, que votre homme prenne ma place ; le mien fera votre affaire, de manière que vous n'aurez plus à vous inquiéter de rien. Ah! Sainte-Pélagie!

Sainte-Pélagie! Vous êtes une sale demoiselle. Toutes les sortes de préjugés sont insupportables à l'ambre ; mais à la crasse, c'est pis encore. Je terminerai, mon ami, ma longue complainte par vous rappeler ce vers de Virgile :

Mortua quin etiam jungebat corpora vivis.

Pendant la journée, on empilait les lits l'un sur l'autre, et dans « cette Bastille du règne de la liberté », comme il disait en plaisantant, Roucher trouvait le moyen de travailler, d'étudier, de dormir et de manger comme à son ordinaire.

Au milieu de brumaire, Roucher déménage ; il ne se tient plus de joie. Il écrit à son ami Desherbiers [1] :

Je me suis senti soulagé d'un poids énorme le jour que j'ai quitté mon dégoûtant adepte. J'étais tenté en passant du premier au second de chanter en route, processionnellement, le cantique du passage de la mer Rouge : *In exitu Israël*; j'étais, en effet, condamné à remuer le dépôt fangeux du Nil, au lieu qu'avec le C. Moynat je me suis trouvé tout à coup dans la terre promise.

Le poète s'occupe alors avec plus de plaisir que jamais des arrangements de sa cellule; des tablettes de bois, « les bienheureuses tablettes », supportent ses livres et ses papiers; dans sa famille, chez ses amis, on s'ingénie à lui trouver des adoucissements. Mais, ici encore, nouvelle difficulté. Il faut éviter jusqu'à l'apparence du luxe.

Quant à la bergère de crin dont vous me parlez, elle me serait agréable; mais outre que je ne saurais où la placer pendant la nuit, elle me donnerait une très mauvaise réputation de délicatesse et de luxe. Cet air est très bon à éviter. C'est sagesse que de savoir s'abstenir. Je me suis procuré toutes les

____
1. 19 brumaire, inédit.

aisances qu'il est possible de se donner impunément, c'est-à-dire sans offenser les yeux de personne. Il ne faut pas être si recherché, quand on est esclave et sous la main de la nécessité.

Le croirait-on, la captivité même n'était pas gratuite. Le 21 brumaire, Roucher écrivait à sa fille [1] :

J'ai payé aujourd'hui mon deuxième mois de loyer; car, ici, on paye d'avance [2]. Et puis, il faut arroser de temps en temps la main des personnes qui nous servent, vont et viennent avec une complaisance peu ordinaire.

Le concierge, un nommé Bougeau, était en effet un excellent homme qui aimait à rendre tous les services compatibles avec les obligations de la place qu'il occupait ; et c'est par lui qu'on faisait passer les lettres destinées aux prisonniers.

Roucher se plaît aussi à rendre hommage au geôlier-chef.

C'est, dit-il, un homme né doux et humain; il fait son devoir, mais il en tempère la rigueur par la manière honnête dont il parle et dont il agit.

Le 7 frimaire, nouvelle petite satisfaction : Roucher déménage encore. Il va avoir une cellule pour lui seul, au rez-de-chaussée; c'est la tranquillité, la propreté, presque le bonheur. Il veut que madame Roucher et Eulalie soient de moitié dans sa joie; il fait faire un plan de son cachot par Retout, « de la ci-devant académie de peinture ». La fenêtre est au midi; dans un angle, un poêle roulant; tout près, le

1. Inédit.
2. Ce loyer était de quinze livres par mois pour une chambre à deux ou trois lits ; sans cela, on était logé dans un lieu humide; les prisonniers, nombreux dans chaque pièce, n'avaient que de la paille pour se coucher tout habillés.

bureau ; à l'autre extrémité, un lit de trois pieds de large, en bois de chêne neuf et vernissé.

Sous ma fenêtre, à trois pieds au-dessous, est une sentinelle qui, au moindre besoin, ferait venir et très promptement toute la maison domestique à mon secours.

Et cependant, tout ce confortable est bien relatif. Lorsque Roucher fut transféré à Saint-Lazare, Eulalie obtint de faire le déménagement du mobilier paternel ; elle pénétra dans cette cellule et, dans une lettre, elle en parlait ainsi :

Dieu ! quelle odeur ! quel air étouffé ! quelle atmosphère chargée de tabac, de vin, de... que sais-je encore ? Cette chaleur pesante d'un poêle dans un corridor privé d'air! Oh ! vraiment ! si j'avais su, aussi bien que je le sais à présent, quel antre infect vous habitiez, je n'eusse pas eu de repos sur votre santé. En sortant de là, la citoyenne Lecoq et moi, nous avons éprouvé absolument la même chose. Nous respirions comme ceux qui ont retenu leur haleine pendant longtemps. Si nous sommes éloignés, au moins avons-nous la satisfaction de pouvoir dire : il respire un air pur, sain et bienfaisant. Et puis ces gros, noirs, vilains verrous dont le bruit nocturne affectait douloureusement, soir et matin, les oreilles de mon père, ont disparu. A Saint-Lazare, point de grilles, dit-on ; liberté d'aller en haut, en bas, le jour, la nuit. C'est bien quelque chose. Plus on est loin de l'esclavage, moins le tableau est horrible.

Les prisonniers avaient obtenu la faveur de faire prendre leur nourriture au dehors.

Roucher, dont la captivité avait détruit les ressources, venait de subir une nouvelle perte; la société des libraires de Paris avait fait faillite, et comme le poète ne vivait que du produit de ses entreprises littéraires, ce fut la gêne, sinon la misère. Les domestiques furent congédiés ; la mère et la fille durent s'occuper des soins du ménage. Elles ne voulurent céder à personne le soin de préparer la nourriture du prisonnier.

Tu nous nourris à la brochette, écrivait Roucher à sa fille. Mademoiselle est excellente cuisinière. Elle a beau dire qu'elle n'est qu'un faible lieutenant ; je lui réponds, comme Pompée à Sertorius :

De pareils lieutenants n'ont des chefs qu'en idée.

Ce que c'est que l'érudition ! La belle chose !

On ne s'attendait guère
A voir Ulysse en cette affaire.

Mais, qu'on s'y attendit ou non, il n'en est pas moins vrai que tes potages, tes ragoûts et tes légumes sont bons, très bons et que j'ai grand plaisir à les manger, soit pour moi-même, soit pour la main qui pense à moi en les assaisonnant. Les poètes, dit-on, ont la manie de vouloir tout ennoblir : en conséquence, en mangeant hier dimanche la soupe que tu nous avais envoyée et dont nous faisions un grand éloge, ne me suis-je pas fourvoyé jusqu'à me rappeler la tragédie de Caliste, où une fille, en prenant une coupe empoisonnée que son père lui a apportée, s'écrie pour s'engager à la boire :

Que sais-je ! en préparant ces poisons destructeurs
Peut-être que mon père y mêla quelques pleurs.

Mon imagination a parodié ces vers et contre l'ordinaire la parodie a fait naitre des larmes. Adieu, ma fille bien-aimée.

Roucher partageait assez souvent ses repas avec Cha-broud, l'ancien constituant ; c'était une économie et une distraction. Parfois, aussi, il y avait fête ; témoin ce billet :

Demain, point de comestibles nouveaux ; demain, jour de fête pour moi ; demain, *je dîne en ville : oui, en ville :* du n° 31 où je loge, j'irai au n° 28, où habite le citoyen Lamothe à six pas, dans le même corridor.

Dans toutes les visites qu'ils se faisaient, les détenus s'offraient quelque chose ; et Roucher gratifiait ses amis d'une vieille eau-de-vie, célèbre dans toute la prison, en retour du café dont on le festoyait partout à sa grande satisfaction.

La nourriture, préparée par la femme ou par la fille du poète, était apportée tous les jours à la prison, par une commissionnaire, la *donna apportatrice* que l'une de ces dames accompagnait avec la secrète espérance, quelquefois réalisée, d'entrevoir le prisonnier pendant quelques minutes.

Roucher écrivait à son fils, alors âgé de cinq ans, des lettres où il se mettait à la portée de cette jeune intelligence, mais où il laissait percer, malgré lui, une profonde mélancolie [1].

Tu porteras ces lettres sur ton cœur, lui écrivait-il, et tu te souviendras que papa les a écrites du fond d'une prison. Quand tu seras grand, tu sauras que papa ne l'avait point mérité.

Avec sa fille, sa correspondance est tout autre, bien entendu. Il n'a plus qu'un rêve, c'est d'achever son éducation.

Tu sais bien de quel œil nous avons vu l'aloès, lorsqu'il a poussé sa belle tige et qu'il a promis de fleurir cette année ; nous allions épier chaque jour sa croissance et nous nous disions : Qu'il sera beau ! quel spectacle charmant lorsqu'il se montrera chargé de plus de mille fleurs ! Je n'ai pas besoin de te montrer l'autre terme de ma comparaison, tu le devines et tu entends mon silence.

1. Inédit.

Il veut surveiller tous les progrès de sa fille ; les lettres d'Eulalie peuvent le satisfaire sur presque tous les points. Cependant, il voudrait savoir où en est son dessin et il en demande un pour orner sa cellule. Eulalie s'excuse de ne pas avoir encore répondu au désir de son père et elle en donne les raisons :

Dans tout ceci, mon amour-propre est bien coupable. Il m'a présenté M. Robert [1] en épouvantail. La sotte chose, quand j'y réfléchis, que cet amour-propre ! Il est la cause de bien des sottises, témoin celle-ci.

Roucher voulait faire de sa fille non pas une femme savante, mais une femme instruite, sensée, doucement sérieuse, « capable d'entrer dans les goûts ou dans les études d'un mari ou d'un père ; qui, sans quitter son aiguille, pût s'arrêter un instant, comprendre toutes les pensées et donner un avis naturel [2] ».

Aux objections de la famille qui disait : « A quoi cela mène-t-il une femme ? » Il répondait :

Laissez la croître, se développer complètement au terme de sa vingtième année et vous nous jugerez alors tous les deux.

Et une autre fois :

Oui, tu arriveras, j'en suis sûr, au bien pour lequel tu es née et que je voyais, moi, bien plus prochain que d'autres ne le jugeaient ! Qu'on vienne me dire à présent ce qu'on m'opposait quelquefois : *mais* vous la gâtez ; *mais* vous ne ferez que fortifier les défauts que met en nous la nature ; et puis cent autres

1. Le peintre Hubert Robert qui, comme nous le verrons tout à l'heure, fut un compagnon bien précieux pour Roucher à Sainte-Pélagie et à Saint-Lazare.
2. Sainte-Beuve, *Premiers Lundis*, IX, p. 473.

mais que la bouche de nos amis ne disait pas ; leurs yeux y
suppléaient ; et ces yeux je les entendais. Mais j'entendais
aussi une voix intérieure qui parlait plus haut. J'ai donc con-
tinué d'aller mon train, et bien m'en a pris. Minette est prête
d'arriver où je dois trouver écrit en gros caractères très
lisibles à tout le monde : *Justification d'un père,* ou bien
encore : « Attendez cette âme que j'ai cultivée, vous tous qui
redoutez pour elle que je n'en aie fait ni un homme ni une
femme ; je vous dis, moi, que ce sera la femme fortifiée par
l'homme, et l'homme adouci par la femme. »

Sainte-Beuve l'a dit avec éloquence ; il y avait là une
sorte d'hérédité domestique :

Elle ne faisait qu'obéir à l'esprit de famille. Il faut lui
passer d'être érudite comme à la fille de Pythagore d'avoir été
philosophe, comme à la fille de l'orateur Hortensius d'avoir été
éloquente, comme à la fille du grand jurisconsulte Accurse
d'avoir excellé dans le droit. De telles vocations filiales n'ap-
portent point le trouble dans les mœurs de famille ; elles ne
font, dans l'exception, que les continuer et les confirmer.

La vie entière d'Eulalie, toute dévouée aux devoirs de la
famille et au culte des lettres, a pleinement justifié les espérances paternelles ; Roucher lui-même put, de son vivant,
recueillir les premiers fruits de cette plante aimable et gra-
cieuse.

Comme l'a dit un critique des plus autorisés :

On retrouve dans les lettres de la jeune personne tout
l'esprit du père, embelli de ces accents si purs, si aimants qui
ne peuvent émaner que du cœur d'une fille. Ses lettres étaient
remplies d'esprit, de délicatesse et de sentiment ; Eulalie annonçait déjà dans son style ce qu'elle devait être un jour[1].

---

1. Au mois de juin 1834, deux articles très importants parurent
dans le *Moniteur* et dans le *Constitutionnel* ; on y rendait un élo-

Cette jeune fille, « à la taille bien prise, dont les beaux yeux reflétaient la vivacité et l'esprit, n'avait pas encore dix-huit ans, a dit un contemporain, lorsqu'elle traçait ces chefs-d'œuvre de sentiment et de style. Cette jeune raison dont un pieux et tendre ministère semble avoir avancé la maturité; ce coloris de pensée et d'expression dont l'éclat se nuance d'une douce mélancolie en conservant toute sa fraîcheur; ce savoir solide et varié qui se produit avec modestie, comme un hommage à l'instituteur d'où il vient; cette grâce attentive qui, sans affecter la moindre recherche, et sans rien perdre de sa naïveté, paraît néanmoins plus empressée à valoir tout son prix destinée à donner le change aux angoisses paternelles; voilà ce qui est resté et restera toujours dans le souvenir de toutes les âmes sensibles; voilà ce qui imprime à ce monument littéraire une physionomie qui lui est propre. La correspondance de madame de Sévigné avait fait voir tout ce que la tendresse maternelle peut renfermer d'inspirations; celle d'Eulalie Roucher prouve que la piété filiale est aussi une muse. »

Ce que Roucher lui recommande avant tout c'est la modestie :

Les bonnes qualités pour paraître dans leur beau jour doivent se montrer dans ce cadre, et j'ai vu avec plaisir que nos amis remarquaient que les tiennes n'en sortaient pas... La modestie et le talent, lui disait-il une autre fois, quelle charmante association! Crois-moi, elle est bien vite saisie dans le monde, et celui qui est toujours prêt à refuser ce qu'on a l'air de lui demander avec empire, accorde sans peine ce qu'on ne lui demande pas. C'est donc même un amour-propre bien entendu qui nous enseigne à ménager dans les autres cette maladie de tous.

quent hommage à « cette mémoire qui vivra dans le monde litté-raire ».

Necker disait à sa fille : « Vos talents m'effrayent. » Roucher plus sage donnait des conseils à la sienne en ajoutant : « Les lumières que tu acquerras, tu en feras des vertus. »

Il la met en garde contre tous les défauts du cœur et toutes les mesquineries de l'esprit ; pour la détourner de l'envie, cette basse passion, il lui raconte ce trait :

Voilà comme en fut punie une femme de beaucoup, oui de beaucoup d'esprit, l'ambassadrice de Suède, fille du ministre Necker.

Vous m'assurez, disait un jour celle-ci à un de ses amis très intime, *que vous me trouvez très aimable, que vous m'aimez ; mais vous donnez sur moi la préférence à madame de Flahault.* L'évêque, homme aussi de beaucoup d'esprit, mais de cet esprit qui circule en petite monnaie de bon aloi, se défendait gaîment et de son mieux. La dame insiste, le presse de tout son amour-propre, et le mettant au pied du mur : *Avouez*, ajouta-t-elle, *que si vous, elle et moi, nous étions seuls dans un bateau, et que le bateau chavirât, je ne serais pas la première que vous songeriez à sauver.* L'évêque, un peu embarrassé, d'abord reste muet ; puis tout à coup d'un ton qui se devine : *Mais, madame, vous avez l'air de savoir mieux nager.*

On rit, mais la dame qui avait provoqué la plaisanterie ne fut pas la première à rire.

S'il veut corriger sa fille et ce que son caractère avait parfois d'un peu rude, il lui cite comme modèle saint François de Sales, « qui n'est connu aujourd'hui des philosophes que par son aimable douceur, vertu dont il est devenu le type ». Et il profite de cette occasion pour dire qu'Alexandre et Charles XII sont, à côté de ce saint, « deux infiniment petits ».

Pour arriver à la perfection il faut régler l'emploi de son temps, et il entre là-dessus dans les plus grands détails.

Voici à peu près comme je conçois la distribution de tes heures. Le matin deux heures de dessin, une heure d'anglais, et une heure de français. L'après-midi, une demi-heure d'italien, suivie de notre correspondance. Il faut, sans différer, contracter l'habitude d'écrire couramment ta langue, pour te faire comme un instrument capable de suffire à l'entretien de ta vie, et de l'honorer par surcroît. J'ai cru bien faire de ne pas te destiner à des occupations manuelles qui donnent aux femmes une si chétive existence. Exciter en toi les dispositions de l'esprit, pour t'en faire une ressource utile et honorable, m'a paru un soin plus digne de toi et de moi ; mon ouvrage est fini à peu près, il faut maintenant que le tien commence.

Tu es occupée aujourd'hui de l'ouvrage de Prior, et tu peux te promettre d'en faire une bonne traduction. Moi, pendant ma captivité, je vais tâcher d'achever celle de Thomson. Nous réunirons ensuite notre travail mutuel, et nous l'imprimerons. Je me fais une bien douce jouissance d'associer *Jean-Antoine à Eulalie Roucher*.

Dans cette correspondance, Roucher aborde avec sa fille les sujets les plus divers ; son éducation était empreinte de l'esprit le plus large, le plus philosophique. Un jour, la jeune fille en abusa. Livrée à elle-même, elle avait pris, dans la bibliothèque le roman de Werther. Naïvement, avec une grande franchise, elle l'avait raconté à son père et celui-ci l'en avait reprise dans une lettre charmante :

Ma chère enfant, je te dirai que tu as mal fait de lire *Werther*. Tu penses que tu es déjà en âge de tout lire, et tu as raison, pourvu que tu en exceptes les romans. Tu es encore trop jeune, ma bien-aimée, pour tirer de ce genre de lecture tout le fruit qui s'y trouve enveloppé. Ce n'est pas là l'aliment le plus salutaire à l'âge où tu arrives ; on risque alors de n'en extraire que le poison, c'est-à-dire de ne s'accoutumer à voir le monde qu'à travers un prisme qui embellit tout, même le vice, ou du moins le crime, ou du moins les faiblesses pour lesquelles l'art du romancier est d'obtenir de nous un grand intérêt. Les romans, ma chère fille, exercent trop la sensibilité, la tiennent trop en action, enseignent trop à lui donner le pas sur la raison. Jean-Jacques Rousseau dit qu'il apprit à lire dans les romans, et il appelle cette méthode dangereuse. Attends quelques années encore, ma chère enfant, attends la plénitude de ton développement moral. Ce terme doit arriver, pour toi, plus tôt que pour tout autre; alors tu pourras te livrer au charme de cette lecture. Le danger cédera la place à l'utilité.

Roucher, sous les verrous, ne s'absorbait pas uniquement dans cette éducation; il est toujours l'homme bon et charitable d'autrefois. Un jour, il recommande à sa femme un vieillard de soixante et onze ans, nommé Parmentier, « connu par quelques ouvrages médiocres, mais qui sont d'un homme de bien, cultivant les lettres pour son plaisir ». Le lendemain, il réclame une paire de souliers pour un pauvre détenu; une autre fois, il revoit des vers qu'un prisonnier veut adresser au président de la Convention.

Il passe toute sa soirée à corriger le mémoire d'un de ses compagnons d'infortune[1] :

Me voici assis au grand poêle, au milieu de vingt ou trente personnes dont les unes parlent, les autres font leur cuisine sur des fourneaux, quelques autres rangées autour d'un lit de sangle déployé jouent aux cartes. Jamais, il n'y eut d'emplacement moins propre à écrire... Tu recevras au premier jour la visite d'un de nos codétenus, accusé d'accaparement de cuirs et qui, hier matin, à quatre heures, a été solennellement acquitté avec son frère par le tribunal criminel. Il s'appelle

1. Inédit.

Salleron. Je le connais depuis 1791 comme l'un des plus purs, des plus délicats et honnêtes hommes qui existent... Je leur avais prêté ma cellule toutes les fois qu'ils avaient eu besoin d'une retraite pour voir leurs femmes et leurs défenseurs. Ils sont venus nous voir ce matin ; on les a embrassés avec une effusion de cœur qui était bien due à leur vertu.

Dans une autre circonstance, Roucher se fit le promoteur d'une bonne action qu'il a spirituellement racontée à sa fille dans la lettre suivante :

Maintenant, il faut, ma chère amie, que je te fasse entrer, pour t'égayer, dans les petits incidents de notre vie à Saint-Lazare. C'est une fenêtre qui s'ouvrira pour toi sur les honteuses faiblesses du cœur humain.

Il nous est arrivé, pour commensal de notre corridor Germinal, une femme danseuse autrefois à l'Opéra, et riche aujourd'hui d'une fortune qui ne sera jamais celle d'une beauté innocente. D. Dervieux, c'est le nom de la nymphe, a des restes de charmes, de beaux yeux, une taille élégante, de la vivacité, de l'enjouement et même de la décence.

Elle passait la soirée dans la chambre en face de la mienne, et dans laquelle j'étais le soir où tu m'entendis te parler. Robert et moi nous nous réunissons là à un certain nombre d'amis qui vivent ensemble ; la curiosité nous conduisait. Bel et gracieux accueil nous est fait. La conversation s'engage sur des objets qui nous frappent désagréablement tous les matins, sur la soupe ou plutôt sur la pâtée qu'on promène dans les corridors, au fond d'une sale marmite, et qu'on distribue à ceux qui n'ont que la charité nationale pour vivre. Je raconte alors ce que j'ai vu. L'ex-bénédictin *Malitourne*, homme respectable, âgé de soixante-sept ou soixante-huit ans, ci-devant procureur général de la riche congrégation de Saint-Maur, c'est-à-dire administrateur d'une immense fortune ; je l'avais vu sortir de sa chambre, à pas de vieillard, portant entre ses deux mains sur sa poitrine une mauvaise assiette, comme un diacre porte une patène, et aller à la marmite recevoir sa subsistance que j'appelle son *viatique*. Je fais passer dans toutes les âmes, plus sans doute par ma physionomie que par mes paroles, le sentiment pénible dont j'étais affecté encore, quand Dervieux s'écrie : *Eh bien! allons au secours de ce brave homme ; qu'on passe dans la chambre voisine, qu'on revienne ici l'un après l'autre ; chacun m'apportera son offrande. J'ajouterai ensuite ce qu'il faudra pour compléter un assignat de cent livres.* Et zeste, elle éteint les lumières qui sont devant elle. On se retire dans la chambre voisine pour fouiller dans les portefeuilles.

Chacun apporte son tribut dans l'obscurité ; ce qu'il donne n'est pas connu, l'amour-propre est à l'aise. On rallume, on compte, et il se trouve dans le giron de la belle, cinquante-cinq livres ; elle ajoute à l'instant quarante-cinq livres. Il n'est plus question que de faire porter cette somme à son adresse, sans blesser d'aucune manière la délicatesse du vieillard. Dervieux s'en charge encore; elle dit son projet. C'est le génie de la bienfaisance qui l'inspire ; voilà qui est dit. L'un des assistants qui, par parenthèse, en va faire sa femme, me regarde et dit : « Ceci ne se passera pas sans un quatrain, j'en suis sûr. » Je fais semblant de ne pas entendre.

Le lendemain, pendant que je me coiffe, ce mot me revient ; mais je suis marié, père de famille, j'ai quarante-neuf ans. Dans cette position faire des vers à une actrice! il y a là, peutêtre, quelque disconvenance, pour moi surtout qui fus toujours très réservé dans le choix de mes vers. N'importe! une bonne action est digne d'éloge, et puis, un quatrain ne tire pas à conséquence ; le voilà donc fait.

A mes compagnons d'infortune, sur la citoyenne Dervieux.

> Vous aimez son sourire, et sa grâce, et ses yeux ;
> Moi je les aime aussi; mais ce qui plus me touche,
> C'est d'entendre son cœur, alors que, par sa bouche,
>   Il plaide pour les malheureux.

Je le communique à Chabroud ; le sage l'approuve et les vers sont partis, mais signés *Malitourne*. Moynat les avait vus aussi et même approuvés ; surtout, il avait souri à l'idée de la signature du vieux prêtre devinant sa bienfaitrice qui se cache. Mais le pauvre Moynat a toujours eu, je crois, Dieu me le pardonne ! au fond du cœur, un petit vilain je ne sais quoi, qu'en bonne conscience je ne puis nommer jalousie. Il est impossible, ou du moins il est contre la nature ordinaire de l'homme, qu'inconnu et condamné à vivre et à mourir inconnu, non pas à défaut d'intelligence, mais de talent ; que bavard comme un vieux avocat de sept heures, et presque aussi ignorant qu'un vieux prédicateur capucin, Moynat se soit avisé, un beau matin, de se croire quelque chose. Cependant le petit homme s'est *piété*, quelquefois, pour essayer de se donner un demi-pouce de plus. Alors il a fait, comme Émile quand d'en bas il me regarde, se mesure à moi des yeux et n'ose me dire : *Papa, j'ai ta taille*. Dans cette disposition habituelle d'esprit, mon pauvre chambrier a trouvé sur son chemin des malins qui ont surpris son secret, ont voulu se faire un jeu de le mettre en évidence, et cela fondé sur ce principe que

Les sots sont ici-bas pour nos menus plaisirs.

Ils l'ont donc poussé vers son penchant favori, et pour s'en amuser, pièce en main, lui ont conseillé d'écrire une longue lettre, moitié vers, moitié prose, sur Dervieux. Le nigaud a pris la balle au bond, et le voilà lancé. Je le vois griffonner deux jours entiers, assidûment soir et matin, lui, l'être le plus inoccupé des hommes qui savent lire. J'ignorais le grand objet de ses longues méditations.

Vendredi dernier, sur les cinq heures du soir, avant de me remettre à l'ouvrage, je vais passer un quart d'heure chez Dervieux. Nombreuse compagnie que grossissait Moynat. — *Vous venez bien tard*, me dit-on. — Ce mot m'étonne ; nulle de mes habitudes ne l'autorise. Quelques minutes après, l'un des embaucheurs de Moynat tire un papier qu'il remet à

Dervieux ; Dervieux le lui rend et dit : « Lisez vous-même. »
J'écoute. Ce sont des phrases mesurées, et non mesurées sur
les charmes de la belle, et surtout sur son esprit ; le tout
entremêlé de critiques sur le quatrain, ce fameux quatrain.
A la vérité, elles sont comme honteuses de paraître ; il n'y a
que le bout de l'oreille qui perce. Tous les visages étaient
sereins ; la face de Moynat était seule soucieuse, assez même
pour que je le remarquasse. Je vois défiler des vers qui
m'ont l'air d'arriver tout droit de la rue des Lombards, juste
de chez *le Fidèle berger*. Je remarque surtout les *plaisirs et
les ris*.

La lecture achevée, je conviens bonnement qu'il m'eût été
possible de faire de jolis vers sur l'esprit de Dervieux, même
en n'empruntant qu'une portion de cet esprit, et nous en restons là. Les malins s'imaginaient, sans doute, que je défen-
drais mon quatrain ; mais le riche ne court pas après un de-
nier. Moynat se retire, et quelque temps après, je me retire
aussi et rentre sous mon paravent. Je range à mon ordinaire
mon bureau pour travailler. Parmi les papiers qui l'embar-
rassent, je trouve un chiffon écrit d'une main qui n'est pas la
mienne ; c'est celle de Moynat. J'y lis trois vers griffonnés,
raturés, et je retrouve précisément *les plaisirs et les ris du
fidèle berger*. Oh ! je l'avoue, ma chère Minette, j'éprouvai alors
un sentiment de vive indignation. Quoi ! nous vivons ensemble, je lui montre toute la journée mon estime pour ses
bonnes qualités, je vais même la montrant aux autres ; il n'a
qu'à se louer de mes procédés ; il est mon débiteur, et je le
mets sans cesse à l'aise sur ce point ; tout ce qu'il est en moi
de faire pour mettre quelque agrément dans notre situation,
je l'ai toujours fait et même avec empressement ; et j'en reçois
ce beau loyer. Allons ! point de grâce ; il a cherché le ridicule,
eh bien, qu'il le trouve ! Et trois minutes après me voilà portant un petit papier de ma façon aux malins chez lesquels
Moynat jouait alors et se croyait bien sûr de l'incognito. Je
donne mon papier à lire. A mon tour leste et gai, je vois
qu'on pressent ce qui va arriver.

On regarde Moynat. Moynat seul ne rit pas, il attend d'un œil ouvert, inquiet. On m'invite moi-même à lire et je lis.

A la citoyenne Dervieux.

Tamony se tuant à louer votre esprit,
Vers ce terme en forçat rame et ne peut l'atteindre
Le malheureux! il est moins à blâmer qu'à plaindre :
Né pour verbaliser, en verbal il écrit
Ce que d'un mot le goût sait peindre.

On avait deviné tout d'un coup l'énigme de l'anagramme. Un rire fou part de tous les côtés. L'un des malins s'écrie : *Tire-t'en, Moynat?* et le rire redouble.

L'œil de Moynat ne sait plus où se reposer. Pour sortir d'embarras, il se met à louer l'épigramme. — Ce sont les meilleurs vers que vous ayez faits de votre vie! me dit-il. — Non pas, mon ami, lui répliquai-je ; les meilleurs, les voici :

A la citoyenne Dervieux.

Vous plaire c'est le but par Moynat envié
L'atteindra-t-il? non ; c'est Moyse
Qui, fou de la terre promise,
Mourut sans y mettre le pié.

Le rire devient alors convulsion. Je m'échappe et retourne gaiement à mes livres.

Mais le lendemain matin, je m'en vais trouver les deux coryphées de la société maligne. Je leur dis qu'ils doivent, par pitié pour Moynat, laisser les choses au point où elles en sont ; que j'estime mon co-chambrier, qu'il n'y aurait pas générosité de ma part à me battre, à armes aussi inégales, contre un malheureux étourdi qui n'a ni bec ni ongles. J'ajoute que moi, je veux vivre en paix, et qu'il est indigne d'eux de porter ainsi le glaive entre deux êtres qui vivent en paix ; que du reste, si Moynat grouille encore, à ma connaissance, je mettrai sur leur compte l'écorché que j'en ferai, une dernière fois pour toutes. Je ne sais si mon sermon a converti; mais Moynat me parait amendé et vit tranquille, et je ne le troublerai dans ce bienheureux repos.

Moynat qui était un excellent homme n'en voulut pas à Roucher; le 9 Thermidor le rendit à la liberté. Quant à Eulalie, elle ne répondit que par ces simples mots: « La leçon donnée au *fidèle berger* a été un peu forte; espérons qu'il en profitera. »

Les plaisirs de la société n'étaient donc pas tous bannis de cette vie des prisons. Dès les premiers jours, Roucher avait retrouvé deux amis des jours heureux; la charmante madame de Bonneuil et le célèbre peintre Hubert Robert.

Ici, écrivait-il le 22 vendémiaire[1], nous nous voyons tous librement depuis huit heures du matin jusqu'à huit heures du soir. C'est donc douze heures de retraite ou de sommeil.

... J'ai salué de loin madame de Bonneuil qui n'est ni moins belle ni moins aimable qu'avant sa captivité.

L'amie d'André Chénier, qui avait alors quarante et un ans, avait trois filles qui pleuraient leur mère; l'une d'elles était déjà mariée au poète Arnault, et une autre, plus ravissante encore que sa mère, allait être bientôt madame Regnauld de Saint-Jean d'Angely, si célèbre sous l'empire par sa grâce et sa beauté. Transférée de Sainte-Pélagie aux Anglaises, vers le temps où Roucher quitta sa première prison, madame de Bonneuil, qui depuis plusieurs mois n'avait pas revu Chénier, eut, du moins, la consolation de penser que les deux poètes s'étaient entretenus d'elle sous les verrous de Saint-Lazare.

Eulalie, un jour, avait porté à son père un bouquet de

____
1. Inédit.

fleurs cueillies dans une herborisation et Roucher lui avait répondu par des vers charmants qui faisaient le tour des corridors[1]. Madame de Bonneuil connaissait Eulalie ; elle voulut avoir, de la main du poète, une copie des stances adressées à sa fille.

Le lendemain, elle les recevait avec cet envoi[2] :

> Je parle dans ces vers du doux éclat des fleurs,
> Et de ce doux éclat vous êtes embellie ;
> Je parle dans ces vers d'une fille chérie,
> Et d'en posséder trois vous goûtez les douceurs.
>   A ces deux titres, j'ose attendre
> De vous quelqu'intérêt et quelques pleurs aussi ;
> De Bonneuil, de nouveau, va se montrer ainsi
>   Et belle femme et mère tendre.

Madame de Bonneuil remercia le poète.

La citoyenne Bonneuil, écrivait Roucher à Eulalie[3], m'a répondu par un billet très honnête, très aimable, en y ajoutant le portrait de sa fille Laure, peint par une autre de ses filles, portrait que je ne lui ai pas encore renvoyé quoiqu'elle l'attende. Je voudrais y ajouter un quatrain, mais ma Minette a tari la source des bons vers chez moi. Je doute fort que j'en fasse encore ici qui vaillent les stances à ma fille.

Roucher se trompait ; il devait faire encore sous les verrous un quatrain immortel.

Les relations continuèrent entre le poète et madame de Bonneuil pendant tout le temps de leur détention commune. Échange de visites et de pensées, de livres[4] et de dessins ;

1. On trouvera cette pièce à l'appendice.
2. Inédit.
3. Inédit.
4. Entre autres ouvrages, Roucher prêta à madame de Bonneuil *Clarisse Harlowe*.

c'était la vie du monde qui reprenait derrière les grilles des cachots.

Hubert Robert, le peintre des ruines, l'ancien élève de l'école de Rome qui s'était perdu dans les catacombes et avait failli y mourir de faim, était, lui aussi, détenu à Sainte-Pélagie. Il était incarcéré pour avoir négligé de renouveler sa carte de citoyen !

Dans l'impossibilité de continuer ses travaux, il s'amusait à peindre, dans le fond des grossières assiettes, sur les tables ou sur les dossiers des chaises de la prison.

Roucher, qui le connaissait de longue date, fut heureux de cette rencontre ; sa première idée fut de procurer des livres à son ami.

Il écrivit à Eulalie :

Il faut prendre dans le corps de ma bibliothèque qui ferme ta chambre, le *Voyage en Égypte*, de Savary. Un artiste célèbre dans un art que tu aimes, le citoyen Robert, est ici. Il s'ennuie complètement ; car un peintre ne peut pas travailler partout comme un homme de lettres ; il faut au premier de l'espace et du jour, deux petites nécessités de la vie dont nous n'avons pas ici notre suffisance. Il veut lire, ne pouvant peindre ; et comme son imagination se plaît à errer à travers les ruines, à travers l'antiquité qu'il a si bien l'art d'animer et d'éterniser, envoie-lui cette fameuse Égypte dont la vie passée se retrouve si bien dans Savary. Il faut, ma bonne amie, consoler le génie attristé. Les Goths et les Vandales ne connaissaient pas cette maxime de goût et de philosophie ; mais nous, mais toi, qui as appris à respecter la fleur de l'espèce humaine, fais, par ta promptitude, hommage de ton admiration. Je serais même d'avis que tu ajoutasses un mot de ta main sur un papier adressé à cet honnête et grand artiste. Point d'effort pour cela ; laisse-toi aller, et tu iras bien.

Eulalie s'exécuta dans la lettre suivante :

Au citoyen Robert,

Vos pinceaux, monsieur, ont excité souvent ma sentimentale, mais ignorante admiration. Combien de fois ai-je envié ce degré de savoir qui m'aurait mise à portée de les apprécier à leur juste valeur ! Un peu de goût, peut-être aussi quelques dispositions pour cet art charmant que vous professez, ont été mes seuls guides. Le vrai talent trompe l'ignorance, je m'en suis aperçue. En contemplant l'ouvrage du génie, on croit savoir quelque chose ; mais bientôt on reconnaît l'illusion flatteuse, et la sotte vanité peut seule s'y méprendre.

Mon papa m'a appris hier que vous étiez son compagnon d'infortune ; il faut tenir compte à la destinée du peu de bien qu'elle nous fait, au milieu des maux dont elle nous comble. Je lui sais donc gré de vous avoir donné Sainte-Pélagie pour prison, au lieu de toute autre. En tous lieux, dans tous les temps, le génie s'entend avec le génie ; ils parlent une même langue, et quoique leur carrière soit différente, ils arrivent au même but. Vous me pardonnerez, sans doute aisément, monsieur, l'éloge que je fais ici de mon père, si vous avez une fille. Je joins à cette lettre, faible témoignage du plaisir que j'ai éprouvé en regardant vos ouvrages, les lettres sur l'Égypte, de M. Savary, que mon papa m'a demandées pour vous. Tandis que votre imagination accoutumée à réaliser si bien les objets, vous transportera dans ce pays, aujourd'hui le vaste tombeau de tant et tant de merveilles, au pied de ces masses, orgueilleuses rivales du temps, de ces pyramides, vieux ossements de l'antiquité ; tandis que vous suivrez, pas à pas, l'auteur dans ses aimables et riantes excursions à Rosette, et dans les environs du Caire, vous oublierez un moment les verrous et les grilles de Sainte-Pélagie.

Le grand artiste ne voulut pas être en reste avec la jeune fille et il lui répondit [1] :

1. Cette charmante lettre est inédite.

Sainte-Pélagie, 15 brumaire an II.

Il n'est pas possible, mademoiselle, de mettre plus de grâces, ni plus d'obligeance dans vos envois et dans vos lettres ; celles que vous adressez à votre cher papa sont si pleines de tendresse et de sensibilité qu'on ne peut les lire ni les entendre sans les baigner de larmes. Qu'il y a de grâces à rendre à la destinée qui lui a réservé, pour ce moment-ci, une consolation si précieuse ! J'avais, ainsi que lui, des enfants dont le cœur aurait peut-être ressemblé au vôtre ; mais hélas ! le ciel ne m'a conservé que leur mère qui a usé dans la douleur l'habitude de les avoir à son côté et qui aura le regret éternel de n'avoir pu soigner que leur enfance.

Je vais donc, grâce à vos soins obligeants, parcourir encore une fois l'Égypte avec Savary. Si, dans ce voyage et parmi ces débris imposants qui paraissent avoir défié le temps et la nature, je rencontre quelques plantes intéressantes, je regretterai de ne pas vous avoir avec moi pour profiter des connaissances qu'une étude suivie vous en a données ; mais j'irai me délasser dans la cellule de votre papa de mes courses aux Pyramides et c'est avec lui que, oubliant les verrous de Sainte-Pélagie, je profiterai de ses aimables entretiens et joindrai l'avantage de m'instruire à la douceur d'y parler de vous et de votre chère maman. Quoique je n'aie pas l'honneur de la connaître, je lui demande la permission qu'un artiste sexagénaire adresse la pureté de ses sentiments aux grâces de votre âge et à la sensibilité de votre cœur.

Cette correspondance se renouvela plusieurs fois pendant la captivité ; et c'est ainsi qu'Eulalie fut chargée par le peintre de rechercher dans le *Dictionnaire historique* les particularités biographiques sur la sainte qui portait le nom de Pélagie.

C'était une intimité de tous les jours entre les deux prisonniers et comme le petit Émile était venu passer une

journée à la prison, Roucher avait invité le peintre à partager son repas. Il avait demandé chez lui un service plus
complet et plus recherché, en ajoutant :

> Les malheureux ne font point abstinence ;
> En enrageant, on fait encore bombance.

C'était le soir qu'on se réunissait de préférence. Tous les
sujets étaient abordés par ces hommes faits pour se comprendre et s'estimer.

La vertu, l'esprit et le goût font le bonheur. C'était là,
hier au soir, entre Robert et moi, le sujet de notre conversation ; nous nous félicitions mutuellement du bien que nous fait
la culture des arts. Il n'y a guère d'heureux que nous, à Sainte-
Pélagie, disions-nous, car nous travaillons ; et comme l'esprit
humain est heureusement trop peu libre pour être à la fois
aux pensées du malheur et du bonheur, dans le même instant,
il se trouve qu'en multipliant les heures laborieuses, nous
avons encore, en sus de l'oubli de nos maux, des jouissances
d'autant plus pures qu'elles sont intellectuelles. Nous aurions
pu ajouter, en surcroît de bonne fortune, que nous avons la
faculté de nous rendre compte de nos jouissances et de leur
donner ainsi une plus grande intensité de saveur.

C'est une excellente trouvaille partout, mais plus encore à
Sainte-Pélagie, qu'un homme de l'esprit et du talent du citoyen Robert. Il va semant la conversation de pensées, d'anecdotes, de sentiments qui réveillent, amusent et attachent. Il
me racontait qu'ami intime de Vernet, ils allaient ensemble
deux fois tous les ans, comme en pèlerinage, vers la belle
nature dans les jardins de Sceaux et de Saint-Cloud, les deux
jours de fête de ces beaux lieux, au milieu de tout Paris qu'ils
y voyaient rassemblé dans les atours les plus aimables de l'é-
légance. Ils erraient, saluant leurs nombreuses connaissances,
mais n'en abordant aucune ; observant d'un œil studieux ce
tableau mouvant et si varié, ce mélange magnifique de tous

les objets de la nature parée, embellie et **perfectionnée par la
société**. La verdure des gazons, le feuillage des bois, l'éclat,
le bruit, le jeu des eaux qui serpentaient, s'étendaient, tom-
baient, s'élançaient, montaient en jets, roulaient en cascades,
bondissaient, écumaient, les coups de lumière qui souvent
perçaient le touffu du feuillage, épaississaient, par le contraste,
les ombres éloignées et les projetaient des hauteurs sur les
fonds ; et tout cela embelli encore par l'âme que donne à la
campagne l'esprit de l'homme, sous les habits du bonheur ;
voilà ce que Robert me peignait, car il peint toujours. Vernet
et lui, à ces deux époques de l'année, dans la belle saison,
remontaient les ressorts de leur génie ; c'étaient deux jours de
récolte, de riches moissons.

> L'âme est un feu qu'il faut nourrir,
> Et qui s'éteint, s'il ne s'augmente.

Ils le savaient, nos deux artistes, aussi bien que Voltaire, et
poètes comme lui, ils l'eussent dit de même. Ceci me rappelle
un conseil que je me suis permis de donner à un jeune homme
ici en prison avec moi et que j'appelle *mon aide de Smith*. Je
venais de lui lire ma lettre sur la taverne anglaise. Tu sais,
sans doute, ce que je veux dire. Ces vers lui plurent beaucoup ;
il me le dit et ajouta : — *Vous n'aimez donc pas ce genre de
scènes? pour moi, je l'avoue, elles me plaisent.* — J'en suis
fâché, lui répondis-je ; à votre âge, il faut ne s'environner que
des images du beau, il faut en peupler sa pensée. L'imagination se gâte et se salit de la présence des objets communs et
bas. Recherchez l'homme dans sa dignité, tandis que votre
goût n'est point encore à sa perfection ; quand vous serez tout
ce que vous devrez être, alors vous pourrez regarder tout sans
risque. » Je suis bien sûr que ma Minette est de mon avis ; sa
lettre d'hier m'a prouvé qu'elle sent vivement le beau et qu'elle
le savoure.

Il y avait échange d'amabilités entre le poète et l'artiste :
Roucher composait des vers pour son ami :

Je ne suis pas fâché, écrivait-il, de marquer ma carrière littéraire par l'époque de mon emprisonnement. Quand mes enfants
jouiront du spectacle de la liberté consolidée et que je ne serai
plus avec eux, ils liront mes vers et s'attendriront encore sur
leur père injustement détenu.

Malheureusement, Roucher ne put qu'ébaucher ces quelques vers [1] :

> Vous souvient-il de ces femmes jolies
> Qu'offrait le monde en ses cercles brillants ?
> Nous admirions les piquantes saillies
> De leur esprit ; leurs manières polies ;
> Et ce goût pur, arbitre des talents.

Le peintre, en retour, dessinait pour son ami. Il avait
pris une de ces petites feuilles de papier sur lesquelles Roucher écrivait à sa famille. Il y avait tracé deux têtes de
femme et écrit en dessous « Patience », « Espérance ». Le
poète les accompagnait de ce commentaire [2] :

La mère et la fille se regardent ; ainsi l'a voulu le citoyen
Robert. Ces deux têtes ont de l'expression et cependant elles
sont l'ouvrage de deux traits de plume courants. Minette conservera, je l'espère, ce petit monument de la captivité d'un grand
artiste, honnête homme et bon citoyen.

En attendant les dessins si intéressants qui seront faits
dans les couloirs ou dans la cour de Saint-Lazare, voici
comment l'artiste a mis à exécution le projet que nous connaissons déjà :

Le citoyen Robert a fait un dessin charmant de sainte
Pélagie. On lui avait envoyé d'autre part quelques détails his-
toriques qui représentent cette sainte aimant à se promener et

1. Inédits.
2. Inédit.

à rêver sur la fragilité des choses humaines, au milieu des monuments en débris de l'antique Asie. Ces détails la disent mère d'un enfant qu'elle élevait dans ces mémorables déserts. L'artiste s'est vite emparé de ce sujet. Il l'a consacré dans un dessin colorié qu'il avait, je crois, manqué d'abord. La sainte était assise sur un débris de colonne, devant un tombeau ; une urne, un sarcophage renversés. Près d'elle était son fils, mais détaché de sa mère, et faisant une seconde action dans le tableau.

J'ai modestement observé à l'artiste ce que je sentais. « J'ai voulu peindre la sainte, m'a-t-il dit, et non la mère. — Mais s'il était possible d'associer l'une à l'autre, ai-je répondu. — Eh ! comment ? — Je placerais l'enfant grandelet, près de sa mère qui lui montrerait les preuves de la fragilité des choses, et peut-être, qu'avec un tombeau d'une jeune fille que je placerais là, je produirais un sentiment aussi mélancolique que celui qu'inspire le *in Arcadia ego.* du Poussin. » Robert m'a entendu, et ses crayons ont réalisé ma pensée, en l'embellissant.

Il a placé devant les deux personnages, le tombeau d'une jeune fille, avec des vers mutilés et dont il ne reste que ces mots entiers :

> ... Rose, elle a vécu ce que vivent les roses,
> L'espace d'un matin.

Dans un autre dessin c'est la Révolution qui est glorifiée par ces deux hommes qui souffrent en ce moment pour elle.

Une mère, coiffée du bonnet phrygien, montre un tombeau à ses deux enfants, dont l'un est armé d'une pique et l'autre d'un sabre. Elle leur enseigne ce qu'ils doivent à la Patrie et à la Nature.

Robert, dit Roucher[1], a fait ce dessin à la mémoire du jeune Barra, mort il y a quelque temps dans la Vendée. Ce jeune

1. Inédit.

homme avait dix ans lors de l'affaire du Champ de Mars. Son père y fut tué. L'enfant monta à l'autel de la Patrie et jura qu'il vengerait cette mort. La guerre des Vendésiens (*sic*) s'ouvrit, il y vola et s'y comporta bien. Un jour, il avait démonté deux cavaliers, s'était emparé de leurs chevaux et revenait avec son butin. Il est rencontré par des royalistes qui, le pistolet sur la gorge, lui disent : « Vive le roi ! ou la mort. » Barra, âgé de douze à treize ans, s'écrie en héros : « Vive la république ! » et on le tue. L'artiste lui a érigé un tombeau à la manière antique. Le monument est simple et porte sur une grande pierre ces quatre vers que Robert m'a demandés et que j'ai faits tout à la fois et pour rendre hommage à cet enfant et pour associer mon nom à celui de Robert :

> Qu'à tout républicain sa mémoire soit chère.
> **Barra** dans les combats, jeune, a fini son sort.
> Ne le pleurez pas ! il est mort,
> Pour détruire les rois et pour venger son père.

Robert avait fait une étude à part de la mère et des enfants dans sa composition. Il m'en a fait don pour toi à ma demande. Je te l'envoie.

Sur la vie qu'on mène à Sainte-Pélagie, voici une lettre de Moynat à madame Roucher[1] :

Grâce à la bonne réputation de mon chambrier, lui écrit-il le 20 brumaire, notre chambre n'est jamais seule et nous avons le soir un grand salon de compagnie. Nous y parlons de vous, de mademoiselle Eulalie ; nous y lisons vos lettres et tout le monde tombe d'accord qu'on ne peut être plus heureux que

---

1. Il y avait à Sainte-Pélagie de deux cent vingt à deux cent trente détenus parmi lesquels plusieurs femmes, dont quelques vieilles Anglaises ; on ne peut s'expliquer leur présence dans les cachots de la république.

mon camarade, et moi je me réjouis en silence du bonheur que l'on retire de tant d'union, d'une aussi respectable amitié.

Quelquefois, au lieu des soirées quasi-mondaines, Roucher se repliait sur lui-même : c'était l'heure où il écrivait à sa famille :

Me voilà, ma bonne amie, rendu au silence et à moi-même ; car j'habite un corridor si fréquenté et si bruyant, que la journée entière ne me fournit pas un quart d'heure de tranquillité. Ce grand poêle est le rendez-vous des frileux et des parleurs ; et comme le règne de la liberté a rendu à chacun le plein exercice de ses facultés, chacun use ou abuse de ses poumons à sa volonté. Je doute qu'il y ait nulle part une semblable concurrence de langues et de voix ; c'est un tintamarre à rendre sourds tous ceux qui, comme moi, ont plus habité leurs cabinets qu'ils n'ont fréquenté les lieux de rassemblement.

Il fallait que je vinsse habiter Sainte-Pélagie pour savoir au juste ce qu'une condition commune à tous leur donne de loquacité. Ce n'est pas que, par instants, il ne soit curieux d'entendre cette foule de raisonnements bons ou mauvais, se mêler, se croiser et se confondre en un déraisonnement général ; mais ce spectacle trop prolongé fatigue, étourdit et dérange la pensée. On soupire malgré soi après l'heure des verrous, et grâce au bruit du jour, on entend sans frémir le bruit des gonds qui assure le silence de la nuit.

Les corridors étaient les grands ennemis du recueillement et du travail :

Ici, écrivait-il à sa femme, on consume sa vie à ne rien faire, ou plutôt il est impossible de faire autre chose que d'errer d'un corridor à l'autre, au milieu du brouhaha de deux cents voix discordantes, organes d'opinions diverses. Le sage se tait, écoute en passant, observe d'un œil détourné et fait son profit de cette étude qui l'introduit bien avant dans les profondeurs du cœur humain.

Cette tabagie, faite pour lui déplaire, excite sa verve railleuse. Le premier pluviôse, il écrivait à une amie :

Il y a deux heures environ que, près de ma cellule, devant le poêle, s'est établie une sorte de taverne anglaise où, grand verre à la main, longue pipe à la bouche, une trentaine de patriotes boivent, fument, chantent et détonnent en chorus des hymnes, des couplets, des vaudevilles francs républicains et vrais *sans-culottes.*

> Jamais à cette tabagie,
> Votre ami n'aurait assisté,
> Si pour lui la captivité
> Aux murs de Sainte-Pélagie,
> N'eût remplacé la liberté ;
> Murs bruyants, où l'égalité
> Par une soudaine magie,
> Donne aux pauvres de l'énergie,
> Rend à l'homme sa dignité
> Et met l'infortune en orgie...

D'autres fois, au contraire, il plaisante sur les nécessités de la prison et comme sa fille lui avait envoyé un cache-nez, il lui écrivait [1] :

Et puis, ma fille ne m'a-t-elle pas mis à la mode? A la mode dans Sainte-Pélagie! Peut-on mieux choisir les temps et les lieux? Je ressemble à un gros pigeon à cravate brune, verte et rougeâtre. Oui, tu as deviné ce grand effet.

Le peu de courage qu'il rencontre chez la plupart de ceux qui l'entourent, ne cesse de l'étonner :

1. Inédit.

Ma prison me fait voir les hommes, je veux dire le commun
des hommes, bien plus plats encore que je ne les imaginais.
Bon Dieu! que de faiblesse et de pusillanimité! Avec un peu
de courage, ils ôteraient au malheur les trois quarts de sa
force. Point du tout, ils lui en prêtent, et puis ils s'étonnent
de se sentir terrassés! Allons, mes frères! Allons, raidissez-
vous; osez regarder l'infortune en face et ce ne sera pour vous
qu'un animal tout au plus importun par ses aboiements, qui
rôdera à l'entour pour vous mordre et n'y parviendra pas.

Ailleurs :

Ils sont bien rares ceux qui se montrent vraiment courageux dans ces circonstances. Donnez-moi tel homme qui, dans
la société, a le verbe haut, la tête haute; je l'enferme à
Sainte-Pélagie et ce ne sera plus qu'une poule mouillée ne
trouvant pas dans son gosier assez d'air même pour glapir.

Roucher, lui, a un moyen bien simple de ne pas suc-
comber. Il le donne à sa femme, en lui racontant qu'il a
rêvassé dans son lit, jusqu'à l'ouverture des verrous.

A quoi? à tout. Amis, enfants, femme, prose, vers ont
roulé l'un sur l'autre dans ma pensée. Il n'y a que ma captivité, je crois, à laquelle j'ai oublié de m'attacher, grand bonheur du hasard! Il est vrai que si cette idée fût venue me
saisir au collet, je m'en serais bien vite débarrassé, en me
jetant au bas de mon lit, et en courant à ma plume et à mon
papier. C'est là mon rempart et ma défense. Il est important
ici de ne point laisser noircir son âme; je vois des hommes à
qui cette malheureuse faiblesse fait grand mal, qu'elle rend
malades et malades dangereusement. Triste, mais utile leçon!
Nous devrions tous en profiter. Mais la chose n'est pas
possible à tout le monde.

Quand on a passé quarante ou cinquante ans de sa vie, sans
réfléchir sur soi, sans travailler son âme, il n'est plus temps

d'y penser. La force d'esprit est la fille des efforts antérieurs. Il faut, en soi, une provision de courage contre le malheur quand les jours en arrivent ; sans cela, il faut se résoudre à ne trouver dans son cœur que faiblesse, lâcheté et *couardise.*

Non content d'être courageux pour lui-même, le poète cherche à inspirer aux autres ses propres sentiments.

Il prête le *Contrat social* à un pauvre curé constitutionnel, détenu comme lui.

Il faut, dit-il, venir au secours des malheureux et des ignorants. Consolons. Instruisons. Ces deux emplois de la vie sont assez doux.

Roucher qui, pendant ces premiers mois de captivité, entretient avec sa famille une correspondance enjouée, presque gaie, cherche moins à dissimuler quand il est avec ses amis. Le courage ne l'abandonne nullement ; mais il n'affecte pas des illusions et des espérances chimériques comme dans les lettres qu'il écrit à sa femme.

Le 19 brumaire, il dit à Desherbiers[1]:

Vous êtes réuni à votre famille, mon ami ; vos enfants sont autour de vous jouant, riant, grandissant et s'embellissant. Jouissez bien de ce bonheur et plaignez celui de vos amis à qui l'on fait un sort bien différent.

N'allez pas pourtant penser que votre ami est déchu de son courage ; celui-ci n'est pas de l'insensibilité. Oh ! non, certainement, je ne gémis pas en lâche de mes pertes ; mais je ne les sens pas moins dans toute leur étendue.

Il n'y a qu'un fou qui puisse dire : *O douleur ! Je n'avouerai jamais que tu sois un mal.* Moi, je lui dis : *Tu es cruelle, mais tu ne me briseras point* ; et, soyez-en bien sûr, mon ami, elle ne me brisera pas.

1. Inédit.

Le stoïcisme n'a jamais parlé un plus beau langage.

Il n'y a rien d'affecté dans sa contenance ; il devine l'avenir. Il sait bien que sa prison n'est pas près de s'ouvrir.

Y gémirons-nous longtemps encore ? dit-il. *Le temps présent est gros de l'avenir*, disait un grand homme, et j'ajoute : *Nul ne sait de quel enfant il accouchera.*

C'est encore à Desherbiers qu'il écrit :

Oui, je suis à Sainte-Pélagie ; je n'en suis pas sorti un seul instant depuis plus de trois mois et j'en passerai bien d'autres encore, ceux du reste de l'hiver, ceux du printemps, ceux de l'été et

Nati natorum et qui nascentur ab illis

> Disciple du sage Romain
> Qui d'un regard ferme, héroïque,
> Prévoyant une mort tragique,
> Contre un Néron, vil assassin,
> Armait sa morale stoïque ;
> Je la goûte, je me l'applique.
> Et je me prépare à ma fin.
> De ce maître que j'aime à suivre
> L'exemple vient me secourir.
> Chez moi, j'apprenais à bien vivre.
> Ici, j'apprends à bien mourir.

Comprenant tous les devoirs austères de l'amitié, Roucher demandait à Desherbiers de servir de père à ses enfants ; et l'excellent homme lui répondait :

J'espère tout de votre cause. Vous avez des amis qui vous chérissent et des ennemis qui vous estiment. Soyez toujours vous-même, ô mon ami. Vos enfants ont à présent deux pères au lieu d'un. Je vous embrasse au nom de la Patrie et de la Liberté ; vous les aimez et elles vous reviendront.

Alors, le poète se sentait consolé. Il trouvait tout naturels les sentiments qu'il aurait éprouvés lui-même et il terminait ainsi une de ses lettres :

Je vous embrasse et vous remercie. N'est-il pas tout simple que vous me regrettiez ? L'amitié n'est pas là pour rien. Le mot de Montaigne, mon ami, le mot de Montaigne :
— *C'est que c'était lui, c'est que c'était moi.*

Comme Moynat, le héros ridicule de la scène qui s'était passée chez mademoiselle Dervieux, avait dû prendre une autre chambre, Roucher reçut dans la sienne le citoyen Chabroud. C'était un avocat qui avait été député de l'Isère à la Constituante. Il y avait joué un rôle qui l'avait mis en vue ; chargé du rapport sur les journées des 5 et 6 octobre 1789, il s'était efforcé de justifier la conduite de Mirabeau et celle du duc d'Orléans. Il fut alors accusé de vénalité ; on fit des pamphlets contre lui ; on ne l'appelait plus que *Chabroud, la blanchisseuse.* Mounier lui-même, dans son *Appel à la Postérité,* crut devoir répondre au rapport de son collègue.

Quoi qu'il en soit de ses opinions politiques, que Roucher ne partageait pas du reste, Chabroud était un homme d'esprit et de cœur[1]. A ce titre, les deux prisonniers devaient s'entendre. Roucher, dans une lettre inédite, l'a dépeint ainsi :

La société de Chabroud est si douce, si aimable, si paisible ! J'ai là un compagnon d'infortune si pur, si sage, si éclairé;

---

1. C'est lui qui disait à un de ses clients qui l'interrogeait sur les chances de son procès : « Ah! monsieur, j'ai perdu de si bonnes causes et j'en ai gagné de si mauvaises ! » Chabroud échappa à l'échafaud. Il devint avocat à la cour de cassation et mourut, aux environs de Paris, en 1816.

nos âmes et nos pensées sont si bien en harmonie, que j'oublie ma captivité ou plutôt que je m'applaudirai un jour de l'avoir soufferte, puisqu'elle m'aura valu un trésor d'amitié. Vous n'avez pas d'idée, mon amie, de cette égalité de caractère. Aux inquiétudes près, que lui donne la mauvaise santé de sa femme, il est du matin au soir serein et calme tel que vous l'avez vu, possédant toujours son âme en paix, riant peu ou plutôt ne riant jamais ; mais connaissant très bien le doux sourire de l'esprit qui vaut mieux que la grosse joie de l'inutilité et de l'insouciance.

Vous voyez bien qu'avec un pareil bagage, on doit faire, sans tristesse, route en prison.

Malheureusement, à côté de cette tranquille cellule, il y avait des voisins bruyants et peu gênés ; c'étaient « trois jeunes gens qui logeaient ensemble, déclamaient en mangeant, chantaient en bramant, parlaient en glapissant ».

Roucher trouva le moyen de les faire taire. Un jour il les félicita de leur gaieté et, comme il les entendait se plaindre du cuisinier, il leur donna de son gigot. « Depuis, ils furent sages et paisibles comme de jeunes novices. »

Sept ou huit fois seulement, pendant ces dix mois de captivité, Roucher put recevoir dans sa cellule les visites de sa femme, de sa fille ou de son frère. C'était une faveur qu'on n'obtenait qu'à prix d'or. Encore fallait-il se présenter à la prison vers neuf heures du matin alors qu'il n'y avait pas encore d'affluence.

Quelle joie quand on s'était vu ainsi ! Les lettrés restaient imprégnées de bonheur pendant plusieurs jours !

Les malheureux, écrivait Eulalie, ont donc quelquefois des instants de bonheur pour faire trêve à leurs maux. J'en ai eu la preuve hier et je rends mille actions de grâces à celui qui me l'a donnée. Que ce moment a été doux, mais que la suite en a été pénible !

De loin en loin, le bon Semé prenait sur lui de laisser madame Roucher ou sa fille pénétrer dans la cour où donnait la fenêtre du prisonnier. Mais que de fois aussi cette mince consolation leur fut refusée ! La mère et la fille partaient alors. les yeux en larmes, et le lendemain, sans désespérer, elles recommençaient cette course fatigante.

Quant au petit Émile, on pouvait le laisser à son père à la condition qu'il s'en allât avant quatre heures du soir.

Telles furent les seules communications de Roucher avec le dehors.

On apprenait cependant les nouvelles de l'extérieur par une petite feuille qui paraissait tous les soirs et qui donnait les débats de la Convention et les jugements du tribunal révolutionnaire ; on en était instruit aussi par l'arrivée quotidienne de nouveaux prisonniers.

Notre séjour se remplit de jour en jour. Le ci-devant duc du Châtelet — (c'était le fils de l'amie de Voltaire) — nous est arrivé cette nuit, et puis encore quatre Picards.

Ce n'est pas le cas du proverbe : *Plus on est de fous, plus on rit*. On rit peu à Sainte-Pélagie ; j'y vois au contraire des larmes dans les yeux où je m'attendais à trouver le regard de la constance. Pour moi, je me dois cette justice que je n'ai ici versé que des larmes d'attendrissement sur tes lettres, celles de Minette et de mes amis.

Le 13 frimaire, Roucher écrit[1] :

Il arrive tous les jours des prisonniers. Ils sont déjà treize du Panthéon. On dit que le frère d'amitié — (c'était le titre qu'il donnait à Guyot-Desherbiers) — va être arrêté aussi ; mais il est inutile de lui en parler.

1. Inédit.

Malgré les prisons qui se remplissent, malgré les exécutions ordonnées par le tribunal révolutionnaire et qui lui enlèvent ses amis, Roucher conserve ses illusions politiques ; il voit le bonheur de la France au delà de cette crise qu'elle traverse ; il se réfugie dans un respect superstitieux de la légalité.

Heureux, dit-il, qu'il sorte enfin de tout ceci un bon gouvernement. Je le veux encore et je le voudrai toujours, *même sous la hache*. Si cela arrivait, je dirais en pensant à la prison que j'endure : elle m'a servi à quelque chose ; cela aide à mourir.

Le 28 brumaire[1] :

En ce moment, les familles les plus civiques peuvent, par une erreur, devenir des victimes malheureuses, condamnées aux inquiétudes et aux larmes... Laissez faire au temps. *Quand la république sera bien assise et jouissant d'une paix profonde, il sera doux de penser qu'on a* **souffert** *pour se donner ce bonheur.*

A sa femme :

Le jour viendra de me défendre. Jusque-là sachons, toi et moi, souffrir avec courage l'injustice de ma détention. Il y aurait de quoi rire de pitié de me voir, moi, au rang des gens suspects, si le rire était décent en matière aussi grave. Ah ! comme la haine tantôt et tantôt l'ignorance et souvent l'une et l'autre appliquent les qualifications !

L'État est malade ; les membres souffrent ; mais ils cesseront un jour de souffrir. La santé renaîtra, quand la dernière crise, la crise décisive, aura eu lieu. Ne perdons point courage. L'Assemblée nationale saura bien saisir, dans sa sagesse, le moment

1. Inédit.

où pourront cesser, sans danger pour la patrie, et la purgation, et la saignée, et les cautères brûlants...

Puis, il félicite sa femme de n'avoir pas signé la pétition pour la mise en liberté des prisonniers.

La véritable douleur souffre et se tait. Taisons-nous, ma bonne amie, la plainte s'irrite en allant. Ces démarches à force d'importuner tourneraient contre moi et contre ceux des détenus qui sont loin, bien loin de l'aristocratie. On nous confondrait tous dans la même catégorie et Dieu sait quand ma prison s'ouvrirait.

Roucher ne cesse de faire des vœux pour cette république qui l'emprisonne et qui le martyrise. Le règlement devient-il plus sévère, « non seulement il s'y soumet avec courage, mais il l'embrasse avec amour, avec transport. Ce n'est qu'un sacrifice de plus à ajouter à tous ceux que j'ai faits si volontiers, et même avec enthousiasme à notre régénération politique. Je serai amplement payé de tout, et de mes veilles, et de mes méditations, et de mes angoisses de corps et d'esprit, le jour que le gouvernement républicain roulera sur son pivot et répandra le bonheur sur notre patrie ! Mais quand viendra-t-il, ce beau jour ? Attendons-le, ma bonne amie. L'espérance était au fond de la boîte de Pandore [1]. »

Il cherche à faire des prosélytes [2] :

Mes paroles à votre fils ont produit quelque effet ; le voilà, dites-vous, bien hautement prononcé pour la Révolution. Tant mieux ! Que le nombre des sincères et chauds patriotes croisse de jour en jour et la liberté triomphera bientôt de tous ses

1. Inedit.
2. Inédit.

ennemis. Si je pouvais me faire entendre de tous ceux qui la combattent, je leur prouverais jusqu'à l'évidence qu'ils courent le grand chemin de leur perte. Mais les insensés n'ont l'oreille ouverte qu'à la voix de tous les préjugés les plus criminels. Tous nos malheurs sont leur ouvrage.

Roucher compte bien que sa conduite servira un jour d'exemple à son fils :

Le nouveau gouvernement qu'a voulu la France nous rendra véritablement libres, parce que la vraie liberté n'existe que dans les républiques constituées en sage démocratie ; mais lors même que ce gouvernement sera solidement établi, l'*horizon sera troublé, de temps en temps, par des orages.* Malheur aux républiques qui n'en connaissent pas! L'esclavage est tout près d'entrer chez elles! les tempêtes politiques donnent de la vigueur, de l'énergie, à toutes les âmes. Cependant, quelques hommes en sont toujours plus ou moins battus ; on a beau faire pour cacher sa vie à tous les dangers, les dangers vous trouvent partout. Notre Émile ne s'y dérobera pas plus que les autres ; il faut donc lui apprendre, de bonne heure comment on fait tête à la persécution, au malheur.

Mes lettres pourront être, pour lui, un cours de morale pratique en infortune, et le désir de me continuer pourra entrer *nel giovinetto cuore.*

Il va dans ses rêves jusqu'aux espérances les plus chimériques :

Le temps viendra où nous serons, peut-être plus que les Anglais, citoyens des champs. La république, établie sur la base des mœurs et des vertus, purgée de la gangrène financière, de l'excessive opulence qui ronge et corrode toutes les âmes sous les monarchies toujours dépensières et prodigues, les campagnes seront plus habitées. Les orages même de la liberté repousseront vers la vie champêtre le plus grand nombre des hommes toujours faibles et pusillanimes et les charmes du repos seront pour eux un lien qu'ils n'auront plus envie de briser. Alors, devenus plus pensifs, plus observateurs, ce qui nous déplaît aujourd'hui nous plaira et Thomson et ses disciples seront lus avec intérêt; ils auront même des imitateurs.

Roucher, on le voit, était, selon la belle expression du savant Ramond, du nombre de « ceux qui respectaient, jusque dans son délire, la mère qui les frappait ».

Le poëte puisait dans le travail toute sa force de résistance :

Oh! l'heureux consolateur des peines de la vie que le travail! Que d'actions de grâces je lui dois! Si jamais, par un coup inattendu de bonne fortune, nous devenons propriétaires d'un petit jardin, je promets d'avance d'élever, dans le coin le plus riant et tout à la fois le plus retiré, une modeste colonne, avec cette inscription :

AU TRAVAIL

Il charmait mes ennuis à Sainte-Pélagie,
Par lui je retrouvai ma première énergie.

Il s'occupe de revoir, en vue d'une seconde édition qui ne paraîtra qu'après sa mort, sa traduction de *la Richesse des Nations*. L'éditeur voulait abuser de la position du prisonnier qui l'empêchait de se défendre; mais Roucher ne l'entendait pas ainsi : « Je corrigerai toutes les épreuves, sans cela je ne me mêlerai plus de cette seconde édition[1]. »

---

1. Néanmoins, après le 9 Thermidor, l'éditeur voulut s'approprier tout le mérite du travail. La veuve de Roucher et sa fille durent protester par la voie des journaux : « Nous venons de voir paraître, dirent-elles, un avertissement du citoyen Buisson sur la seconde édition de *la Richesse des Nations*, ouvrage traduit de l'Anglais *Adam*

En même temps, et pendant qu'Eulalie traduisait Prior, Roucher préparait une édition française de Thomson.

Il avait encore une autre occupation qui lui était bien chère; elle lui rappelait et l'image d'Eulalie et les plus doux souvenirs des dernières années.

Sa fille continuait ses études de botanique: elle lui en parlait, elle lui envoyait des fleurs.

Voilà, disait-elle, un bien beau jour! j'ai trouvé celui d'hier encore plus beau: si nous étions ensemble, n'irions-nous point au jardin des Plantes? Oh! oui, sûrement, et nous en aurions rapporté quelques fleurs. Eh bien, supposez, s'il est possible, que vous vous êtes promené avec Minette ce matin, que vous arrangez les plantes que vous avez cueillies avec elle, et qu'elle ne vous aide point à les arranger. Oubliez un instant Sainte-Pélagie. Venez dans votre cabinet. Asseyez-vous à votre bureau, et jouissez du plaisir que donne l'agréable occupation de la botanique. Est-ce fait? Il faut donc, me direz-vous, faire tous les frais de l'illusion? Non, mon cher papa, je veux vous en épargner une partie et raccourcir un peu du chemin. Je vous envoie, en conséquence, une petite boîte botanique, bien remplie; du papier, des épingles, etc., que ne puis-je réaliser le reste?

Vous savez assez que la plupart des hommes se payent soit en or, soit en flatteries, ou même, le plus souvent avec tous les deux. Ces deux monnaies ont une valeur à peu près égale pour

Smith par *A. Roucher*. Il semblerait, à la lecture de la fin de cet avertissement, que c'est quelque autre personne ou bien le citoyen Buisson lui-même qui a réformé, dans cette seconde édition, les imperfections de la première. Il est essentiel de prévenir le public que c'est Roucher, lui seul, qui, du fond de sa prison, l'a revue et considérablement augmentée. Il venait de livrer au citoyen Buisson les dernières épreuves, lorsqu'il a été traduit au tribunal et condamné. Ainsi Roucher, au milieu des persécutions qui l'avaient enseveli à Saint-Lazare, travaillait encore pour son pays et ne voyait que ce qui pouvait lui être utile et profitable. »

certains êtres; elles en ont seulement plus ou moins, selon le caractère et l'espèce de ces êtres. Voici le fait. J'ai écrit un mot à Valois, ne pouvant aller moi-même au jardin des Plantes : une petite honnêteté par-ci, quelques caresses pour l'amour-propre par-là ont fait l'affaire. La monnaie, dont j'ai fait usage, a satisfait mon *galant jardinier*, comme je m'en suis aperçue par les beaux échantillons qu'il m'a envoyés. J'en ai arrangé plusieurs, et j'ai voulu qu'au moins un petit bouquet du parterre de Flore allât charmer et récréer une vue fatiguée de grilles et de verrous. Elles seront bien précieuses, ces fleurs desséchées dans la cellule. Je ne les regarderai pas sans verser des larmes, et sans me dire : *papa les arrangea dans sa prison*. Ce souvenir alors n'aura plus d'amertume; il ajoutera à la jouissance présente. Un jour, un jour viendra, il faut l'espérer, où tant de *couches* de malheur seront recouvertes par des *couches* multipliées de bonheur.

Et le père se prêtait à ces illusions délicieuses; en même temps qu'il répondait à l'envoi de sa fille par des stances charmantes qu'il appelait son « bouquet », il classait ces plantes délicates, ses « lazaristes », comme il les appellera bientôt; il les décrivait, il en formait un herbier.

Un moment, il se croyait échappé aux verrous de sa prison; il se voyait avec sa fille, courant les bois et les plaines, ou bien assistant à ces leçons du Muséum dont Eulalie lui rendait compte presque tous les jours.

Sainte-Beuve a dit de ces joies de la captivité :

Sa correspondance offre des pages touchantes, des qualités cordiales, un amour franc de la nature et de la famille : « Un botaniste passionné, écrivait-il à Eulalie, en avril 1794, n'est pas un conspirateur... Malgré moi, ma pensée me quitte à tout moment; et, quand je la retrouve, c'est au milieu des jardins et des campagnes dont je ne jouis pas, moi qui m'étais tant promis d'en jouir; et, pour m'entretenir encore dans cette dis-

position d'âme, moitié pénible, moitié agréable, le hasard a
fait que ce moment de l'année se rencontre avec la traduction
de cette partie de l'été où Thomson, avec un charme inex-
primable, une mélancolie philosophique, peint les délices de la
promenade. »

Sous les verrous il traduisait donc Thomson, ajoute Sainte-
Beuve; il regrettait de ne pouvoir suivre le cours de botanique et les herborisations de Desfontaines; il donnait à sa
fille âgée de dix-huit ans, si distinguée par l'esprit et le savoir,
de bons conseils de tout genre.

Ces conseils, nous les connaissons déjà. Il y joignait une
communion littéraire d'idées et de pensées qui ne fait pas la
partie la moins intéressante de cette correspondance.

Roucher engageait sa fille à lire chaque jour une ou deux
lettres de madame de Sévigné et quelques pages de la
Bruyère, et celle-ci lui répondait :

Je n'avais pas attendu, mon cher papa, pour continuer à lire
madame de Sévigné que vous m'en eussiez parlé. Elle me
plaît trop pour la négliger ; mais, je vous l'avoue, je ne veux
que l'admirer et point l'imiter. Si j'ai le bonheur qu'il se trouve
parfois, sous ma plume, un trait, un petit mot qu'elle aurait
bien fait sien, à la bonne heure ! On ne peut, à mon avis, ni
la copier, ni l'étudier pour la savoir.

Qu'arrive-t-il quand on veut copier des grâces purement
naturelles ? On grimace, on devient maniéré ; on n'est alors ni
bon original ni bon copiste. Je la crois donc trop naturelle pour
servir de modèle ; on ne pourrait que mal réussir à vouloir
attraper *ses échappées*. Qu'on vienne désirer, avec sa tournure,
un cabinet tapissé tout en dessous de cartes ! Cette idée est
vraiment originale.

Une autre fois, elle complétait ainsi sa première pensée :

Elle a un talent bien rare, cette madame de Sévigné, pour
faire des récits. Je voulais toujours, mon cher papa, vous par-

ler de sa *Mort de Turenne*. C'est avec sa simplicité et son
naturel ordinaires, ou peu ordinaires plutôt, qu'elle demande
des larmes et qu'elle en obtient, après un grand nombre d'années, pour un homme qui en a tant fait répandre. C'est avoir
bien du pouvoir sur le temps que d'attendrir ainsi. Je vois
qu'il n'est point d'événement frappant, de destruction petite ou
grande d'un être, qu'il ne fasse oublier, ou du moins dont il
n'altère le souvenir. De la plus grande douleur, il en tue tout
le vif ; on dirait qu'il n'est pas permis, même au plus grand
homme, d'attendrir jusqu'à un certain point, au delà d'une
époque marquée ; on lui donne plus de regrets qu'à un autre,
il est vrai ; mais lui en donne-t-on plus longtemps? Pauvre
humanité! Cette idée est teinte en noir ; elle m'attriste, car
je la crois vraie! Je ne sais, au reste, pourquoi je dis tout
cela.

Madame de Sévigné, si elle m'eût entendu lire ses lettres sur
Turenne ; si elle eût vu mes larmes, m'aurait dit : Vous n'ar-
gumentez pas d'après les impressions que vous éprouvez ; et
c'est avec quelque raison qu'elle aurait pu me reprocher de
sentir d'une façon et de parler d'une autre. Mais, madame,
vous seule peut-être pouvez me donner un démenti ; sans vous,
je ne me contredirais pas. Il faut finir cet article. J'étais partie,
et quand une fois je vais le bavardage, Dieu sait quand, et où
je m'arrête.

Maintenant, c'est du Tasse que le père et la fille vont
s'entretenir :

Mon Dieu! que nous avons eu de peine à nous entendre! Je
disais *conquistata*, et toi, toujours *liberata*. *Liberata* est beau,
sublime, touchant, bien varié, bien ordonné, grandissant toujours de force, de grâce et d'intérêt ; mais je n'en avais pas
besoin. Un autre que moi, mon jeune voisin, plein d'amour et
d'enthousiasme, et d'admiration, et de respect pour ce tant
beau et tant malheureux génie, voulait le retrouver, s'il était
possible, ou du moins le connaître sous de nouvelles formes,

et il demandait *conquistata*. Enfin, nous nous sommes, toi et moi, entendus. Tu t'es rappelé sans doute que ce grand homme, ce digne rival d'Homère, si même il n'est pas son vainqueur, fut réduit, par l'injustice de ses contemporains, à croire qu'il avait fait, dans son *Gioffredo*, un mauvais ouvrage, et qu'à trente ans, créateur du plus bel édifice épique que le génie de la poésie ait donné aux hommes, il essaya de le renverser de ses mains, pour en construire un autre qu'il crut faire plus beau, son *Ricardo*. Malheureux Tasse! et comment se fait-il que les ennemis de ta gloire aient pu faire taire, à ce point, le cri de la conscience littéraire? Que cette docilité, cette soumission de ta part est touchante! L'homme ordinaire a un amour-propre bien plus robuste. Les traits d'une juste critique sifflent à son oreille, le bienheureux ne les entend pas; il est, comme le dieu d'un hymne de Santeul, *il se béatifie de son propre regard; se proprio contuitu beat*. La bonne nature, qui ne déshérite jamais tout à fait ses enfants, lui donne en vanité ce qu'elle lui refuse en talent. Le génie au contraire est défiant de lui-même; il a la bonhomie de s'abdiquer, pour ainsi dire. Rends au Tasse ce qu'on lui doit, ma bonne amie, remplis-toi de son ouvrage, pleure sur sa personne. Il fut banni, exilé, captif, et, ce qui est bien plus humiliant pour l'humanité et fut plus douloureux pour lui, méconnu pendant trente ou quarante ans.

Heureusement encore, il vit, la veille de sa mort, son immortalité. Pour moi, je ne pense jamais sans attendrissement à cette capricieuse destinée du Tasse, et toujours je me demande : Y aurait-il donc une alliance nécessaire entre le génie et le malheur?

Cicéron, Horace et Virgile trouvent naturellement leur place dans cette correspondance littéraire.

Le poète choisissait sa fille comme arbitre; il lui soumettait ses vers en même temps que ceux de Delille ou de Voltaire. Il laissait sa fille dans l'incertitude sur celle des traductions qui était son œuvre. Eulalie ne se trompait pas et

elle justifiait son opinion par des raisons qui font autant
d'honneur à son cœur qu'à son érudition[1].

Sainte-Beuve s'est montré extrêmement frappé de ces
épisodes littéraires éclos sous les verrous de Sainte-Pélagie
et de Saint-Lazare. Il les commentait avec son éloquence
ordinaire en mettant les choses à leur vrai point :

Eulalie, dit-il, relevait avec une sagacité remarquable et
un sentiment de préférence filiale bien permis les défauts de
la traduction de Delille au début des *Géorgiques*. « Mais, lui
répondait l'honnête Roucher, tu ne me parais pas rendre toute
la justice qui est due à sa grâce, à son harmonie, à ce *je ne
sais quoi* qui plaît, même dans sa manière française, aux ama-
teurs impartiaux de l'antiquité[2]. »

Il y avait encore comme un instinct filial et un hommage
involontaire dans le choix qui dictait ces paroles d'Eulalie :

Je n'ai jamais tant aimé Socrate. Que la vertu est aimable
dans sa bouche! Pauvre vieillard! *Comme ils l'ont traité!*
Ingrats Athéniens! Il avait bien raison celui qui disait : « Il
n'est pas de peuple qui ait possédé autant de grands hommes
que les Athéniens, et il n'en est pas qui ait moins mérité d'en
avoir. » Oh! sûrement, ils n'étaient pas dignes d'un Socrate,
d'un Aristide, d'un Alcibiade et de tant d'autres encore. La
mort de ce grand homme m'a fait verser des larmes d'indignation, d'admiration, de pitié et d'attendrissement. Sa mort est
plus belle que la vie de bien des héros. Alexandre avec sa
soif inextinguible de la guerre, Charles XII avec sa tête désor-
donnée, le tsar, malgré le bien qu'il peut avoir fait parmi
tant et tant de cruautés, ne me semblent pas comparables à
mon héros. Où pourrais-je trouver l'histoire des grands

---

1. On trouvera quelques-unes de ces joutes littéraires à la fin de ce
volume, dans l'appendice.
2. Voir la suite, *Causeries du Lundi*, XI, p. 131 et suivantes.

hommes de la Grèce, l'histoire d'Athènes surtout? J'ai une envie extraordinaire de faire connaissance intime avec ce vilain aimable peuple.

Après les classiques de la Grèce et de Rome, c'est le nom de Montaigne qui se rencontre le plus souvent sous la plume du poëte et de sa fille.

Tu as grandement raison, lui écrit-il, de vouloir *frotter ta cervelle à la cervelle de Montaigne.* Sa morale est usuelle; à tous les moments de la vie on trouve occasion de la mettre en pratique. C'est, je crois, de tous les moralistes, celui qui, sans le chercher, est descendu le plus avant dans l'homme. Ce n'est que lui qu'il met en scène; et cependant, à chaque instant, on ôte son chapeau, et l'on fait la révérence, pour saluer des personnes de sa connaissance. Et puis ce style original, pittoresque, sublime et naïf! Cette foule d'expressions neuves, trouvées, qui font de la langue de Montaigne une langue nouvelle dans le français! Jean-Jacques en faisait une de ses lectures chéries, et il est assez vraisemblable qu'il a ajouté, par ce commerce, à sa fortune native.

Je vois avec plaisir, ma chère fille, que tu recherches le sage Montaigne. Bonne société! bonne accointance que celle-là! Quand tu auras un peu usé de ce philosophe pratique, tu te reconnaîtras meilleure toi-même à l'user. Plus de douceur, de souplesse, d'aménité seront bientôt une nouvelle parure de ta jeunesse. Tu verras se développer, avec vitesse, tous les heureux germes du bien que la nature a mis dans ton cœur; et ce qui te promet la plus pure des jouissances accordées à notre malheureuse nature humaine, par la raison que cette jouissance est la plus intimement sentie, tu reconnaîtras en toi l'ouvrage de tes propres réflexions.

A la fin de ces jours d'épreuve, Eulalie revenait avec son père sur le même sujet :

J'ai trouvé, l'autre jour, sur mon chemin, un détracteur de
Montaigne. Je croyais, moi, que c'était là chose impossible,
mais je vois qu'il ne faut jamais désespérer de rien et ne se
persuader les choses que jusqu'à un certain point. Ce non-ap-
probateur, pour ne pas dire autre chose, c'est le citoyen de la
rue de La Harpe. Je ne sais comment la conversation s'est
enfilée sur Montaigne; n'importe! il m'a demandé, puisque je
l'avais lu, si je connaissais aussi Charron et sa *Sagesse*. J'ai
répondu : non; et sur ce non, il m'a fort engagée à le lire,
disant que je ferais la comparaison, et que je pourrais juger
de la différence. Je n'ai rien pu dire sur la comparaison, mais
je me suis hautement récriée de ce qu'il attaquait notre philosophe, précisément dans les points où il me paraissait le plus
admirable, dans la morale pratique et domestique. C'est par là,
ce me semble, qu'il a été, qu'il est et qu'il sera le philosophe
le plus utile aux hommes qui voudront suivre ses leçons et les
méditer. Les grands hommes n'ont-ils pas trop dédaigné les
petites choses! L'homme en général est si peu grand. Il a traité
le chapitre des marionnettes et des géants. Pourquoi le citoyen
de la rue de La Harpe n'a-t-il lu que le chapitre des marionnettes?

Et Roucher, plus attaché que jamais à son philosophe de
prédilection, félicitait sa fille :

C'est se battre en faveur de la sagesse incarnée. Quel homme
que l'auteur des *Essais*! Comme il est descendu au fond de tous
les cœurs humains, en descendant dans le sien! Que de faiblesses et de grandeurs il y a surprises! Avec quelle aimable,
piquante et ingénieuse simplicité, il nous a révélés à nous-
mêmes! Et ce style original, si plein de nerf et de force, qui
place la langue française sur la ligne des plus belles langues
de l'antiquité. Comment ne commande-t-il pas à tous les esprits
l'admiration, et l'exclamation à toutes les bouches? Comparez
Charron à Montaigne! bon Dieu! j'aimerais autant comparer
la nuit au jour, pour l'éclat et la fécondité. Le livre de *la Sa-*

gesse est sans doute un beau traité de morale. Il y a de l'ordre, de la méthode, de la raison ; c'est l'œuvre d'un bon esprit. Mais cet esprit est du second ordre. C'est le produit du jugement et de la vertu ; mais les *Essais* sont le fruit d'une âme qui, sans effort, sans travail, se verse, s'épanche, et d'un génie naturel qui place sans cesse le sublime au milieu de la naïveté. Lis, je te le conseille fort, ma chère fille, l'ouvrage de Charron ; il y a beaucoup à profiter ; oui, il te rendrait meilleure. Mais lis surtout Montaigne. Tu seras à chaque phrase étonnée de lui et de toi-même. Tu diras : *Bon! me voici : bon! me voilà. Mon Dieu! dans ces* Essais, *je suis partout.* Tu m'avais promis, je crois, de lire tous les jours un chapitre de ce philosophe domestique. Me tiens-tu parole? Si ta promesse avait été fidèlement observée, je suis assuré que tu eusses complètement battu le mépriseur, ou du moins le non-appréciateur d'un homme de génie. Mille traits fournis par celui-ci, qui t'auraient armée d'une manière invincible, et qui auraient fait humblement tomber le critique devant le nom du père des *Essais!*

On aborde tous les sujets. En ventôse, Roucher est encore enjoué. Il adresse à Eulalie un message daté des Champs-Élysées et signé du bon La Fontaine. Sa fille se prête à la plaisanterie et elle y répond par une des lettres les plus spirituelles qui soient sorties de sa plume [1].

Une autre fois, le poëte donne à sa fille quelques détails sur Ossian :

Tu ne connais pas ces productions supposées des siècles barbares, dans les montagnes d'Écosse. Il est rare le talent qui contrefait à ce point le génie brut! Macpherson à qui on doit ces poésies, et qui trouva, dans les prairies les plus reculées de l'Écosse, quelques morceaux conservés par une tradition orale, parvint à tromper, dès l'abord, tout le monde littéraire. Il chante une nature, des temps, des mœurs, une religion, qui

---

1. *Consolations*, II. p. 20 et 23.

ont une physionomie extraordinaire. En un mot, il a réalisé Ossian, l'Homère des anciens bardes, à un tel point, que le vrai Ossian ne paraît pas avoir été autre chose.

De là, on saute à Molière ou à *la Métromanie*.
C'est Eulalie qui écrit :

La grande tante nous a menées hier au théâtre de la République ; on donnait un chef-d'œuvre en comédie : *la Métromanie*. Quoique je l'eusse vu deux ou trois fois, j'ai eu autant de plaisir qu'à la première. Se lasse-t-on de belles choses en ce genre ? Molière sera toujours Molière, et Piron toujours Piron, en fait de *Métromanie*.

A demain ma réponse à la lettre *retrouvée,* elle mérite attention et réflexion. Je ne puis lui donner tout cela aujourd'hui, c'est-à-dire avec profusion et sans retenue aucune. J'aime mieux différer d'un jour mon plaisir, et faire bien les choses. Adieu, mon cher papa ! pardonnez à cette dissipation momentanée. Mon esprit, quoique à *la Métromanie,* ou ailleurs, il n'importe, n'a point quitté pour cela Sainte-Pélagie. Il est à poste fixe dans la petite cellule, et suit le long de ce corridor ce tendre père, ce père chéri. On se reproche tout ce qui n'est point à lui ou pour lui.

S'il y a un passage difficile dans Thomson et que les prisonniers ne soient pas d'accord sur l'interprétation, on choisit Eulalie pour les départager.

Cherche dans Thomson, lui écrit son père, page 102 depuis *may my* jusqu'à *conscious eye,* c'est-à-dire quinze vers et traduis-les-moi tout de suite et de ton mieux. Nous sommes ici quatre anglicans qui ne nous accordons pas sur le sens de ces vers. Les trois derniers surtout sont singulièrement difficiles. Allons, vite à l'ouvrage.

Si Eulalie se prononce sur la nécessité pour un

homme de savoir le latin, son père l'approuve en ces termes :

Je suis pleinement de ton avis, ma chère fille, sur la nécessité indispensable pour un homme de savoir la langue latine. Oui, toute éducation est incomplète qui n'a point donné cet avantage. C'est dans les fameux classiques latins que vivent les grands modèles du goût et de la perfection de l'esprit humain. S'agit-il d'éloquence parlée ? étudions les harangues de Cicéron. Veut-on arriver à la grande poésie ? Lucrèce, Virgile, Horace doivent servir de guide. Se destine-t-on à écrire l'histoire ? Rien ne peut suppléer Tite-Live, Suétone, Salluste, César et surtout Tacite, celui de tous les historiens anciens et modernes qui a pénétré le plus dans l'âme humaine.

> Tacite surprenait de ses yeux pénétrans
> Tous les crimes cachés dans l'âme des tyrans.

Les Tibère, les Néron sont chez lui dans toute leur hideur. Si ces grands scélérats se voyaient là, ils auraient horreur d'eux-mêmes.

Mais le poëte philosophe en revient toujours de préférence aux esprits qui sont de sa famille. Le **25** frimaire, il écrivait à son ami Desherbiers, et, de suite, le nom de Sénèque se présentait sous sa plume.

Que de leçons faites pour étayer dans le malheur ! lui disait-il. Plus j'en examine l'action sur moi et plus je touche pour ainsi dire au doigt les raisons que Montaigne avait de le préférer à Cicéron.

Nous avons lu, l'été dernier, les vôtres, ma fille et moi, le traité *De Officiis*, et, il ne faut pas tergiverser pour l'avouer, à quelques paragraphes près, qui sont aussi beaux que peu nombreux, cet ouvrage est bien mince de choses ; la morale n'en est pas rigoureuse. Il m'a semblé même qu'en certains endroits le sage de Cicéron ne serait honnète homme, juste que ce qu'il faut pour n'être pas pendu. D'ailleurs, les temps où Sénèque a vécu ont quelque chose de plus attirant pour moi que ceux où vécut Cicéron ; et ces temps, on les retrouve sans cesse dans les ouvrages dont je vous parle. Ici, par exemple, j'entends tantôt d'une bouche, tantôt d'une autre, des faits, des anecdotes de tout genre. Oh ! si l'on avait tout ce qu'il faut pour recueillir cette multitude de petites causes qui ont produit de grands événements ! Quelle ample moisson pour l'histoire de France, et surtout de l'homme ! mais c'est ici qu'il faut dire avec Sénèque :

Multarum rerum scientia quæ nec tuto narrantur, nec tuto audiuntur.

Parfois la présence d'un enfant venait éclairer la cellule et distraire Roucher de ces hautes pensées. C'était quand on amenait le petit Émile à la prison.

L'enfant était choyé par tous ces malheureux qui, eux aussi, avaient souvent laissé un fils à la maison.

Il plaît à tout le monde, écrivait Roucher; hier il a été salué, caressé, baisé par le ci-devant comte d'Estaing, le vainqueur de la Grenade. C'est un homme de grande taille, plutôt élancé que gros, âgé de soixante-quatre ans ; il a bien l'air simple à la fois et noble d'un héros. Il faut que mon Émile se souvienne, pour le redire un jour à nos petits-enfants, qu'à l'âge de quatre ans et demi, il a vu, à Sainte-Pélagie, prisonniers avec papa Roucher, d'Estaing, Biron et Robert. Je voudrais que Minette, dans sa première lettre, me dît quelque chose sur cette association fortuite ; mais principalement sur cet ex-vice-amiral de France, aujourd'hui, malgré ses brillants lauriers qu'a pleurés l'Angleterre, frappé de la foudre populaire, et peut-être aussi grand dans son calme modeste à Sainte-Pélagie, qu'il l'était sur son bord amiral et devant la Grenade dans son audace guerrière, et dans sa soif de gloire. Engage l'oncle d'amitié à parler des exploits militaires de d'Estaing devant Minette. Ce vieillard, avec une grâce vraiment touchante, m'a demandé la permission d'aller me visiter dans ma cellule. Je lui ai répondu que c'était à moi à lui porter mon hommage chez lui, car c'est d'un œil religieux qu'on regarde un grand chêne frappé de la foudre. Bonjour à tous !

Eulalie enviait le bonheur de son frère dans des termes charmants :

Il a embrassé son papa ; il a dîné avec lui ; il a pu lui prodiguer de consolantes caresses, lui parler, l'écouter, le voir à son aise, le posséder tout entier ! et moi, on m'a laissé à peine le temps de l'entrevoir, et d'entendre cette voix qui est toujours là au fond de mon cœur ! Elle y retentit sans cesse. Oh ! combien j'ai envié sa journée et le bonheur qu'elle contenait. Ma jalousie, il m'est bien ici permis d'en avoir, m'a fait regarder ce bonheur dont était en possession notre petit Émile, comme du bien perdu, pour lui s'entend, car tous deux, nous sommes vos bien-aimés, et, si je ne pensais qu'à vous, je ne porterais nulle envie, à mon *heureux cadet*. Quoi qu'il en soit, je céderais bien mon droit d'aînesse, d'âge seulement, pour celui de sa raison. Non, je voudrais, petite comme lui, sentir grande comme je suis, et pouvoir connaître tout le prix de l'enfance et des privilèges qui y sont attachés. Il est inappréciable, celui qui permet exclusivement d'aller trouver un père au fond d'une prison, de franchir le seuil de cette porte, fermée à une femme, à une fille, et de voler dans les bras de celui qui les tend, mais en vain, aux êtres malheureux dont il est séparé. Je me trompe quand je dis qu'il est inappréciable ce privilège ; je l'apprécie bien, moi, et toutes les filles tendres et sensibles l'apprécieront de même.

A une autre visite, Émile est entré dans la cellule du général Biron[1], qui l'a comblé d'amitiés. « Il faut qu'il se

1. Inédit.

souvienne un jour de cette époque de notre histoire comme témoin oculaire... T'a-t-il dit qu'il avait envoyé des baisers à mesdemoiselles Joly et Devienne? Toutes les fenêtres se sont remplies de têtes de femmes qui, à travers les barreaux, s'écriaient : Oh ! le joli enfant ! »

Dans ces jours-là, au début de nivôse, les officiers municipaux firent une visite à Sainte-Pélagie. Roucher la raconte[1]. Comme un sans-culotte, paré d'une riche écharpe, lui demandait s'il avait quelque plainte à faire :

« Non, citoyen. Je me trouve ici à merveille. » L'officier et tout le monde a ri. Je parie que, si les deux cents et plus de détenus qu'enferme la maison eussent été présents et auditeurs, le rire fût devenu universel.

Un jour, on apprend à Sainte-Pélagie la prise de Toulon :

La nouvelle de la prise de Toulon a mis en mouvement toutes les verves poétiques qui bouillonnent dans Sainte-Pélagie. Cinq ou six chansons que bonnes, que mauvaises, à l'ouverture des corridors, ont inondé le mien. Toutes les voix chantaient, glapissaient, détonnaient; c'était à qui mieux mieux. George, Pitt, Cobourg, Beaulieu, Anglais, Espagnols, Napolitains et Piémontais ont été salués à l'envi l'un de l'autre comme ils le méritent. Le grand poêle était le point de ralliement d'où partait, par éclats de musique et de rire, la joie chantante qui saluait la patrie. J'étais au bord de cette *île sonnante*, partageant l'allégresse commune au fond du cœur, mais n'y prenant aucune part active, par la raison que tu connais. J'ai besoin de calme pour épancher mon âme. Le grand bruit la ferme. J'aime à m'entendre, j'aime à être entendu, et, dans ce vacarme universel, on n'eût point entendu Dieu tonner.

1. Inédit.

Tous n'étaient pas ainsi et, dans Sainte-Pélagie, on chantait les couplets composés par Chabroud[1] :

(Air de la Carmagnole.)

Vivent nos généreux guerriers !
Ils ont moissonné des lauriers.
Paris les chantera,
Londre y réfléchira.
Pour nous, faisons ripaille,
    Que le loisir,
    Que le plaisir,
  Succède à la bataille,
  Et les chansons
    Aux canons !

L'Anglais avait juré son roi
Qu'il viendrait nous faire la loi.
Zeste, il a débarqué !
Zeste, il s'est rembarqué !
Eh bien ! faisons ripaille... etc...

C'est avec l'argent d'Albion,
Qu'on avait acheté Toulon.
Nos preux, mauvais plaisants,
Ont chassé les marchands ;
Et nous, faisons ripaille,
    Et le loisir, etc...

Qu'en dira le ministre Pitt ?
Il s'en va crever de dépit !
Ou, s'il est sage enfin,
Se faire Jacobin.
Pour nous, faisons, etc...

Et George, et Guillaume, et François,
S'ils rêvent encor qu'ils sont rois,
Ont un heureux sommeil.
Mais gare le réveil !
Amis, faisons, etc...

1. Inédits.

Des rois, de Pitt, et cætera,
La liberté triomphera.
Les voyez-vous tremblants,
Ces nains, hier géants ?
Allons, faisons, etc...

Prenez donc de nos almanachs,
Sans-culottes de tous climats.
Nous frottons les Anglais,
Nous rimons des couplets,
Puis nous faisons ripaille,
    Et le loisir,
    Et le plaisir,
  Succède à la bataille,
Et les chansons
    Aux canons !

Roucher partageait l'ivresse générale. Il l'aurait plus noblement chantée ; mais, « le beau trépied qu'un mauvais corridor où l'on croit entendre toute la journée les cris, le tintamarre, les bagarres des rues et des halles ! Voltaire commença, dit-on, sa *Henriade* à la Bastille ; mais la Bastille était un cloître de chartreux et Sainte-Pélagie est une tabagie anglaise où, à l'odeur des baquets, de la bière, du cidre et de la fumée des pipes, se mêlent les cris discordants de la déraison en délire, de l'ignorance à prétentions et de la politique des rues. Le beau lieu, ma foi, pour chanter les succès de la Patrie, en homme inspiré par eux et par le désir de s'associer à la gloire de nos armes ! C'est bien là ce qui fait mes regrets. Il m'eût été si doux d'attacher mon nom dans la postérité à ce mémorable événement ! Les nouveaux puissants de la terre ne l'ont pas voulu. Je dis : « *Que leur volonté soit faite !* »

Le premier janvier fut bien triste à Sainte-Pélagie. Roucher se réunit à trois de ses amis pour passer la journée et l'heure ordinairement si gaie des repas de famille.

Rue des Noyers, on cherchait aussi à s'étourdir ; mais on ne pouvait y parvenir. Cette lettre d'Eulalie en témoigne :

12 nivôse an II.

Nous dînons aujourd'hui, ci-dessus, en famille. Les enfants de la maison tiennent à l'ancien style, et n'ont point encore perdu l'habitude de dire, le premier janvier : *Je vous souhaite une bonne année.* C'est une grande fête pour eux. Oh ! oui, bien grande. Leurs pères ne sont point à Sainte-Pélagie. Pour moi, le commencement d'une année, la fin d'une autre, sont tout un. Mes jours s'écoulent dans une uniformité de malheur. Aucune nuance plus gaie ne vient les varier ; le noir ne prend point d'autre couleur, il reste noir. C'est en vain que, dans un salon rempli de monde, de musiciens, de musiciennes, je voudrais me distraire ; celui sans lequel il n'est point de plaisir ne nous manque-t-il pas ? Je le cherche, et je le trouve, où ? au fond d'une prison, sous des grilles, des verrous. Et puis, la possibilité de prendre part à quelque distraction. Quand ces images et ces pensées cesseront-elles de fatiguer mon cœur et mon esprit ? Le remède à cette lassitude insoutenable est pourtant si facile ! Quand on a les clefs, pourquoi tarder à ouvrir les portes ? Qu'on les ouvre donc à ceux qui méritent tant de respirer l'air pur de la liberté.

Une nouvelle occupation absorbait alors presque tous les moments de Roucher ; il préparait un mémoire justificatif de sa conduite avec l'espoir que cela l'aiderait à recouvrer sa liberté.

Dans cette pièce, adressée aux représentants du peuple, membres du comité de sûreté générale, Roucher exposait ses principes avant la Révolution.

Ceux d'un homme de lettres, disait-il, sont dans ses ouvrages. Or, seul de tous les poètes français, sous le règne et dans la plénitude du despotisme, j'ai publié, en 1780, cette vérité, la mère de toute régénération sociale :

> Rois, soyez détrompés ! Le peuple est avant vous,
> Si par nous vous régnez, régnez aussi pour nous.

En 1782, j'ai invoqué :

> La majesté du *Peuple*, et le pouvoir des Rois.

Étais-je un incivique lorsque, profondément affligé de la misère des peuples, je réservais le supplice des songes épouvantables :

> A ce tyran paré du nom sacré de roi
> Dont les avares mains et les lois homicides
> Écrasent les sujets du fardeau des subsides.

Représentants du peuple, le courage que je montrais à cette époque était-il une vertu commune en France ? et quand je dénonçais sous le nom des Séjan et des Verrès,

> Ces Clugny, ces Terray qui, dans des jours iniques,
> Commandaient froidement les rapines publiques.

En un mot :

> Ces ministres ligués pour les concussions
> Vendant aux publicains le sang des nations.

Représentants du peuple, les philosophes mêmes me reprochaient de frapper trop fort. L'un d'eux me disait : « Vous donnez des coups de massue à tout le monde; vous aurez tout le monde pour ennemi... »

... Représentants du peuple, vous le voyez, je n'ai pas eu besoin que l'année 1789 vînt dessiller mes yeux et délier ma langue sur les deux fléaux de l'espèce humaine : le trône et l'autel.

Si, de ses principes, il passe à sa conduite :

Ici, dit-il, quelque orgueil peut-être doit m'être pardonné. Une réputation, méritée ou non, mais soudaine et tenant du prodige, m'avait fait remarquer par ces hommes qu'on appelait le grand monde aux jours de l'esclavage.

Je vis les grands. Rousseau avait dit : *Ils me le gâteront.* Quelques mois avant sa mort, il a dit : *Ils ne l'ont pas gâté.*

Je vis les riches. Mais né pauvre, je restai pauvre et je suis pauvre encore.

Je vis les gens de lettres. Les portes de l'Académie allaient s'ouvrir devant moi. (Ici Roucher raconte l'histoire des quatre lettres de Jean-Jacques.) Pour m'effrayer, on me promit des persécutions ; on ne m'effraya point, mais on tint parole...

Roucher s'est-il démenti depuis ? « Ici, les documents sont plus formels. Ce sont des discours dans les assemblées politiques de l'ancien district Saint-Étienne du Mont et de la section Sainte-Geneviève, appelée aujourd'hui le Panthéon français. » Dans un beau mouvement d'éloquence, Roucher rappelait sa conduite le 13 juillet 1789, — et lors de l'acceptation de la constitution, — et au retour de Varennes.

Qu'on les interroge, ces procès-verbaux, et ils diront que Roucher fut toujours un bon citoyen, etc., etc. Sa conduite politique est connue, il est inutile d'y revenir.

Cette pièce, qui n'est pas datée, est restée inachevée ; il est donc probable qu'elle ne fut pas envoyée. Roucher s'y montre beaucoup plus avancé en politique qu'il ne l'avait jamais été ; cette protestation, écrite au milieu des angoisses de la captivité, a été noblement rachetée par la philosophie et le courage que le poète montra jusqu'à la fin.

Sous sa forme énergique et parfois brutale, c'était une dépression fugitive semblable à celle qui atteignit Florian dans la prison du Luxembourg. Pour lui aussi, on ne trouva qu'un brouillon ; mais le doux poète, échappé à la guillotine, mourut, peu de temps après sa liberté, des émotions trop fortes qu'il avait traversées.

Le bruit se répandit dans les premiers jours de pluviôse qu'on allait prochainement changer de prison. Dans les situations sans issue, le mouvement même est une aggravation. Cependant, on pouvait espérer un adoucissement. Si l'on devait être dirigé sur la Force « on serait content », « parce que c'était de toutes les prisons celle que l'on disait la moins insupportable ».

Les rumeurs de Sainte-Pélagie ne s'accordaient pas toujours avec les craintes de Roucher ; le poète prenait alors sa part des espérances[1].

J'ai bien peur de déménager de prison. On dit qu'on arrange dans Paris et autour quatre maisons où tous les suspects seront transférés. Là, point de verrous, point de barreaux, point de grilles. On jouit de la plus grande liberté intérieure, même du plaisir de la promenade sur un grand espace. Ce qui me ferait croire à cet arrangement, c'est qu'en effet il n'est pas possible qu'on continue à traiter comme des criminels des hommes qui ne sont quelquefois que *soupçonnés d'être suspects.*

Et puis on dit que cela amènerait plus de liberté dans les relations avec l'extérieur. Roucher n'y croit pas :

Mon âme se défend de laisser approcher la moindre espérance. La prudence le veut ; ne savez-vous pas que l'espoir trompé est cruel.

Le 10 pluviôse, le déménagement est imminent, il écrit à sa femme :

1. Inédit.

On a transféré ce matin vingt-deux détenus à Saint-Lazare.
Sainte-Pélagie est destinée uniquement, dit-on, à faire une
maison de justice. En conséquence, j'écrirai, ce soir, à l'administration de police pour demander ma translation soit **aux**
Anglaises, soit aux Écossais, soit au Luxembourg, pour n'être
pas trop loin de vous. Par ce moyen je m'en rapprocherais
même. L'on dit qu'au Luxembourg on jouit de l'air extérieur, en
promenade dans la grande cour. Je ne sais pas comment j'ai eu
assez de tranquillité de tête pour faire des vers. Ma cellule où
j'étais seul, que j'avais disposée à ma taille, et où je travaillais,
je la quitterai avec regret. Ce n'est pas assez d'être prisonnier,
il faut changer de fers quand on s'est accoutumé **aux** premiers.

Mais que m'importe! pourvu que je ne sois pas trop loin de
ma famille, de tous mes bons et vrais amis.

Son parti est pris maintenant; la crise n'entamera pas
son courage. Sans doute il en souffrira; mais qu'est-ce
qu'une douleur de plus, quand on souffre de tous les côtés[1]?

J'ai senti que j'abandonnerais avec peine Robert, Chabroud,
Ballin[2], et qu'il faudrait faire encore un nouvel apprentissage
des caractères avant de se lier et courir les risques de perdre
une cellule où l'on vit seul et libre de faire ce qu'on veut,
à l'heure où on le veut. Vienne l'ordre quand il voudra. Je
lèverai tranquillement le pied je plierai, ma tente chétive et
j'irai, soumis, la dresser en quelque lieu qu'on m'assigne.

Bientôt il est décidé que les prisonniers seront conduits à
Saint-Lazare. Voici les premiers sentiments d'Eulalie à cette
nouvelle:

Dans le malheur, les objets rarement offrent deux aspects,
ou pour mieux dire, on n'en voit presque toujours qu'un seul;

1. Inédit. A madame Lecoq.
2. Homme de lettres estimé.

le plus affligeant. C'est la réflexion et la raison qui pèsent ensuite, avec une sorte d'égalité, le bon et le mauvais. C'est ce
qui nous est arrivé, hier, à maman et à moi. Nous avons vu
d'abord, avec peine, cette translation de Sainte-Pélagie à Saint-
Lazare. Vous avez paru en être affecté, et nous ne l'avons pas
été moins de l'idée que toutes vos habitudes, votre train de vie,
votre société, votre solitude de chambre, votre bien-être (si je
puis m'exprimer ainsi) de chaleur, de propreté, d'égards
même, allaient être renversés. Il faudra donc se replacer, se
réinstaller dans le mal, s'y refaire un cercle de commodités,
d'adoucissements, de consolations, de dédommagements, d'aisances. Eh quoi! lorsqu'on a eu tant d'efforts à faire, qu'on a
travaillé sans relâche pour se routiner au malheur, il faut tout
recommencer de nouveau!

C'est ici-bas la tonne des Danaïdes. Cependant, avec la réflexion, nous nous sommes dit que vous auriez peut-être plus
de liberté; qu'il serait possible que, dans un changement...
Qui sait! les démarches peuvent... Mais là-dessus, vous nous
conduirez. Obéissance aveugle. Grand Dieu! quand verrons-
nous la fin de nos malheurs?

Roucher, lui, assiste avec sérénité à tous les préparatifs de
ce déménagement; il observe, comme si tout ce mouvement
ne le touchait pas; entre deux appels, il s'assoit à sa table
de travail pour achever la lettre commencée, ou pour continuer la traduction qui est en train. A trois heures du matin,
le 12 pluviôse, il écrit à Eulalie :

Il y a une heure que j'ai été réveillé en sursaut. Grand bruit
dans les corridors, grand heurt à toutes les portes. *Citoyen
un tel! citoyen, par-ci; citoyen, par-là. Hé, vite! hé, vite!
levez-vous; à Saint-Lazare! levez-vous; tenez, par les guichets:
voilà de la lumière!* je me lève; j'arrange d'abord mon portefeuille, mon trésor où sont tes lettres, ma chère fille; je case
mes livres dans ma petite malle, j'écris quatre lignes à maman
pour l'informer de l'événement, me voilà prêt enfin. On ouvre.

Trois magistrats du peuple, en écharpe, précédés de deux flambeaux résineux et brillants noir, entrent. — *Comment t'appelles-tu? — Roucher. — Es-tu ici depuis longtemps? — Encore neuf jours, il y aura quatre mois.* Ils cherchent sur trois listes. — *Bon! Jean-Antoine Roucher, homme de lettres. — C'est moi. — On va te transférer, prépare-toi! — Je suis prêt.* Ils sortent, vont aux autres cellules; la mienne se referme sur moi, et je puis m'occuper encore agréablement, en attendant cette nocturne translation générale. Je rouvre mon portefeuille, reprends ma lettre et te fais ce récit qui te rend compte de tous mes instants. On dit que des chariots nous attendent; nous verrons. Arrivés au lieu de notre détention définitive, je reprendrai l'histoire de ma journée.

Mais on me laisse quelques instants de repos, et je te les donne; tu les embelliras.

Je te l'ai dit souvent, dans nos conversations, et je crois aussi dans une de mes dernières lettres, qu'on calomniait la langue française, quand on l'accusait de ne pouvoir rendre toutes les beautés de la langue latine. Cette inculpation m'a paru le produit de l'ignorance ou de la paresse, et peut-être aussi de l'une et de l'autre; de l'ignorance, qui prononce sans voir; de la paresse, qui craint la peine du travail. Je me suis constamment élevé contre les détracteurs de la langue des Bossuet, des Corneille, des Massillon, des Racine, des Boileau, des Jean-Jacques et des Voltaire. L'expérience, fille de l'âge, n'a pas changé mon opinion; chaque jour la confirme au contraire. Je veux te donner un nouvel essai de mon obstination à dompter le latin, même de Virgile. Ce grand poëte, dans le quatrième livre de ses *Géorgiques,* peint l'inconcevable douleur d'Orphée, lorsque, pour la deuxième fois, il a perdu son Eurydice. Il la pleure le jour, il la pleure la nuit.

> *Qualis populea mœrens Philomela sub umbra,*
> *Amissos queritur fœtus quos durus arator,*
> *Observans nido, implumes detraxit; at illa*
> *Flet noctem, ramoque sedens, miserabile carmen*
> *Integrat, et mœstis late loca questibus implet.*

Mets le français en ordre, examine le latin; vois la place que les mots différents y occupent; récite tout haut ces beaux vers, avec l'accent qui leur est propre, et marque les divers repos; il est impossible que tu ne partages pas la douleur de cette malheureuse mère.

Voici maintenant deux traductions en vers de cette célèbre comparaison. Laquelle des deux rend le mieux, à ton avis, l'impression de tristesse que laisse l'original? A laquelle donnes-tu la préférence comme plus fidèle et tout à la fois plus pittoresque? Parlez, monsieur le juge, car vos arrêts précédents et votre *odieux* et votre *hors* et tous les *etc.*, possibles, me donnent en vous une grande confiance.

Première traduction.

Telle sur un rameau, durant la nuit obscure,
Philomèle plaintive attendrit la nature,
Accuse, en gémissant, l'oiseleur inhumain
Qui, glissant dans son nid une furtive main,
Ravit ces tendres fruits que l'amour fit éclore,
Et qu'un léger duvet ne couvrait pas encore.

Seconde traduction.

Telle pleure et gémit la triste Philomèle,
Quand sur un peuplier sa voix traînante appelle
Ses petits, nus encor, ravis à son amour.
La nuit règne et tout dort; mais elle, jusqu'au jour,
Sur le même rameau, dit sa longue complainte,
La redit et des bois remplit au loin l'enceinte.

Il faut, ma chère fille, me rendre un compte bien détaillé de tes idées sur ces deux copies. J'y mets un grand intérêt et pour le mérite de l'original et pour la réputation de l'un des deux traducteurs. Rien de plus propre à former le goût que le travail que je te demande. Il est quatre heures sonnées et le signal du départ n'est pas encore donné, tant mieux! je jaserai plus longtemps vers et prose avec ma chère fille.

D'abord, j'adopte absolument toutes tes réflexions sur l'épithète d'*odieux* donné au cyprès. Il est sûr que ce n'est pas là le sentiment qu'inspire la vue de l'arbre dont les tombeaux des anciens étaient parés. Sa présence appelait la mélancolie, la tristesse; mais pour la haine, oh! il n'en était rien. J'ajouterai que le mot *invisas* a une grande latitude, formé du verbe *videre, voir*, et du négatif *in, non*. Il signifie tantôt qu'on voit avec peine, tantôt qu'on voit avec horreur, tantôt qu'on n'a pas grand plaisir à voir; c'est dans ce dernier sens qu'il faut, je crois, l'entendre dans les vers d'Horace.

Quant à ce mot, *hors*, dont tu ne veux ni à la place que l'anonyme lui a choisie, ni à celle que je lui ai donnée, c'est avec raison que tu le proscris. Je crois même qu'il doit être banni de la haute poésie. Il faut le laisser dans la prose. Je ne sais comment il se fait qu'il se soit glissé dans mes vers; je ne l'y avais pas introduit. Il faut lire : *nul arbre qu'un cyprés*. Me voilà bien à l'abri de votre critique, monsieur l'Aristarque! Oh! il faut s'observer de près; votre férule frappe à droite, frappe à gauche, il ne fait pas bon la rencontrer.

Le moment du départ approche; les citoyens Robert, Chabrond, Moynat, Ballin sont des nôtres. Ils sortent de ma cellule; je leur ai touché la main. C'est un tintamarre à ne pas s'entendre; les voix fortes ont beau jeu.

L'appel commence, je te quitte; il ne faut pas se faire attendre. Adieu! Adieu! Adieu!

De Saint-Lazare, corridor Germinal, nº 14, neuf heures du matin.

Nous sommes arrivés à sept heures et demie; les chambres ici sont nues. Envoyez-moi un lit de sangle, deux matelas, couvertures, etc., une table, une chaise, un balai. Nous sommes trois dans la même chambre, Moynat, Chabrond et moi.

Pendant cette translation, qui est comme une préparation pratique au voyage suprême du 7 thermidor, Roucher, en disciple de Montaigne, note soigneusement toutes ses impressions. Pendant qu'Hubert Robert dessine à chacune des étapes de la route, Roucher grave dans sa mémoire les scènes qui se déroulent sous ses yeux.

Rien n'est plus intéressant que le récit qu'il en adresse à sa fille quelques jours après sa nouvelle installation :

Après sept jours de trouble, de désordre, qui ont dû nécessairement suivre une translation aussi brusque, je puis donc, ma chère fille, reprendre notre tant doux commerce épistolaire. D'abord, la nudité absolue de notre prison où nous avons manqué, même d'eau, pendant près d'une demi-journée ; ensuite le chaos inconcevable que formaient, autour de trois malheureux, tous les objets d'ameublement, de vêtement, et de comestibles qui leur arrivaient de Sainte-Pélagie et de chez eux, sur un espace de treize pieds de long et de neuf de large, ne laissaient à l'esprit aucune place pour se retrouver. Il a bien fallu prendre le temps de caser notre chétive *provende*, de trouver à chaque objet le lieu le moins incommode ; en un mot, d'épargner le terrain de toutes les manières, pour en donner le plus possible au mouvement journalier de trois individus. C'est fait ! l'ordre et la propreté habitent avec nous. Je ne crois pas qu'il y ait ici beaucoup de chambres aussi nettement rangées que la nôtre, et puis, n'ai-je pas mon cabinet à muraille de papier ? Là, je suis seul, ne voyant pas mes co-chambristes, n'en étant pas vu, recevant sur mon bureau, par un espace libre de deux pieds, la lumière de la fenêtre, les pieds posés sur mon tapis mis en double, et les jambes enveloppées du couvre-pied d'indienne mouchetée. J'ai presque l'air d'un sybarite, et je ne suis pourtant qu'un pauvre républicain, ami de l'étude et grand ennemi du froid. Ovide a dit, je crois :

Ingenium sæpe mala movent.

Oh ! il a grandement raison, à mon sens, pour le génie de l'arrangement. L'aisance aime à s'étendre et ne se trouve jamais assez au large ; l'infortune a l'art de se resserrer et sait encore parfois trouver un peu d'espace de reste. Si les leçons du passé n'étaient pas ordinairement perdues pour notre avenir, les grands terriens qui sont ici se feraient pour les jours de leur liberté un riche fonds de pensées qui ajouteraient à leurs jouissances futures. Quand on a vu combien peu il faut pour les vrais besoins de la vie, on peut, on doit reconnaître la vérité de ce mot : *Oh! que de nécessités inutiles!* Quoi qu'il en soit, je veux reprendre l'histoire de notre translation, au point où je l'avais laissée. Cet événement de ma vie me sera éternellement présent, s'il est vrai qu'après la mort il y ait pour nous une existence continuée.

L'appel va commencer, s'écrie l'officier municipal. A ce mot, je prends mon portefeuille sous le bras, je jette sur ma tête, embéguinée de ma coiffe de nuit, ce vieux chapeau dont la poussière, la crasse et les trous sont à l'ordre du jour, et, enveloppé de ma houppelande, je sors de ma cellule dont je ferme les verrous. Ce ne fut pas sans lui donner un regret. *Je sais ce que je quitte,* me disais-je, *et j'ignore ce que je vais chercher.* Mon excellent voisin était seul et tristement debout, auprès du poêle, sur sa porte. Je l'embrasse, lui remets le petit billet par lequel j'annonçais à maman notre translation; et après avoir reçu l'assurance de ce brave homme que mon petit mot serait envoyé, de très bonne heure, à son adresse, je vais me réunir aux soixante-dix-neuf détenus qu'on allait transférer. Ils étaient tous en tumulte, mêlés, confondus, empilés dans la partie de ce long et étroit corridor qu'éclairaient, d'une lumière lugubre, la lampe attachée au-dessus de la porte et deux flambeaux de résine allumés qu'on voyait brûler au delà des barreaux du premier guichet, d'où l'œil enfile la longueur du corridor. *Citoyens,* reprend le magistrat du peuple, décoré de son écharpe, *que chacun de vous, au fur et à mesure que je l'appellerai, aille se ranger, les uns d'un côté, les autres de l'autre, le long des murailles du corridor, les deux premiers près de la porte et ainsi de suite. Silence! silence!* On se tait, l'appel commence; vingt individus sont à leur place. J.-A. Roucher est appelé le vingt-unième et le voilà déjà plaqué contre le mur. Moynat me suit ; il était triste, rêveur. Je cherche à l'égayer. *Voilà*, lui dis-je, *le bon pasteur qui compte son bétail.* Le bétail reconnu, on nous ordonne de filer, de deux en deux, par huitaine, du corridor entre les deux guichets où l'on nous compte encore. *En voilà huit, pour le sûr !* disent les guichetiers-numérateurs, et l'on nous ouvre le deuxième guichet donnant sur la cour. Là, j'aperçois le citoyen Bouchotte debout, triste et nous regardant passer. *Adieu, citoyen concierge ! Grand merci du ton honnête et doux que vous avez toujours eu avec moi !* En lui parlant ainsi, je lui tends la main, il me tend la sienne que je presse et je suis mes compagnons. Nous voilà arrivés au dernier guichet donnant sur la rue. On nous compte encore, et nous franchissons le seuil de notre premier enfer, pour en aller chercher un second.

Ici, je ne saurais peindre le genre de pensées et de sentiments que produisit en moi la vue de la scène qui, à la lueur de deux ou trois flambeaux ténébreux (il était cinq heures environ du matin), se déployait devant nous jusqu'aux deux bouts de la rue de la Clé. C'était une espèce de charrette ou de chariot vide auquel étaient attachés quatre chevaux, précédés de deux autres qui avaient déjà leur charge et suivis de sept autres qui attendaient la leur. Une chaise branlante nous sert de marchepied pour monter sur ce char de sinistre augure. Moynat me suit. Ballin suit Moynat. J'aide à Ballin, chargé de soixante années et plus, à monter sans danger. Nulle chaise, nulle planche pour nous asseoir. Quelques brins de paille mouillée et salie par l'épais brouillard qui tombait, jonchent cette infâme voiture. Il faut s'asseoir sur les ridelles et prendre soin de se plier en deux, l'un vers l'autre, de peur que le moindre choc ne nous jette à la renverse. Un garde, *brave sans-culotte*, monte en neuvième et l'on crie aux conducteurs : *avancez.* Les deux premiers chariots s'ébranlent ; le nôtre roule aussi. Nous laissons la place libre au quatrième, et, au bout de dix pas, tout le cortège supérieur s'arrête. Nous voilà en face d'une rue qui donne dans celle de la Clé, exposés au froid du matin, au brouillard et au vent qui souffle. Je me tourne vers Sainte-

Pélagie, pour connaître l'extérieur du manoir que je laisse ; car je n'avais pas pu l'examiner dans la triste nuit où l'on m'avait incarcéré, il y a aujourd'hui quatre mois. Je vois à loisir cette masse énorme de murailles exhaussées que percent, à peine, quelques ouvertures rares, basses et étroites, enfoncées encore au-dessous du pavé. *Tel serait, me dis-je, le frontispice de l'enfer ; voilà bien qui l'annonce.* Cependant, quelques gendarmes à cheval tenaient à la main des flambeaux, allaient, venaient, et nous donnaient, sur le terrain incliné de cette rue étroite, la facilité de découvrir l'étendue de la procession affreuse qui se préparait. Après que chaque chariot est rempli, nous avançons de quelques pas, pour nous arrêter encore, jusqu'à ce qu'enfin nous voilà tous hors de Sainte-Pélagie sur nos voitures rangées à la file. Elles roulent ensemble. Nous tournons dans la rue Copeau, à droite, pour aller prendre la rue Saint-Victor. Arrivés devant la rue Neuve-Saint-Étienne, je me rappelle les jours de la belle saison où, tous les matins, ma chère Minette et moi, nous nous rendions avec tant de plaisir, par ce même chemin, à nos agréables leçons de botanique. J'étais libre alors, j'étais heureux ; ma fille était avec moi et nous respirions ensemble l'air pur et bienfaisant du jardin des Plantes. Aujourd'hui, je suis captif, je ne vois plus ma fille et je sors de l'air infect d'une prison de quatre mois, pour aller respirer à une lieue des miens une atmosphère peut-être non moins infecte. J'avoue, ma chère Minette, que cette pensée me donna un sentiment pénible, déchirant ; mes yeux s'humectèrent de quelques larmes. Je m'affaiblissais... Je m'en aperçois ; à l'instant, j'appelle toute ma philosophie, pour te chasser de ma pensée. Mais, arrivé dans la rue Saint-Victor, mon esprit, avec une rapidité inconcevable, me présente toutes les circonstances de ma vie qui ont laissé dans ma mémoire l'image de cette rue. Devant la maison de Perrin : *C'est là*, me disais-je, *que pendant deux jours d'alarmes publiques, mes enfants, ma femme et moi, nous sommes venus chercher un asile.* Un peu plus bas, je me dis : *Ici, dans les premiers jours de mon arrivée à Paris, il y a trente années, je me laissai conduire à la promesse d'une foire amusante et je ne trouvai que des baraques à pain d'épice.* Plus bas encore : *J'étais là, dans le cabriolet de Laigner pour aller ensemble au Coudrai voir les miens, et le heurt d'une voiture brisa la nôtre.* En face de la rue des Noyers, je porte les yeux vers l'endroit où est située notre maison : *Elles dorment peut-être en ce moment, si près d'elles et ne pouvoir les embrasser !* Cependant les ridelles m'incommodaient autant que la posture gênante que j'avais et qui me brisait en deux ; je prends le parti de me tenir debout. D'abord, je m'attache d'une main au collet de Moynat et de l'autre à celui de Ballin. Bientôt après, je me tiens ferme sur mes jambes et ne quitte plus cette attitude.

Nous avançons ; la nuit s'éclaircissait insensiblement. Les rues sont déjà fréquentées ; les yeux des passants s'attachent sur nous. Je les observe à mon tour et je ne découvre rien que de la curiosité. En effet, n'est-ce pas une chose curieuse que quatre-vingts prisonniers détenus comme suspects, conduits par cinq ou six gendarmes seulement, qui, sans fers, sans liens, se laissent ainsi mener comme des agneaux, où l'on veut et comme l'on veut, sans se plaindre, sans nulle intention de s'échapper, dociles à la loi parce qu'elle est la loi, et la respectant dans ses rigueurs. Si jamais l'histoire se charge de tracer ce tableau, on aura peine à croire la vérité de ce récit, ou plutôt on dira : Non ! ils ne méritaient pas, ces infortunés, la qualification dont on les a flétris.

Dans la rue Saint-Martin (il était jour déjà), une vieille revendeuse de fruits, accroupie contre une borne, nous a salués d'un mot que le genre de nos voitures lui a dû inspirer, aussi bien que la vue de nos gendarmes à cheval et tenant toujours leurs flambeaux allumés. « *Qu'on les f.... tous à la guillotine, tous à la guillotine !* » Grand merci, ma bonne, il serait possible d'être patriote, républicaine, et pourtant moins féroce.

Enfin voilà le grand jour ; sept heures et un quart sonnent. Nous arrivons à Saint-Lazare. Le premier guichet s'ouvre pour nous recevoir. Au delà du second, le même officier municipal,

un grand papier à la main, fait un dernier appel. Nulle tête ne
manque. Nous défilons sous ses yeux, l'un après l'autre. Enfin
voilà le bétail parqué, et la claie d'entrée déjà fermée bien et dû-
ment sur nous. Une immense pièce servant jadis de réfectoire
et ayant au moins soixante à soixante-dix pas de longueur nous
reçoit tous. Là, nous restons l'espace d'une heure, nous parlant
les uns aux autres, en tumulte, du nouveau genre de triomphe
qu'on nous a fait savourer longuement, durant toute la traversée de Paris. On nous annonce enfin qu'il faut quitter le
rez-de-chaussée et monter au troisième où nos logements nous
attendent. Un premier guichet s'ouvre ; nous voilà dans un
grand escalier. Au-dessus de trente marches, au premier étage,
trois guichets ; au second étage, trois guichets ; au troisième
étage, encore trois guichets. Tu vois, ma chère Minette, que
l'art a épuisé son génie, pour espacer sur notre route les instruments de l'esclavage, de peur, sans doute, que nous oubliass-
sions la captivité. Il est bon, en effet, de frapper toujours par
les yeux l'imagination des malheureux, ne fût-ce que pour la
tenir toujours en haleine. Il ne faut pas que l'infortune chôme.
Jamais artiste n'atteignit mieux son but.

Parvenus au troisième étage, un long, large et lugubre
corridor, bien éclairé, nouvellement blanchi, se présente à nous.
Toutes les chambres sont ouvertes, et un chiffre tracé à la
craie, sur toutes les portes, indique le nombre des détenus
que chaque logement doit contenir. Le chiffre un n'est écrit
nulle part ; deux est très rare ; celui de trois est le plus
souvent répété ; quatre, six, sept se voient par-ci, par-là.
Aucun de ces derniers, me dis-je, *ne sera le mien*. Je vais,
je reviens, je cherche ; mais Chabroud s'était déjà emparé
d'une chambre à trois à grand air, à belle vue, donnant sur la
cour intérieure, le jardin, la ville et la campagne.

Je m'attache à lui, Moynat s'attache à nous ; notre demeure
est fixée. C'est celle, ma chère Minette, d'où je t'écris et que
je ne quitterai jamais que pour sortir de Saint-Lazare.

On t'a bien informée, ma Minette ; point de barreaux aux
fenêtres, mais de belles et grandes croisées. Point de verrous,

aux portes, mais des serrures intérieures dont on a la libre disposition. Point d'heures fixes de retraite, mais liberté de voisiner, toute la nuit, dans le même corridor; durant tout le jour, communication permise entre tous les étages et, dans peu, jouissance d'une grande et vaste cour qu'on bat, en ce moment, et qu'on sable.

Le 25 pluviôse, Roucher reprenait son récit où il l'avait laissé dans sa précédente lettre :

Comme je crois qu'un jour tu seras bien aise d'avoir en mains des mémoires authentiques du temps qui court, je vais continuer le récit que je t'ai commencé.

Tandis que nous étions ici dans notre corridor Germinal, à crier la faim, la soif, le froid et la fatigue, nous entendons le bruit d'un grand nombre de chariots à la suite les uns des autres dans cette même cour, où nous étions descendus nous-mêmes quelques jours auparavant. On court aux fenêtres, on regarde et l'on voit un renfort de malheureux destinés à gémir avec nous. D'où viennent-ils ? des Magdelonnettes. Ils ont traversé tout Paris, le long des anciens boulevards; ils ont vu, comme nous, sur leur route, des visages immobiles. Était-ce d'indifférence ? Était-ce d'effroi ? Vaste champ ouvert aux con-jectures. Les voilà ces hommes suspects, répandus parmi nous et choisissant leur demeure dans les chambres dont les *Pélagiens* n'avaient pas voulu.

Ils étaient à peine casés, qu'un nouveau cortège arrive. Oh! pour ceux-là, ils présentent un spectacle bien plus affligeant. Liés deux à deux, par le corps et par les bras, aux ridelles de leurs chariots, ils ont tous l'apparence de grands criminels. C'est ainsi qu'on traite les voleurs, les assassins, les incen-diaires. Le sont-ils? d'où sortent-ils? de Bicêtre. Ils descen-dent; on en fait le triage. Les uns, fléau de la société par leurs forfaits, sont jetés pêle-mêle sur la paille, au rez-de-chaussée; les autres, ci-devant nobles, ci-devant prêtres, viennent se joindre à nous. J'en reconnais plusieurs qui avaient précédemment habité à Sainte-Pélagie, je leur serre la main, je les embrasse, je leur demande l'histoire de leur translation; la voici telle que je l'ai recueillie de leur bouche.

On les a d'abord réunis tous dans le vaisseau qui servait autrefois d'église. Là, ils attendirent ce qu'on allait ordonner d'eux, car on ne leur avait pas dit qu'ils dussent être tranférés. Tandis qu'ils se livraient ainsi au cours de leur imagination remplie du souvenir du fameux 2 Septembre, des gendarmes à cheval, le sabre à la main, entrent; l'officier tire de sa ceinture deux pistolets qu'il arme. Bientôt, soit d'autres gendarmes, soit des guichetiers, apparient les malheureux par le moyen de cordes. Au fur et à mesure que les détenus sont ainsi accouplés, on les emmène dans la cour, on les place sur des chariots où d'autres cordes les attachent. Voilà tous les chariots chargés qui traversent toutes les cours. Arrivé à la grande porte extérieure, le *convoi* aperçoit une vingtaine d'hommes à figure peu rassurante. Sont-ils là à dessein? sont-ils là par hasard? Chacun se le demande, et libre à chacun de répondre, suivant le tour de son imagination. Ces *curieux*, ou vrais ou prétendus, suivent, accompagnent le cortège qui marche vers Paris. Ils ne seraient pas autrement s'il y avait un projet à mettre à exécution, et qu'ils attendissent le signal convenu. Heureusement, point de signal. S'il devait y en avoir un, qui donc l'a fait manquer? Devine qui pourra, ou parle qui saura. Mais enfin, à la barrière, ces beaux suivants cessent de faire suite. Un instant après, on ne les voit plus. Mais c'est en plein jour qu'on montre à tout Paris, dans la plus longue traversée, des prisonniers dont un grand nombre est souillé des crimes que la société, dans tous les gouvernements, dévoue à la mort. Tout Paris saura donc que Saint-Lazare est une des grandes sentines de la République.

Quoi qu'il en soit, le jour s'écoule, la nuit arrive, et un grand nombre d'entre nous la passe dans un dénûment absolu de matelas, de lits, de couvertures.

Cependant au rez-de-chaussée, ces hommes qu'en terme de prison, on appelle *pailleux*, parce que, selon une autre expression du même genre, on les *gerbe*; ces hommes travaillent des pieds, des mains à percer les murs, à mettre le feu aux boiseries de la grande pièce où ils sont déposés. Ils s'ouvrent une issue, et quelques-uns parviennent à s'échapper à la barbe des sentinelles qu'ils trompent. On s'aperçoit enfin de leur évasion; grand bruit! grand tumulte! On court après eux ; on parvient à les arrêter presque tous; on éteint d'autre part l'incendie, et le lendemain, on répand le bruit parmi le peuple, à la Commune, que Saint-Lazare est entré en insurrection. Nulle distinction n'est faite des personnes dans ce beau narré. Midi sonne, la garde montante arrive; le commandant général est dans la cour aussi. Les deux gardes s'y rangent en bataille. Henriot les harangue, et son éloquence s'applique à nous désigner tous comme des hommes ennemis de la patrie. « *Ils tenteront*, dit-il, *de s'échapper encore, eh bien! je vais vous faire distribuer des cartouches, des balles ; au moindre mouvement, tirez! donnez-leur la mort, car la mort les attend.* » Nous étions aux fenêtres, nous entendions distinctement la voix du général, et tu peux aisément, ma chère fille, te figurer l'effet de ce discours sur les auditeurs prisonniers. Le plus profond silence régnait. Peut-être Henriot en fut-il effrayé, car, amendant tout à coup la généralité de sa proposition, il ajouta qu'il pouvait y avoir parmi tous ces scélérats quelques patriotes victimes de l'erreur ou de la haine, mais que ces vrais républicains savaient endurer, sans se plaindre, des rigueurs passagères, et faire à l'affermissement de la liberté publique le sacrifice de leur liberté individuelle. Oh! il avait grandement raison, le commandant général. Oui, il y en a parmi nous de ces hommes de bien, et même un grand nombre. Je m'honore d'être de cette classe; la loi le veut, je courbe la tête, et je te déclare que les portes de Saint-Lazare s'ouvriraient à l'instant devant nous, contre le vœu du législateur, que je n'en profiterais pas. L'autorité me captive ; il faut que l'autorité me délivre, sinon j'achève ma vie loin de toi.

Voilà, ma chère fille, le récit fidèle de ce que j'ai vu de mes yeux et entendu de mes oreilles. Je me trompe ; une circonstance essentielle y manque, je l'avais totalement oubliée, mais on vient de me la rappeler et je répare mon omission.

N'oublie jamais qu'on sembla prendre à tâche de faire arrêter longtemps les transférés de Bicêtre dans tous les lieux de leur route où se trouve la plus grande affluence du peuple ; environ une demi-heure à la place Maubert ; autant devant la rue qui mène droit au marché des Innocents ; autant encore dans la rue Saint-Martin, près du marché de ce nom. Si ce fut là un effet du hasard, avoue que le génie du mal ne combine pas plus savamment ses projets infernaux quand il veut s'assrer du succès.

La prison de Saint-Lazare « un de ces cimetières vivants où l'on parquait les victimes humaines avant de les immoler[1] », est située au faubourg Saint-Denis ; c'était autrefois une ancienne léproserie. La monarchie en avait fait une maison de correction et la république, aux premiers jours de 1794, avait transformé *la maison Lazare* en prison pour les suspects.

Saint-Lazare a subi de grandes modifications depuis cette dernière époque ; il ne reste plus aujourd'hui qu'un unique et dernier vestige de la Terreur : un cadran tricolore avec cette légende fatidique : *Hodie mihi, cras tibi.* Les aiguilles de cette horloge ont fixé les yeux d'André Chénier quand il quittait la prison ; elles lui ont inspiré quelques-uns de ses vers les plus beaux, les plus touchants peut-être de toutes ses poésies.

Quand les verrous eurent été tirés derrière le lugubre cortège, chacun des prisonniers dut passer au greffe pour l'accomplissement des formalités de l'écrou.

Voici le signalement du poète, tel qu'il a été relevé sur

1. Carion-Nisas, dans *la Décade philosophique.*

le registre des prisonniers de la maison d'arrêt dite
Lazare[1] :

An II de la République française une et indivisible, 12 pluviôse, n° 296 ;

Jean-Antoine Roucher, homme de lettres, quarante-huit ans,
natif de Montpellier, demeurant à Paris, rue des Noyers, 24.
Cinq pieds quatre pouces ; cheveux et sourcils noirs ; front
découvert ; nez moyen ; yeux brun (*sic*) ; bouche grande ;
menton arrondi ; visage ovale. Transféré de Sainte-Pélagie.

Ici encore, la philosophie n'abandonne pas notre poète.

Me voici, ma chère Minette, dans une nouvelle prison, où
règnent encore la confusion et le désordre ; dans une chambre
où l'on a jeté, sans feu, sans eau, sans paille, ton malheureux
père, avec deux autres compagnons de son infortune... Que
de choses j'ai à te dire ! quelles scènes j'ai vues ! quels sentiments m'ont affecté depuis le moment où je sortis de ma chétive cellule de Sainte-Pélagie ! mais, encore une fois, il faut
avoir pris ici une place, rangé mon tiers de chambre, réglé
mes heures, ordonné enfin ma vie de prisonnier, pour me
redonner à toi. Il faut maintenant que je m'accoutume à travailler seul, quoique entouré de deux personnes ; j'espère bien
y parvenir. C'est en nous-mêmes que se trouve la véritable
retraite ; je m'y enfermerai le plus avant que je pourrai ; et
peut-être que Saint-Lazare ne me sera pas plus ennemi que
Sainte-Pélagie.

En voilà assez pour aujourd'hui, ma plume ne court pas
comme à l'ordinaire ; je suis trop importuné de l'aspect de
notre taudis. C'en est un, bien véritablement. Le ménage de
trois personnes répandu, entassé, confondu, jeté au hasard sur
le plancher dans un pied d'épaisseur de poussière, forme un

1. Cette pièce qui existait autrefois aux archives de la préfecture de
police portait en marge cette mention : « Transféré à la Conciergerie,
le 6 thermidor. »

tableau qui dégoûte et met l'esprit plus mal à l'aise encore que le corps. Oh! bienheureuses tablettes, qui devez mettre l'ordre et la propreté autour de moi, arrivez donc, arrivez vite, que je sorte d'un chaos de saleté.

On dirait presque qu'il s'estime heureux de son sort.

L'air, ici, est aussi pur que celui des champs. Nous avons devant nous un immense horizon, et, du côté de la salubrité résultant de l'espace et de l'air, point de comparaison avec Sainte-Pélagie. Oh! si la même proximité existait, tout serait au mieux pour une prison. S'il est possible d'une manière ou d'autre, de recevoir la subsistance de ta main, je ne balance point ; laisse-moi ici. Nulle part, je ne serais moins mal qu'à Saint-Lazare.

J'ai commencé à approprier notre chambre qui serait au mieux, si un seul l'occupait. Nous voilà sortis de la première ordure. Je pourrai ce soir écrire un peu plus tranquille, et Minette aura demain son quintidi, de la même manière et par la boîte ordinaire. Quand je serai posé tout à fait, tu sauras l'histoire de notre translation. *O droits sacrés de l'homme, quand pourra-t-on vous mettre en activité ?*

Et cependant, on parle de mesures plus sévères : il est question de forcer les prisonniers à manger à la table commune et encore devront-ils payer fort cher une nourriture détestable. Roucher, à quarante-neuf ans, va être réduit à la mendicité.

Quel supplice ! écrit-il à une amie[1]. Quelle torture ! mais cette mesure est nécessaire, dit-on, à la sûreté et à la tranquillité publiques. La liberté nationale en sera plus tôt affermie : nous allons au spectacle chercher le plaisir de la terreur, de la pitié, souvent pour des faits supposés, et toujours pour des actions

1. Inédit. 19 pluviôse. A madame Lecoq.

qui se sont passées loin de nous ; l'époque des révolutions sociales est bien plus féconde et plus riche en événements faits pour intéresser les contemporains, surtout quand ils voient la liberté publique s'élever du milieu des ruines du malheur.

Peu à peu, on s'installe : comme à Sainte-Pélagie, on se fait une cellule habitable. Moynat a trouvé une chambre.

Chabroud, le propre, et moi le soigneux, écrit Roucher [1], nous restons usufruitiers sans tiers de notre chambre qui, dans le fait, ne doit tenir que deux personnes...

En voici la description :

Ma chambre placée au troisième donne, par une très grande fenêtre, juste sur le milieu d'une bien belle cour intérieure au delà de laquelle s'étend un immense parc, auquel s'associe la vue des faubourgs et de la campagne, que termine au bout de l'horizon le mont Valérien.

Quant aux jouissances intérieures, ce sont, à chaque étage, quatre larges et longs corridors, qui communiquent librement entre eux et la faculté pleine et entière de se promener au grand air, dans la vaste cour dont je vous ai parlé.

De temps à autre, l'arrivée d'un nouveau prisonnier qu'on a connu dans les jours heureux rompt la monotonie de cette existence qui a quelque chose de monacal.

Mais qui m'interrompt? On frappe à ma porte, on entre. — Où est le citoyen Roucher? — Le voici. — j'ouvre la feuille mouvante de mon paravent et je vois..... devine qui, ma bonne amie? je te le donne en dix, en cent, en mille. — Qui! vous, mon ami, vous ici! est-ce pour y donner quelque secours? — Non; j'arrive à l'instant même, suspect, arrêté ce matin, comme tel, par le comité de ma section. — J'ai cru qu'il plai-

1. Inédit. 7 ventôse.

santait. Mais il n'en avait pas envie ; son ardent patriotisme ne va point jusqu'à la jubilation de se voir récompensé… à Saint-Lazare. Cependant, point trop de tristesse ; quelques traits du visage sont bien altérés, mais pour mes yeux seuls. Qui ne les a point vus encore n'y peut surprendre rien qui trahisse les peines de l'âme. Après un quart d'heure de conversation, il me quitte pour aller voir d'autres amis ou connaissances ; mais il reviendra, je l'ai retenu à dîner. Reste maintenant à te dire le nom de ce nouveau compagnon de malheur ; tu ne voudras pas m'en croire. Je ne mens point cependant, ma bonne amie : c'est *Tap*, oui, le bon *Tap*, l'excellent patriote et républicain *Tap* ; il est au rang des hommes suspects. Qui aurait pu prévoir que ce titre odieux lui serait donné? On le lui a imprimé pourtant. Nul Français ne pourra donc l'éviter, puisque notre ami gémit sous cette inculpation. Je te quitte ; bonjour! nous boirons, *Tap* et moi, à toutes vos santés.

Puis voici Chénier, le compagnon des luttes au *Journal de Paris*, celui qui ne quittera plus le poëte des *Mois*. Il retrouve à Saint-Lazare tous ceux qu'il a connus et aimés. Les deux Trudaine, Robert, et Suvée, que David triomphant appelait « l'horrible aristocrate, l'ignare Suvée », le peintre qui allait faire le portrait d'André aux derniers jours de la captivité[1].

Depuis quelque temps déjà, on compliquait toutes les formalités comme à plaisir.

Il vient de s'établir ici, et tout cela pour le plus grand charme de notre vie, un petit train d'attentions fines, en vertu duquel on ne visera plus rien au greffe les jours de décadi.

1. Un poëte de sa famille, Brizeux, l'a décrit ainsi : « André est peint en buste et de face, le bras gauche appuyé sur le dos d'une chaise, la main presque ouverte et pendante ; pour vêtement une espèce de surtout ou de redingote grisâtre, les boutons de la chemise défaits et, autour du col, une cravate de soie, bariolée à trois couleurs. Dans un coin du tableau, le nom de Suvée et la date : 27 messidor, an II. »

Ne faut-il pas que nos bénévoles gardiens aient tout entier à eux le *repos national?* et comment le sanctifier autrement que par une addition de malaise aux ennuis de leurs chers prisonniers? Voilà sans doute une œuvre pie. J'ai grand'peur que telle piété n'aille encore croissant.

Qui sait s'ils ne trouveront pas quelque chose de trop profane encore dans le soin que prennent nos femmes et nos enfants de nous envoyer à manger ces jours-là. Les envois passent par la censure; la censure ne s'exerce que par des censeurs, et pour ces censeurs, il n'est point de décadis chômés.

Ce n'était là qu'un commencement. Le 25 ventôse, les correspondances avec l'extérieur furent complètement interdites.

Au bout de quinze jours, on les rétablit; mais il était, désormais, défendu d'introduire de l'italien ou de l'anglais dans les lettres[1]. « On craint que ce ne soit un moyen de conspiration[2]. »

C'était en effet une conspiration contre l'Assemblée qui avait été la cause des mesures rigoureuses de ces derniers jours.

Roucher se montre toujours le même; il va jusqu'à approuver des sévérités dont il a été la première victime.

J'aurais maudit cent fois cette rigueur, si je n'eusse pensé à l'utilité générale de la patrie, à la conservation de l'Assemblée nationale, au salut même des prisons que menaçaient les grands coupables dont on a fait justice.

Trois d'entre eux avaient été enfermés à Sainte-Pélagie, dans le corridor d'en bas, dans le même temps que j'y étais

---

1. Chabroud avait demandé à Roucher l'autorisation de correspondre en anglais avec Eulalie. Le père, qui voyait là un moyen de perfectionner l'instruction de sa fille, y avait volontiers consenti.

2. Un jour, ces scélérats ignorants avaient dit à Roucher que « l'anglais sentait la contre-révolution, c'est-à-dire l'accointance avec Pitt ».

enfermé moi-même ; mais guidé par un sentiment qui est en moi, dans moi, et qui tient, pour ainsi dire, de l'instinct, je ne m'en étais jamais approché, persuadé qu'eux et moi nous n'étions pas faits pour respirer le même air. Ils faisaient sonner haut leur patriotisme, comme s'ils eussent pressenti qu'on les convaincrait bientôt d'en manquer, et moi, retiré dans cette cellule que tu as vue, je me taisais, je les jugeais et rendais grâces à la nature et à l'étude qui m'ont donné le véritable amour du bien, ce désir pur de voir s'établir, par les moyens qu'indiquent la raison et l'humanité réduites en lois, le règne de la liberté et de l'égalité. Ah ! *puissent aujourd'hui toutes les opinions les plus opposées s'anéantir et se confondre dans une seule pensée, dans un seul désir, le salut de la France par la république.*

Roucher est véritablement bouleversé par l'audace des conspirateurs ; dans une lettre restée inédite, il disait à sa femme :

On voulait donc enlever à la France l'unique espoir de son salut, car, enfin, que deviendrait la patrie si le corps législatif était dispersé et cela au milieu de la pénurie des subsistances et du danger d'une guerre générale en Europe, tout entière dirigée contre nous, en haine de notre liberté ?

Cette assemblée était la Convention et il ne fallait pas moins que les intérêts sacrés du pays en face de l'étranger pour légitimer, et de ce côté-là seulement, sa tyrannie et sa dictature.

Roucher, du reste, paraissait bien s'en rendre compte ; son âme était trop haute et trop noble pour oublier les dangers extérieurs, mais son esprit était trop éclairé pour ne pas voir les fautes et les crimes de l'intérieur. Il le laissait percer dans ces lignes plus mélancoliques que d'habitude[1] :

1. Inédit.

Le régime auquel nous avons été soumis a été si souvent
traversé, fait et défait; il y a eu tant d'inégalités, tant de
hauts, tant de bas que moi, qui fus et qui serai toujours
animal d'habitude, j'ai de la peine à me retrouver au milieu de
toutes ces variations.

Ces inquiétudes continuelles redoublaient les sévérités de
l'administration et les transes des prisonniers. Roucher en
donne le détail dans la lettre suivante :

Sans doute, il est dur de se voir emprisonné comme suspect
et même *anti-civique*, quand on a appelé de tous ses vœux et
servi de toutes ses facultés la régénération de son pays par
la liberté. Il est dur de voir l'injustice de cet emprisonnement
se prolonger au delà de six mois, dans un âge où six mois
sont une portion considérable de la vie.

Il est dur de voir se reculer sans cesse, même pour l'espérance, le terme d'une pareille captivité. Mais il est horrible
d'éprouver, presque tous les dix jours, des alternatives de
rigueur, un resserrement fiévreux et, pour ainsi dire, inter-
mittent de chaînes, sans savoir jamais, à la fin d'un jour, quel
sera le régime de sévérité du lendemain.

Telle est, ma chère Minette, notre condition à Saint-Lazare
depuis que les prisons ont été accusées et *convaincues* de
conspiration contre l'existence de l'*Assemblée nationale*.

Les hommes nés scélérats le sont partout, dans les fers
comme en liberté; et, une fois qu'ils sont entrés dans la voie
du crime, il faut qu'ils aillent toujours devant eux, jusqu'au
moment où ils rencontrent l'échafaud.

Ils complotaient à côté de nous, et nous l'ignorions. S'ils eussent réussi, Minette n'aurait plus de père aujourd'hui. Les deux
premiers[1] ne m'avaient point oublié dans leur table de proscription. Je n'avais jamais parlé à ces garnements; peut-être
même, le son de ma voix leur était inconnu, et toutefois ils

1. Ronsin et Pereyra. Le troisième conspirateur s'appelait Défieux.

m'avaient accablé, à deux reprises, de grosses et sales injures,
si toutefois l'homme de bien, l'homme vertueux peut se croire
injurié par d'aussi viles créatures. Cependant, comme ils tra-
vaillaient dans le mystère et dans les ténèbres, le régime de
Sainte-Pélagie resta toujours le même, à peu de chose près.
Les communications des maris et des pères avec leurs femmes
et leurs enfants ne cessèrent jamais pour ceux qui, comme
moi, n'écrivaient et ne recevaient que les expressions d'une
douleur prudente et d'une tendresse toujours respectable. Nous
arrivâmes à Saint-Lazare, et le complot, ayant pris alors plus de
vie, et s'approchant de l'action, fut connu du comité de Salut
public. Dès lors la surveillance, la sévérité et la rigueur, nous
environnèrent tous, et pesèrent indistinctement sur les coupables et les innocents. On avait accordé aux nôtres quelques
permissions pour nous voir ; on les a supprimées. On vous
laissait approcher dans la cour, jusque sous nos fenêtres ; ces
approches ont été défendues. Vous pouviez encore nous apercevoir de loin, en vous plaçant sur le seuil de la deuxième
grande porte qui restait ouverte ; la deuxième grande porte a
été fermée, on n'en ouvre plus qu'à moitié une espèce de
guichet qu'on referme à l'instant que les commissionnaires
intérieurs sont passés. Ces commissionnaires nous apportaient
eux-mêmes dans nos corridors, jusque dans nos chambres, les
paniers qu'on leur avait remis pour nous ; on leur a ordonné
de les déposer au guichet du premier où nous sommes obligés
d'aller les attendre pour les porter nous-mêmes. Nous pouvions du moins écrire à nos amis, à nos parents, tout ce que
nous sentions pour eux d'attachement, de tendresse, de reconnaissance ; la reconnaissance est défendue, la tendresse proscrite comme inutile, et l'attachement ne peut se manifester que
d'une manière vague, et dans l'espace de quelques mots. Ma
dernière décadienne n'a pu obtenir le timbre du greffe auquel
je l'avais présentée [1]. Le concierge a été effrayé de ces huit

1. Cette obligation du visa coûtait beaucoup à Roucher. Dans une
lettre qu'il écrivait à sa femme, le 2 ventôse et qui est restée inédite,
il disait : « C'était seulement devant les dieux pénates que se traitaient

pages mêlées de prose et de vers, qui sont bien loin de tout projet, de toute pensée de conspiration. Quand Virgile écrivit le début de ses *Géorgiques*, il était bien loin de penser qu'il existerait un jour un pays, dans les Gaules, où la traduction de ses vers, en vers bons ou mauvais, n'aurait pas la permission de passer d'un père à sa fille.

Cet excès de rigueur paraissait, il y a deux jours, sur le point de s'adoucir. Mais voilà qu'un de nos codétenus a écrit, hier, une longue lettre sur les événements du jour, à l'un des détenus au Luxembourg. Cette lettre qui porte, *sans doute*, avec elle ou quelque preuve ou quelque indice qui rend deux personnes à la fois à craindre, a été arrêtée au passage, et les rigueurs contre toute communication recommencent de plus belle. On nous a annoncé que nous ne pouvions plus envoyer et recevoir que des chiffons de papier, chargés uniquement de la demande et de l'envoi de nos besoins.

Il faut donc, ma chère Minette, aviser à quelque moyen sûr et secret de continuer, sans embargo, notre tant douce correspondance morale et littéraire. Pour cela, achetez deux boîtes ou d'écaille, ou de corne, ou de bois, les plus plates possible, fermant bien, sans couleur ni vernis, et d'une capacité suffisante pour contenir trois ou quatre feuilles de papier, pliées du format de mes lettres. Toutes les fois que vous m'enverrez des provisions, vous placerez l'une de ces boîtes au fond de l'un des vases qui contiendront ou lentilles, ou épinards, ou pommes de terre, en un mot tout ce qui ne sera pas liquide. Nous continuerons à ne nous parler qu'amitié, morale, science et littérature.

Quand la seconde de ces boîtes m'arrivera, je te renverrai la première remplie de ma façon et arrangée, sans qu'on s'en doute, parmi toutes les poteries qui encombrent mon panier de renvoi.

chez les anciens les choses les plus importantes de la famille et tout ce qui n'était pas sous l'autorité la plus sainte de la nature, sous celle du père, était écarté comme profane. »

Roucher employait encore un autre moyen quand les lettres étaient volumineuses. Il les mettait à la page convenue d'un livre qu'il renvoyait à sa famille ; c'est ainsi qu'il put faire passer les lettres relatives à la translation de Sainte-Pélagie à Saint-Lazare. André Chénier procédait autrement ; il écrivait ses lettres ou ses vers, en caractères très fins, sur d'étroites bandes de papier, cachées dans les paquets de linge qu'un commissionnaire reportait toutes les semaines chez M. de Chénier.

La Providence, pour adoucir les cruelles douleurs du poète des *Mois*, lui ménagea une grande consolation pendant les quatre derniers mois de sa captivité ; il fut autorisé à garder auprès de lui son fils Émile, charmant enfant de cinq ans dont le babil gracieux déridait tous les visages.

Eulalie, qui l'appelait en riant « le petit suspect », avait présidé à sa première éducation ; elle lui avait donné quelque chose de son esprit et de son cœur. Souvent, dans ses lettres, elle en parlait à son père, à qui elle se plaisait à répéter les saillies de l'enfant :

Il me demanda hier au soir, à propos du mariage d'Élise, qui fait un grand événement dans sa tête, car ce *madame* à une de ses compagnes de jeu lui a paru très extraordinaire ; il me demanda donc pourquoi, moi qui suis plus grande, je n'étais pas encore mariée. — C'est, mon ami, lui répondis-je, que je n'ai encore trouvé personne que *j'aimasse bien et qui me plût. — Eh bien, épouse papa !* Mot touchant, conséquence charmante et plus juste encore !

La présence de cet enfant dans la cellule paternelle a inspiré à Roucher la peinture touchante d'une des matinées de la prison [1].

1. Inédit. 21 germinal, sept heures du matin.

Émile est là éveillé, dans son lit, sur son séant, joujoux devant lui, ciseaux à la main, coupant, tranchant, rognant des cartes, faisant des fleurs et de petites femmes. Il se tait. Chabroud travaille de son côté. Notre fenêtre tout entière ouverte. Moi, je suis à mon petit bureau, ma bonne amie, et je m'occupe du plaisir de vous écrire.

Une fois levé et habillé, l'enfant courait dans les corridors ; les femmes se l'arrachaient, et bien souvent l'heure du repas sonnait sans qu'Émile eût réintégré la chambre de son père. On courait alors au corridor Prairial qui était réservé aux dames, et le petit fugitif était retrouvé soit chez la duchesse de Fleury, soit chez la présidente Cambon, ou bien encore chez la marquise Giambone.

Émile a déjeuné, écrit Roucher à madame Lecoq[1], les corridors sont ouverts et il court pour ses visites du matin. On l'accueille, on le fête, on le caresse. Il va chez des femmes que je ne vois pas.

Roucher le regrette :

Il est si triste de n'entendre depuis sept mois que la voix des hommes, aujourd'hui surtout où ce vilain langage du sale père Duchesne a souillé les premiers jours de la république, comme si la décence des manières et du langage était incompatible avec les sentiments si purs et si sacrés de la liberté et de l'égalité. Que la Convention nationale s'applique sérieusement à nous donner des mœurs ; qu'elle se hâte de détourner ce joug de fer qui nous écrase et de faire naître pour nous l'âge d'or de la société. Ce soin fera à la liberté républicaine

---

1. Inédit. 9 floréal. Cette madame Lecoq, une des correspondantes les plus fréquentes de Roucher, était sœur de madame Guyot-Desherbiers, la grand'tante par conséquent d'Alfred de Musset.

plus de conquêtes qu'on ne l'imagine : que le mal soit momen-
tané et le bien durable, et je serai le premier à lui dire :

Malgré tous vos défauts, je vous aime à la rage.

Le 14 prairial, Roucher écrivait à sa femme[1] :

Émile a de nouveaux souliers ; à l'instant, il est parti pour
aller les montrer aux femmes dont les cellules lui sont toujours ouvertes. Il dînait hier chez son amie Treil de Pardaillan.
La citoyenne Giambone m'a envoyé sa femme de chambre
pour le prier à dîner, parce qu'elle avait, disait-elle, un joli
dîner fait pour un enfant. Je n'ai pas encore vu cette citoyenne
chez elle et Émile fera mon introduction ; car il faudra l'y
mener pour la remercier. La citoyenne Talleyrand-Périgord
l'accipe toujours au passage et le couvre de baisers. Il a pris
l'habitude d'aller tous les après-midi chez les citoyennes
Cambon, fille et mère, ci-devant première présidente à Tou-
louse. C'est la harpe et le forte qui l'attirent. Ensuite, le bambin descend avec la jeune demoiselle et se promène avec elle,
fier comme Artaban.

Et une autre fois[2] :

Ce bambin passe sa vie dans le corridor des femmes. Il est
cruel ou indulgent pour celle-ci, pour celle-là. On le dirait
une femme coquette. Il tient une grande rigueur à la citoyenne
Saint-Aignan, qui est pourtant jeune et aimable. Il est plaisant
dans sa manière de lui refuser ses joues à baiser... Je l'aime
mieux là que parmi les hommes. Sterne dit que l'éducation
des garçons doit commencer et finir par les femmes : d'abord
pour adoucir et ensuite pour polir.

1. Inédit.
2. Toutes ces lettres sont inédites. Elles n'ont pas été publiées en
1797 sans doute à cause des personnes qui y sont mentionnées et dont
plusieurs, qui avaient échappé à l'échafaud, existaient encore.

Quand l'enfant dînait *en ville*, son père composait des vers pour payer son écot.

Je l'ai fait parler dans un quatrain qu'il a ensuite signé d'un *Émile Roucher*, écrit de sa main guidée par la mienne. Il est allé présenter son hommage. On m'a rapporté le succès du bambin et sa gaieté et son amabilité. Voici ce qu'il croit avoir fait :

> A la rigueur du sort qui commence ma vie
>   Je n'ai plus rien à reprocher,
> S'il peut, comme aujourd'hui, toujours me rapprocher
>   Des vertus, de la grâce aux talents réunie.

La duchesse de Fleury[1], qui avait repris après son divorce son nom de Coigny, celle dont Chénier allait dire dans *la Jeune Captive :*

> La grâce décorait son front et ses discours
> Et, comme elle, craindront de voir finir leurs jours
>   Ceux qui les passeront près d'elle !

La duchesse de Fleury gâtait particulièrement l'enfant et lui faisait de nombreux cadeaux ; tantôt, c'était un lapin que Chabroud dressait à suivre comme un chien, au grand amusement de tous les prisonniers.

Le lapin a mangé les cordes de la raquette ; mais Émile va chez la citoyenne de Glatigny, qui joue de la harpe et il a bientôt de quoi réparer le malheur.

Le lendemain, c'était un moineau :

Si je le laisse faire, disait Roucher, la cellule sera bientôt

---

1. Elle était accusée « d'aristocratie puante », comme la baronne d'Hennisdal et la comtesse de Mursin. Pour les autres on avait trouvé des motifs de la même valeur.

l'arche de Noé. Mais tout cela l'amuse et je ne sais pas me
refuser à son plaisir.

Il y avait encore dans cette ménagerie de Saint-Lazare
un singe qui bien souvent égratigna les mains ou la figure de
l'enfant.

Roucher qui vivait très retiré [1], livré à ses pensées ou à
ses travaux, recueillait, toutes les fois qu'il sortait de sa
solitude, le respect qui était dû à son talent et à son caractère. Lui et Chénier faisaient exception parmi ces gens dont
« la vie s'écoulait au milieu des occupations frivoles, entre
l'égoïsme et la peur [2] ».

Malgré la vie qu'ils menaient, les échos des corridors se
retrouvent dans les vers ou dans la correspondance des deux
poètes ; un détenu vient de se tuer, c'est Étienne, le commandant de la garde nationale de la section du Panthéon.

On l'a trouvé, dit Roucher [3], sur son lit, noyé dans son
sang, entre son rasoir et son couteau. Il a écrit qu'il mourait

1. Roucher cherchait avant tout à se soustraire et aux importuns
qui encombraient la prison comme ils encombrent la vie, et aux curieux
qui l'empoisonnent ; il était heureux d'être inconnu du vulgaire et souvent il se plaignait d'un compagnon qui l'appelait tout haut par son
nom dans les couloirs. « Chabroud et moi, écrivait-il, nous vivons
étrangers à tout ce qui peut se passer, se dire et se faire autour de
nous. Nulle accointance suivie avec personne. Parlant à tous ceux qui
nous parlent, uniquement pour n'avoir pas l'air de sauvages ; du reste,
vivant chez nous avec nos livres et avec nous-mêmes, faisant des vœux
bien sincères pour le bonheur public et le respect dû a toutes les auto-
rités légitimes... Vous savez, ma bonne amie, avec quelle pureté d'intention
je me suis conduit depuis cinq ans. Nul retour sur moi-même. Toujours
m'oubliant pour ne voir et ne servir que ma patrie, étranger à toutes
les brigues, à tous les partis, éloigné par principe et par goût de tous
les chefs et ne prenant pour me conduire, conseil que de ma raison et
de ma conscience. »
2. Becq de Fouquières.
3. Inédit.

innocent... Quel horrible événement ! Lui qui avait si bien servi la Révolution, qui lui avait fait tant de sacrifices ! Mourir ainsi, jeune et plein de vie. *Heureusement il ne laisse ni femme, ni enfants. Ce sont de terribles liens !*

Une autre fois, c'est l'instinct littéraire qui prend le dessus quand il y a une anecdote à citer :

La citoyenne Dervieux nous a raconté hier un trait d'esprit de la part de Sophie Arnould, jadis grande actrice de l'Opéra, célèbre par son jeu théâtral, mais peut-être moins encore que par ses bons mots. Sophie, depuis la Révolution, a acheté un bien national, une maison de campagne qui avait appartenu à des moines. Là, elle s'est arrangée de son mieux, pour vivre dans la retraite, avec les débris de son ancienne fortune. Elle a conservé l'église qu'elle a convertie à son usage, et sur le fronton elle a placé une inscription que son esprit plaisant a trouvée. Là, on lit en gros caractères : *Ite ! Missa est*. Conçois-tu rien d'aussi plaisant ?

De temps à autre, les jours de grande provision, on donnait un festin dans la cellule ; mais alors on fermait la porte pour éviter les indiscrets [1] :

Vraiment, ç'aurait été un spectacle bien édifiant, dans une prison, sous le règne de l'égalité, qu'un festin digne des plus robustes aristocrates ! Que de clameurs contre nous à la vue d'un brochet et d'une excellente truite saumonée ! Ce n'est pas là le brouet noir de Sparte auquel doit se résoudre tout bon républicain...
Vous savez déjà sans doute la manière leste dont j'ai fait usage pour m'approprier ou plutôt pour faire disparaître *ce scandale* de l'amitié. Vraiment, c'était du plus loin qu'il m'en souvient de m'être trouvé en présence de tant d'aristocratie

1. Inédit.

entassée. Aussi, en bons patriotes, l'avons-nous dévorée, et si celle qui agite la république naissante dans quelques départements et dans la Vendée avait à faire à des champions aussi braves et aussi déterminés que nous, il y a longtemps qu'elle n'existerait plus pour le bonheur de notre patrie commune.

Cependant, dans cette prison où les victimes s'entassaient chaque jour, sans égard pour le sexe ou pour l'âge, — il y avait des mères qui imploraient en vain la faveur d'avoir auprès d'elles leurs enfants qui se mouraient :

Quelle association de douleurs on voit ici ! disait Roucher. Comme le sort se joue de la sensibilité humaine !

Et comme si ce n'était point assez de toutes ces cruautés, on parlait encore d'interdire les communications :

Tant, ma bonne amie, qu'il nous sera permis d'écrire à nos parents et à nos amis, permission qui, je crois, ne sera pas de longue durée, vous pourrez compter que je serai exact à vous donner cet heureux et triste témoignage de mon amitié. Mais il ne faut pas que je charge trop le greffe, c'est-à-dire que je ne livre pas à la censure, le même jour, un trop grand nombre de pages. Ainsi le jour où je vous écrirai ne sera pas celui de ma correspondance avec ma fille.

Roucher en arrivait à regretter Sainte-Pélagie :

Nous n'avons pas joui ici quinze jours de suite d'une égalité de captivité.

Heureusement que le petit Émile était là et qu'il forçait son père à se distraire.

Notre bonhomme m'a fait courir hier soir *aux barres* et m'a fatigué. Tant de mois d'inaction ont engourdi mes jambes.

LE CORRIDOR GERMINAL

Pour les siennes, elle [...] en a invité aussi [...]
ales à faire [...]

Et puis Rou[ch]er avait [...] [...]
contribution :

Je me suis fait [...] à [...]
science de *soupe à l'[en]fant* [...]
leçon aux citoyens de Mar[...]
tacle assez sin[gulier] [...]
à l'heure du dîner [...]
côté d'un fourneau, [...]
comme les plus styles. [...]

Est-ce là cette scène [...] Robert [...] son [...]
ce dessin où le peintre [...] et crayonne [...]
détenu qui serait R[...] occupé après [...]
et que le ver[...] [...] en chang[...]
de char[...] [...]
occupe le p[...]

Rob[ert] [...]
première [...]
attiraient [...]

Je faisais [...]
Quand j'app[...]
qui s'écria : [...]

1. Inédit.
2. Robert [...] Rouch[er] [...]
sente l'allu[sion] [...]
truments de [...]
semaines [...]
le 15 a [...]
3. M[...]
[...]des.

Pour les siennes, elles sont toujours en activité ; aussi courent-elles à faire plaisir aux regardants.

Et puis Roucher avait un talent qu'on mettait souvent à contribution :

Je me suis fait ici, écrivait-il à sa femme[1], un nom par ma science en *soupe à l'enfant* et je vais, à une heure, en donner leçon aux citoyennes de Maillé et d'Arlancourt ; c'est un spectacle assez singulier que celui de nos corridors, tous les jours, à l'heure du dîner. Chacun, à cause de l'été, sur sa porte, à côté d'un fourneau, fait office de cuisinier. Les plus ineptes, comme les plus stylés, sont là à préparer leur provende.

Est-ce là cette scène que Robert a voulu représenter dans ce dessin où le peintre observe et crayonne, tandis qu'un détenu qui serait Roucher est occupé auprès d'un fourneau et que le vieux marquis Giambone, enveloppé dans sa robe de chambre et s'appuyant sur sa femme, née de Marny, occupe le premier plan[2] ?

Robert n'avait pas ces talents culinaires, mais il était de première force au ballon et il avait organisé des parties qui attiraient tous les visages aux fenêtres.

Je faisais tous les jours sa partie, a raconté M. Pasquier[3]. Quand j'appris ma mise en liberté, j'allai l'annoncer à Robert, qui s'écria : « Ah! mon Dieu ! qui tiendra le bout désormais? »

1. Inédit.
2. Robert avait encore donné à Roucher un autre dessin qui représente l'allumeur de réverbères de Saint-Lazare, muni de tous ses instruments de travail. — Hubert Robert, qui fut mis en liberté quelques semaines avant le 9 Thermidor, est mort subitement dans son atelier le 15 avril 1808.
3. M. Pasquier occupa depuis de hautes fonctions au ministère des finances.

Ce fut prompt comme l'éclair. Robert l'embrassa bien vite et s'excusa de cette pensée égoïste.

Chénier, dans cet ïambe vengeur où il a peint la vie de la prison, a parlé de ces jeux :

> L'un pousse et fait bondir sur les toits, sur les vitres,
>   Un ballon tout gonflé de vent,
> Comme sont les discours des sept cents plats bélîtres,
>   Dont Barère est le plus savant.

Souvent Robert condescendait à jouer avec le petit Émile. Il prenait le ballon et l'envoyait par-dessus les murailles de la prison ; puis, pour consoler l'enfant, il lui en donnait un neuf qu'il achetait à la petite boutique d'un cafetier établi dans la prison.

Dans *Stello*, Alfred de Vigny a ranimé cette société de Saint-Lazare. Il l'a poétisée[1]. Riouffe, le comte Beugnot, Coittant et d'autres détenus ont aussi raconté — et avec plus de vérité — ces scènes d'une réalité souvent laide, triviale et frivole. Mais Chénier et Roucher resteront les peintres immortels de ces heures terribles.

Ils sont de Chénier, ces vers vibrants d'indignation et de vérité :

> On vit ; on vit infâme. Eh bien ! Il fallut l'être ;
>   L'infâme, après tout, mange et dort.
> Ici, même en ces parcs où la mort nous fait paître,
>   Où la hache nous tire au sort,

---

1. Goncourt : « Philippeaux lit Helvétius ; Roucher donne des leçons à son fils Émile ; Ducos fume et danse comme Didelot ; Hubert Robert, enfoui dans ces catacombes de Paris, dans le creux des grossières assiettes de faïence de la prison, à dessous bruns, peint des paysages et des moulins entourés de verdure ; Vergniaud cite des vers plaisants ; André Chénier se tourne vers la postérité et lui parle ; un Laval-Montmorency fait des bouts rimés ; et Osselin, qui a fait les rapports sur les émigrés, lit et relit des articles qui le concernent et essaye de les commenter pour sauver sa tête. »

> Beaux poulets sont écrits ! maris, amans sont dupes ;
> Caquetage, intrigues de sots;
> On y chante, on y joue, on y lève des jupes ;
> On y fait chansons et bons mots.

. . . .

> L'autre court ; l'autre saute, et braillent, boivent, rient,
> Politiqueurs et raisonneurs ;
> Et sur les gonds de fer soudain les portes crient :
> Des juges tigres, nos seigneurs,
> Le pourvoyeur paraît. Quelle sera la proie
> Que la hache appelle aujourd'hui ?
> Chacun frissonne, écoute ; et chacun avec joie
> Voit que ce n'est pas encor lui.
> Ce sera toi demain, insensible imbécile.

Roucher, lui, en écrivant pour sa famille le récit de ce qui frappait ses regards, réunissait les traits les plus curieux de cette histoire des prisons de la Terreur.

Nous en avons dit assez pour montrer combien est grande la variété des sujets abordés dans la correspondance de Roucher[1].

C'est un dossier unique, a dit M. de Lescure, un document précieux au double point de vue de l'étude morale d'une âme d'élite et de la connaissance par un journal épistolaire presque quotidien du régime intérieur des prisons pendant la Terreur... Ces lettres respirent la probité, la dignité, la pureté de sa vie... Elles témoignent d'un caractère supérieur encore à son talent qui n'avait pu tenir toutes ses promesses.

Roucher est mort à quarante-neuf ans. Il est mort en pleine virilité, en pleine maturité d'une noble et belle intelligence. En lisant, non sans attendrissement, ces *Consolations,*

---

1. La partie de cette correspondance qui a été publiée sous ce titre : *Consolations de ma captivité,* contient en tout cent soixante-huit lettres ; on en trouve soixante-cinq de Roucher à sa fille, cinquante-trois d'Eulalie à son père, et trente et une du poète à sa femme. Les quelques autres sont de Roucher à divers correspondants.

ces *Mie prigioni* du Silvio Pellico de la Révolution, — un Silvio Pellico plus philosophe encore que chrétien, il est vrai, — on trouvera qu'elles sont le meilleur, on regrettera qu'elles aient été le dernier de ses ouvrages.

Les souvenirs de sa première éducation ne vinrent jamais consoler le poète pendant ce long martyre. Son esprit semblait repousser avec obstination les avances de son cœur ; et cependant on retrouve parfois sous sa plume quelque chose de ce sentiment religieux qui accompagne presque toujours les évocations de la poésie.

Enfant du XVIIIe siècle, ami et disciple de Bailly, toute sa religion se bornait à traduire et à commenter avec amour *la prière universelle de Pope*, si philosophique, mais en même temps si vaporeuse qu'on oserait à peine y voir une profession de foi spiritualiste. C'est que les croyances de Roucher sont beaucoup plus empreintes du naturalisme de Buffon que des doctrines de Jean-Jacques. Si dans les *Leçons de la mort* et dans l'ode de *l'Immortalité de l'homme*[1], il proteste avec énergie contre l'incrédulité et l'athéisme, ses convictions restent néanmoins des plus vagues et les crimes de la Révolution ne suffisent même pas pour leur donner une forme plus précise. Sa conscience d'honnête homme et de poète s'indignera et se révoltera contre les triomphes du crime et l'impunité des assassins, mais son cœur ne s'élèvera jamais jusqu'à l'invocation d'une justice vengeresse, et c'est toujours dans un lointain nuageux que, même au pied de l'échafaud, il verra passer un être supérieur à la nature et dédaignant de s'en occuper.

---

1. On trouvera cette poésie dans l'appendice qui termine ce volume. C'est un chef-d'œuvre de style poétique et de discussion philosophique qui peut être considéré comme le *Credo* de Roucher.

Le 4 floréal, les prisonniers reçurent communication du nouveau décret sur la noblesse ; Roucher déclarait en plaisantant que cela ne saurait le toucher :

Né *archiroturier*, dit-il [1], je n'ai jamais conçu qu'on voulût être autre chose qu'honnète homme et homme éclairé, qu'on allât chercher la noblesse ailleurs que dans les vertus et les lumières et qu'on ne fût pas plus fier d'être l'enfant de son travail que celui d'un homme inutile. J'ai consigné plus d'une fois ces sentiments dans mes ouvrages.

Il y avait dans la prison une femme dont l'àge et les allures rappelaient au poète une personne bien chère ; comme madame Roucher, elle était douée d'une voix douce et sensible. Le père d'Eulalie, touché de cette ressemblance et de son air malheureux, éprouva dès qu'il l'aperçut une profonde et respectueuse sympathie pour cette dame, qui s'appelait madame Maillet ; il lui adressa des vers et des relations affectueuses s'établirent bientôt entre la pauvre prisonnière et le poète. Une poésie qu'il lui avait adressée commençait ainsi :

L'aiguille est sous vos doigts un pinceau créateur.

Et, de ce jour, c'est sous le nom de l'*Aiguille-Pinceau* que madame Maillet fut désignée dans la correspondance de Roucher avec sa femme ou avec sa fille.

En messidor, lorsqu'elle comparut devant le tribunal révolutionnaire, on s'aperçut qu'elle avait été prise pour madame de Maillé. L'erreur reconnue et constatée ne put la sauver ; les juges prononcèrent contre elle la peine de mort, sous prétexte que « cette conspiratrice ne devant pas échapper au sort qui l'attendait, il était indifférent qu'elle pérît un peu plus tôt ou un peu plus tard ».

1. Inédit.

En partant pour l'échafaud, madame Maillet remit à
Roucher un peu d'argent et un portefeuille qu'elle destinait
à sa fille, restée en Bretagne. Lorsqu'il fut transféré à la
Conciergerie, Roucher à son tour fit parvenir ce dépôt à sa
femme et ce fut celle-ci qui remplit finalement la triste
commission.

Vers la même époque, un jeune homme nommé Cézeron,
qui avait aidé Roucher dans son travail de Smith, fut traduit devant le tribunal, condamné et exécuté. Roucher le
pleura :

Je le regretterai longtemps, disait-il à Eulalie. Les dangers
dont chacun se croit menacé ont beau pousser vers l'égoïsme
et rassembler toute notre sensibilité sur nous-mêmes, je ne
partage pas cette honte du cœur humain. J'ai donné des larmes
sincères à la mort de cet infortuné jeune homme que j'avais
cru digne d'un meilleur sort.

Dans son entourage immédiat, Roucher, à peu de jours
de distance, avait vu tomber deux têtes qui lui étaient
chères. Déjà les victimes se comptaient par milliers. L'échafaud débarrassait ainsi les prisons [1]; mais la loi des suspects
comblait les vides et la même charrette qui, le matin, avait
fait la route de la Conciergerie rentrait le soir remplie de
nouvelles victimes. Parmi les arrivants se trouvait le littérateur Ginguené :

Je viens d'embrasser tristement le citoyen Ginguené, écrivait Roucher le 15 floréal. Il est notre compagnon d'infortunes
depuis quelques heures [2].

1. C'est à peine si, dans ces derniers mois, trois ou quatre heureux,
comme Robert, obtinrent leur mise en liberté.
2. En 1795, Ginguené, mis par la Convention à la tête de l'instruction publique, se souvint de son vieil ami et du petit Émile de Saint

Les plus courageux se lassaient ; Chénier **et** Roucher continuaient à résister.

Le 23 floréal, le poète écrivait à sa fille :

Depuis deux jours, je commence à user mon huitième mois, si toutefois il ne serait pas mieux de dire que mon huitième mois commence à m'user. Cependant, je n'ai pas le droit de me plaindre : il y aurait même quelque ingratitude de ma part à maudire ma détention. J'ai vu le cœur humain de plus près, et j'ai fait là une ample récolte. On suit des cours de physique, de chimie, de botanique et l'on s'éclaire ; mais un cours de malheur éclaire bien davantage. Oh ! que l'espèce humaine est une pauvre espèce ! Que de pusillanimité, d'insouciance, d'irréflexion ! Cependant, soyons justes ; il y a là aussi, de la raison, du courage, de la grandeur, de cette dignité qui donne une haute idée de l'âme humaine accoutumée à se travailler pour s'améliorer. Et d'ailleurs ma détention a profité à ma Minette. Ma fille, par mon malheur, s'est trouvée placée comme une plante en serre chaude.

Roucher ne s'occupe **plus** de politique ; il est aussi calme aujourd'hui qu'il a été passionné autrefois :

Autant mon esprit et mon âme ont pris part autrefois à la régénération sociale, autant aujourd'hui j'attends en silence que le chaos soit débrouillé, et que je sois fait homme et citoyen à mon insu ; jusque-là je me défends bien de mêler aux ennuis de la captivité l'ennui plus grand encore de prévoir, de calculer et de prédire. Je m'en tiens tout bonnement à mes livres et à une correspondance de père de famille et d'ami. Que la République s'affermisse et prospère ! je le désire, mon cœur y prend part ; mais nous sommes ici si

Lazare ; sans qu'aucune démarche eût été faite auprès de lui, il accorda au fils de Roucher une bourse de pensionnaire au Prytanée français (Louis-le-Grand).

obscurément et si dangereusement placés pour en parler que le plus sage est de garder le *tacet*.

Faisons notre devoir, et laissons faire aux dieux.

Ce qu'il attend maintenant, ce qu'il désire, ce sont des juges; il a encore confiance dans la justice de sa cause :

Ils ne sauront jamais, ceux qui vont nous juger, tout ce qu'il y a eu de sincérité de désir, de pureté d'intention pour l'établissement de la liberté, dans le cœur de celui qu'on a calomnié du titre odieux d'*homme incivique*. Je ne me crois pas une vertu supérieure à toutes les vertus ; mais j'oserais bien défier d'en produire une seule qui me laissât loin des citoyens les plus intègres. Mon malheur est, peut-être, d'avoir marché droit dans le chemin tracé par la loi, sans regarder ni aux autres ni à moi-même surtout. Je n'ai pensé, rêvé que le bien général, jamais mon bien particulier. Aussi, quel que soit l'instant de ma mort, me trouvera-t-il aussi pauvre que m'avait fait l'instant de ma naissance.

Il s'en explique avec madame Lecoq [1], le 1er prairial :

Les commissions populaires entrent aujourd'hui en activité pour juger les détenus. Quelle sentence attend votre ami ? Je l'ignore. Si l'on me voit tel que je fus toujours, ami de la réforme, mais la voulant par les lois, quoique ces mêmes lois diffèrent de celles qu'aurait rêvées ma philosophie, il n'est pas douteux que ma captivité ne sera pas longue et que j'aurai la satisfaction de mêler ma voix à celle des Français qui, le 20 de ce mois, doivent solennellement célébrer la cause première de tout, le Dieu que la nation française reconnaît et proclame. Il est possible de faire de ce jour un des plus beaux de l'histoire des hommes. Jamais un pareil spec-

1. Inédit.

tacle ne se sera montré sur la terre... Qu'on me rende la justice qui m'est due, que je rentre dans mes foyers au milieu de ma famille et de mes amis, que je jouisse de cette liberté dont je n'ai pas mérité un instant de me voir privé!

Il cherche à remonter le courage de sa femme :

Il est impossible qu'après huit mois passés de captivité, l'âme toujours tendue ne se relâche pas de temps en temps. Mais cet état n'est jamais de longue durée. La machine morale se remonte ; la plus légère réflexion sur l'inflexible nécessité suffit pour la remettre en mouvement. Sois-en bien assurée, ce n'est pas moi que je crains, c'est toi. Je n'ai de peines véritables que les tiennes.

Et cependant, il s'attend à tout :

En bon citoyen, je me résignerai à la volonté de la loi, et, en homme sage, j'ordonnerai ma vie pour en charmer, s'il est possible, les ennuis par un travail quelconque que je m'imposerai, et auquel je me livrerai régulièrement, n'ayant plus rien à faire que mon ménage de propreté de corps et de chambre. Vous qui avez pour moi une amitié si désintéressée, vous devez souhaiter que ce triste bonheur m'arrive. Si vous trouvez cette soumission trop pénible, vous aurez un grand tort ; car il arrivera bientôt. Un imprimé placardé dans tous nos corridors nous en instruit. J'étais occupé à le lire, hier au soir, quand ma femme et ma fille sont venues à cette porte inflexible m'apporter quelques mots de consolation.

Rien ne pourra le vaincre, même les nouvelles rigueurs :

Dans l'intérieur, toute communication défendue de corridor à corridor. Une grande et vague inquiétude agitant toutes les âmes et troublant tous les visages. Je ne sais quelle sombre terreur sans objet déterminé, depuis huit heures du matin jusqu'à huit heures du soir, a poursuivi le plus fort comme le plus faible. Chacun réalisait, pour ainsi dire, les chimères de son imagination, à la suite des recherches faites, dans les cellules du premier, par les magistrats du peuple, *de tout ce qui peut compromettre la tranquillité de la république*. Tu sais, ma chère fille, que, dans toutes les circonstances, je conserve assez mon âme en paix. Après tout ce que tu sais de mon inaltérabilité la nuit de mon arrestation et le jour de ma translation, en charrette ou en tombereau, de Sainte-Pélagie à Saint-Lazare, j'étais autorisé à croire que j'étais dorénavant à l'épreuve des événements. Il a fallu décompter aujourd'hui. Il a fallu quitter mes travaux ordinaires ; impossible de conserver cette impassibilité que l'étude demande. Vingt fois je me suis assis à mon bureau, vingt fois je l'ai abandonné. Mon esprit était loin de moi ; il courait, dans le corridor du premier, après les perquisiteurs. J'avais beau me dire que je n'avais rien à redouter de l'œil même le plus sévère, l'inquiétude environnante m'a enveloppé aussi. On ne trouve point à s'arrêter dans le vague. Demain la recherche arrivera sans doute à notre corridor et, quel qu'en soit le dénouement, je me trouverai cent fois mieux par la raison seule que ce sera un dénouement... Émile dort depuis une heure. Il a bien remarqué le bruit confus, le *bisbiglio* qui courait dans le corridor ; mais il n'a rien compris, sinon qu'il y avait quelque chose d'extraordinaire. Oh! l'heureux âge pour lequel il n'existe ni passé ni avenir !

Ce quelque chose d'extraordinaire qui a frappé l'enfant, c'est une perquisition dans les cellules. Roucher la raconte en détails :

La recherche commence ; les administrateurs sont dans les premières chambres de *Germinal*. Mon *wise-man* [1] est

---

1. Mots anglais qui signifient homme sage. C'est un surnom que Roucher donnait à Chabroud.

à son anglais ; Émile, sur sa chaise rembourrée, joue et barbouille d'encre des cartes sur la planche de la fenêtre, et moi je noircis pour ma Minette du papier, comme à mon ordinaire.

La journée s'est passée dans l'attente de ce moment, mais les inquiétudes se sont calmées, sans doute par la nouvelle que les montres d'or et d'argent qu'on avait enlevées, hier matin, avaient été rendues le soir, peut-être aussi parce que l'on a su que les administrateurs mettaient dans l'exercice de leurs onctions la plus grande honnêteté, ce qui ne contribue pas peu à en adoucir la rigueur.

La recherche approche de ma cellule, je vais m'interrompre ; mais avant, que je te dise un trait d'Émile. Roulant dans le corridor, au milieu des détenus, allant, venant, parlant, il a sans doute ramassé des idées que ma cellule ne lui a point fournies. Sans que ni mon sage ni moi nous l'ayons vu, il a fait une pacotille de tous ses joujoux, petits pots de faïence, belles cartes et corbeilles de carton et furtivement il a placé le tout bien avant sous le lit. Il est près de huit heures, le voilà à la fenêtre, sur sa chaise, qui avant de souper me demande la permission *de jouer à l'eau* avec ses trois pots de faïence ; j'y consens, et je le vois un moment après se glissant et s'enfonçant à plat ventre sous le lit.

J'en demande la cause, et il vient à moi me dire tout bas à l'oreille : *et l'officier municipal, qui emporterait mes joujoux ! je les ai cachés.* J'ai eu beau vouloir le détromper, il a persisté à croire qu'il serait dépouillé, car il a été tout remettre dans sa cachette. Il y a grande apparence qu'il conservera quelque souvenir de ce jour de Saint-Lazare.

Vers minuit, nous avons été quittes dans notre chambre de la recherche tant attendue ; je dis vers minuit, car, depuis le moment où cette mesure, qu'on appelle de sûreté, a commencé, l'horloge de la maison a cessé de sonner, et comme mon *wise-man* n'a plus sa montre, ni moi depuis longtemps la mienne, ce n'est que par aperçu que l'heure du jour nous est connue. Quelques personnes sont persuadées que la crainte a fait suspendre le cours de l'horloge. Il est possible en effet

qu'on ait assez mal jugé des détenus pour les croire capables
d'un effort simultané, dans tous les corridors, à une heure
convenue, et qu'on ait voulu leur ôter le moyen de partir
d'ensemble. Quoi qu'il en soit, il est très sûr que l'horloge n'a
plus sonné et que même elle ne sonne pas encore.

Du reste, la recherche dans notre chambre a été assez
courte et dans des formes assez honnêtes. Un officier municipal, un greffier, un guichetier sont entrés, ont pris notre nom,
nous ont demandé nos rasoirs, nos couteaux; nous les avons
donnés. On nous a fait exhiber nos portefeuilles; il n'y avait
pas au delà de cinquante livres dans chacun, et on nous les a
rendus intacts. S'il y en avait eu davantage, on nous en eût
dépouillés. — *Avez-vous des armes?* ont-ils ajouté. — *Non,*
ai-je répondu; *mais cet enfant de cinq ans dont je suis le père,
et qui dort là sur un tapis, et un matelas mis en double, entre
six feuilles de paravent, il a auprès de lui deux joujoux en
forme de fusil et de sabre; faut-il les donner?* — *Oui, nous
allons les emporter; mais le concierge les rendra au bambin, quand il retournera auprès de sa mère.* Cela dit, ils nous
ont quittés, et je me suis couché, mais pour mal dormir,
en rêvant à ceux qui, hier, n'ont pas éprouvé un traitement
aussi doux.

Notre cher Esculape, le bon Tap, qui loge au premier, sort
de ma cellule. Il nous a raconté l'appareil effrayant avec lequel
on a commencé, hier, la recherche dans leur corridor. Vers
les neuf heures, soixante hommes, baïonnette au bout du fusil,
s'y placent en deux groupes; quatre d'entre eux se placent à
la porte de chaque cellule visitée. Sacs de nuit, matelas, les
souliers même qu'on a aux pieds, tout jusqu'aux bas et chaus-
sons qu'on porte, est fouillé et examiné. Rasoirs, couteaux,
ciseaux, canifs, compas, on s'en empare. Les montres ainsi
que les bagues et anneaux, l'argent et l'or monnayés sont pris.
On prend tout ce qui, dans les portefeuilles, se trouve au delà
de cinquante livres, et ce qui ajoute à l'effet de ce dépouillement,
c'est la figure, le ton, les manières, tout l'ensemble des dépouil-
lants contre les dépouillés. Il est très vrai que plusieurs ont cru

voir leur dernière heure arrivée. Ils ne vivaient plus dans le mois de mai, c'était en septembre. Ce que l'exécrable père Duchesne, d'anthropophage mémoire, appelait *la bûche nationale*, se levait déjà et tombait sur leur tête. Je le conçois; le passé est un terrible apôtre de l'avenir. Vers le soir, on ne sait pas trop pourquoi ni comment, tout cet appareil de terreur s'est adouci, la recherche a perdu de son premier caractère de *santa Hermandad*. Les montres ont été rendues et laissées, et la visite a pris un cours moins lent ou du moins plus uni. Elle a commencé à glisser. Ce récit de notre ami m'a été confirmé par d'autres personnes du premier et je vois clairement que le comble de la terreur était, là, véritablement *à l'ordre du jour*...

Nous ressemblons à de malheureux naufragés qui, après la tempête, jetés çà et là par les flots sur une plage se cherchent, s'embrassent et se racontent les divers accidents dont ils ont été le jouet.

Roucher a donc parcouru les corridors pour avoir des nouvelles de ses amis :

J'ai rapporté de ma course deux anecdotes qui ne sont pas à négliger. L'une fait autant honneur à l'humanité que l'autre la déshonore ; mais par malheur celle-ci est sûre, et celle-là n'a pas la même certitude.

On dit que l'un des citoyens armés que l'on destinait à se répandre dans le corridor pour le garder, croyant qu'on le destinait à une fonction moins honorable et moins douce, a refusé obstinément d'entrer. Il y a grande apparence que ce brave homme n'était point acteur aux portes des prisons dans les fameuses journées de Septembre. Si ce refus est vrai, il avait donc aussi, ce citoyen, la tête pleine des horribles images qui ont tant travaillé l'âme des détenus surtout au premier ; nous sommes donc excusables, nous qui marchions dans les ombres de l'incertitude, de nous livrer à des craintes, à un effroi qu'avait un homme placé pour voir et lire plus clair.

J'ai conversé avec la personne à *l'Aiguille-Pinceau*. Quoique la recherche fût déjà adoucie quand on est arrivé la nuit dans ma cellule, elle a été horriblement rembrunie par un mot qui n'a pas besoin de commentaire ; il suffit de le rapporter dans sa *pureté native*. Le voici. *L'Aiguille-Pinceau* représentait, avec sa voix douce et modeste, que, si on la privait de son couteau, elle ne saurait plus comment couper son pain, n'étant pas assez forte pour le rompre. *Eh bien*, lui a répondu tranquillement l'un des visiteurs, *on te le rendra si tu dînes encore*. Je ne sais ce que c'est qu'un pareil répondant, mais à coup sûr, ce n'est pas un homme. Ce mot m'a fait une telle impression, que je l'ai sans cesse autour de mes oreilles. Je veux m'en distraire. Pour cela j'ai recours à la mémoire de M. Ginguené qui nous est arrivé depuis quelques jours et me vient voir quelquefois...

D'objets en objets nous avons causé philosophie, littérature, que Cicéron appelait les *consolatrices de la vie*, et malgré moi je me suis amusé d'une épigramme que je ne connaissais pas, faite par Lebrun contre La Harpe, au sortir d'une séance du Lycée où ce dernier avait parlé, dit-on, avec peu de respect du grand Corneille. La voici :

> Ce petit homme, à son petit compas
> Veut sans pudeur asservir le génie ;
> Au bas du Pinde il trotte à petits pas
> Et croit franchir les sommets d'Aonie.
> Au grand Corneille il a fait avanie ;
> Mais, à vrai dire, on riait aux éclats
> De voir un nain mesurer un Atlas,
> Et redoublant ses efforts de pygmée,
> Burlesquement raidir ses petits bras
> Pour étouffer si haute renommée.

Voilà la vraie poésie épigrammatique. On peut ne pas l'aimer, mais il faut savoir l'admirer partout où elle se trouve.

Désormais, les lettres vont devenir plus rares et plus

courtes. Il faut employer les sous-entendus jusque dans les billets qui passent en fraude. Mais ces lettres respirent toujours le même courage, bien que la correspondance devienne de plus en plus triste surtout avec Eulalie. Comme celle-ci est plus courageuse que sa mère, « Roucher s'impose avec elle une contrainte moins rigoureuse. Comme Milton, il s'appuie sur sa fille et paraît concentrer sur elle toute sa pensée pour chercher dans cette vision reposante non la consolation, mais l'oubli du supplice[1]. »

Aux premiers beaux jours, la mélancolie l'emporte un moment sur la philosophie ordinaire :

16 germinal, cinq heures et demie du matin.

Voici l'heure à laquelle nous partions ordinairement, l'année dernière, pour aller, toi et moi, comme *Jeannot Lapin,*

> Faire à l'aurore notre cour
> Parmi le thym et la rosée.

Aurore, thym et rosée, signifient ici *botanique.* Comme nous étions heureux alors ! Le voilà ce printemps que je m'étais promis de mettre si bien à profit pour ton instruction et la mienne. Le voilà ce beau soleil que nous avions tant de plaisir à saluer à son réveil, et devant lequel nous répétions, en marchant, les magnifiques vers de Thomson...

A la vérité, ce n'était pas pour la culture des champs ou pour les soins de la bergerie que nous nous levions. Ces deux occupations sont douces et aimables, sans doute, mais la nôtre avait bien son charme. L'étude de la nature végétale est d'autant plus attrayante qu'elle rapproche l'homme de sa destination primitive.

Il naquit dans les champs, c'est aux champs qu'il doit vivre.

1. Article sur Roucher par M. du Pradeix (*Correspondant* du 25 avril 1876).

Et lorsque des circonstances impérieuses le retiennent au milieu de la fange physique et morale des villes, il doit, s'il le peut, y échapper par l'imagination, en appliquant son esprit aux études qui conviennent le mieux à des mœurs pures, des goûts innocents.

Un autre jour, il disait encore :

Mais j'étais ici, jetant les yeux de temps en temps au loin, sur la campagne, sur ce mont Valérien, qui n'avait pas le plus léger brouillard à sa cime et je me disais : Quand pourrai-je courir en liberté partout où la botanique appelle ses fidèles suivants? Les cruels! ils m'empêchent de me livrer avec ma fille à la science la plus aimable et la plus innocente. Les voies étaient aplanies, nous n'avions plus qu'à aller devant nous. Mais non ; ce printemps sera tout à fait perdu pour moi ; et cependant, à mon âge, un printemps est bien quelque chose. *Combien de mes contemporains ne verront pas le suivant! et moi-même le verrai-je?*

Et sa fille ne trouve à lui répondre que ces seuls mots qui seraient incompréhensibles en toute autre circonstance : « *Quel beau temps! Qu'il est triste!* »

Quand les idées prennent cette tournure, la mélancolie amassée pendant de longues journées est bientôt victorieuse. Le 8 floréal (**27** avril), date anniversaire de la naissance d'Émile, ce souvenir d'un jour heureux se présente à son esprit :

Je ne me doutais guère, dit-il [1], quand les hérauts d'armes parcouraient Versailles pour annoncer l'ouverture des états généraux que cinq ans après, jour pour jour, cet enfant serait en prison avec moi détenu comme suspect, moi qui appelais alors de tous mes vœux une régénération générale et

1. Inédit.

qui m'applaudissais de voir arriver un homme nouveau que je me faisais d'avance une joie d'élever pour son pays devenu libre et heureux.

Cependant, il y a une chose qui lui fait encore plus de chagrin que Sainte-Pélagie et que Saint-Lazare, c'est la vente de sa bibliothèque par ordre de la nation:

Quand ce sera consommé, dit-il [1], ce sera bien alors, si je viens à mourir, que je rentrerai dans la terre nu comme j'en suis sorti, et, si je vis encore, ma nudité qui sera la même et que je sentirai, me sera odieuse. Mais la Révolution le veut ainsi. Que sa sainte volonté soit faite et que le règne de la liberté arrive... Malheur, sois béni, si tu viens tout seul! Je fais souvent usage de cette maxime pour me fortifier et maintenir mon âme à une certaine hauteur. Je vous propose ma recette; ne la dédaignez pas.

Bientôt, ce sont de nouvelles tracasseries; les bourreaux ne savent qu'inventer pour faire souffrir leurs victimes avant de les tuer.

On menace Roucher de lui retirer son petit Émile, sa seule consolation. Le poète en prévient sa famille.

Quant à mon Émile, je ne crois pas qu'il me soit permis de le garder. Déjà, depuis plus de quinze jours, il n'entre plus ici d'enfants, même à la mamelle: ceux qui y étaient sont retournés auprès de leur mère. Émile est le seul qui soit resté. Ce bambin est choyé par tout le monde; c'est véritablement l'ami de la maison.

Quand il sait que l'enfant restera auprès de lui, il entonne un chant de triomphe:

1. Inédit.

Enfants du ciel, substances immortelles, réjouissez-vous!
Anges, archanges, séraphins et chérubins, environnez votre
reine et chantez: Hosanna! Alleluia! *Émile reste auprès de son
père.*

On n'a pas poursuivi l'exécution de l'ordre rigoureux qu'on
m'avait intimé. J'ai fait valoir, ma chère Minette, notre position
actuelle qui ne nous laisse pas la faculté d'avoir un domestique
auquel ta maman puisse laisser ton frère quand, tous les
matins, elle est obligée de te conduire à l'amphithéâtre du
Muséum, pour l'achèvement d'une éducation qui te rendra,
sans doute, un jour, utile à l'instruction publique ; j'ai fait valoir
les leçons du malheur dont l'enfant est témoin et qui sont si
propres à former les âmes républicaines; j'ai fait valoir
enfin mes huit mois de captivité que la présence de cet
enfant m'aide à supporter plus patiemment. Quoi qu'il en soit,
Émile reste auprès de son père. C'est là mon refrain, c'est
aussi celui de toute la maison; car tout le monde ici, oui, tout
le monde le voyait, non sans intérêt, prêt à repasser pour
toujours le seuil de cette grande porte inflexible. Ce bambin
est aimé véritablement de tous les détenus. Les embrassades,
les caresses pleuvent sur lui de toutes parts. C'est une rosée
qui l'avive, le développe et lui donne une existence précoce au
milieu du monde.

Au commencement de prairial, la Terreur règne sans
partage dans les prisons.

Ceux qui sont sous les verrous se regardent déjà comme
hors de la vie ; on annonçait à Roucher le mariage d'une
amie de sa fille :

On se marie donc! répond-il [1]. Je vous jure que je suis
d'un monde où on se souvient peu du sens de ce mot. La
guerre moissonne la jeunesse et la captivité ne la ressème pas.

1. Inédit.

Les bruits les plus fâcheux circulent dans la prison. Roucher en fait part à sa famille, en même temps qu'il lui parle de la fameuse allocation aux condamnés :

C'est aujourd'hui que commence le prêt de cinquante sous par tête. Il faut le recevoir, telle est la loi ; mais comme elle veut aussi qu'on rende tout ce qu'on aura reçu, à l'instant où la liberté arrivera, supposé qu'elle arrive, je vais amasser la rétribution de tous les jours dans mon portefeuille pour ne l'en tirer qu'au bienheureux moment.

Le lendemain, il y a une détente ; la lettre de Roucher s'en ressent.

J'ai pris trop tôt l'alarme, ma chère Minette : l'incommunication avec l'extérieur n'aura lieu, dit-on, qu'après le jugement de la commission, pour ceux qui auront été déclarés suspects, ennemis de la révolution et, à ce titre, condamnés à rester enfermés jusqu'à la paix, pour être ensuite exportés.

Quant à la table commune, quoiqu'elle ne soit pas en activité, je doute qu'elle tarde à nous rassembler. J'ai déjà le prêt des quatre premiers jours de prairial, à raison de cinquante sous par jour ; celui des quatre suivants nous sera livré aujourd'hui. Pourquoi cette livraison d'argent, si la nourriture journalière de chaque détenu doit se trouver à une table commune ? Si l'on pouvait ici avoir le cœur à la joie je chanterais :

Faut attendre avec patience, etc.

Mais attendons sans chanter, et quoi qu'il arrive, soumettons-nous.

Me voici depuis quatre mois complets prisonnier à Saint-Lazare. Le serai-je longtemps encore ? Notre sort est caché dans les ténèbres de l'avenir et je chercherais en vain à les percer. Cependant les jours, quoique tristes, s'écoulent ici

avec une rapidité effrayante. L'espérance les emporte, et nous
vieillissons trompés d'heure en heure.

On dirait cependant qu'un pressentiment agite le poète.
Le 15 prairial, il écrit à madame Lecoq :

On ne parle plus de faire sortir les enfants, on me laisse
le mien; mais peut-être n'aurais-je pas la liberté de le renvoyer,
si j'avais besoin de me séparer de lui.

Tout s'assombrit. Les présages s'accumulent. Le rosier
qu'Eulalie avait envoyé à son père est en train de mourir.

Mon rosier meurt; les fleurs avortent. Mon inscription l'a
sauvé des doigts des visiteurs [1]; mais non du souffle des
vents.

La fête de l'Être suprême est le dernier rayon qui pé-
nètre à Saint-Lazare. Le 21 prairial, Roucher écrit :

Quel beau ciel! quel temps magnifique je trouve à mon
réveil! L'Éternel est donc bien content de la fête qu'on lui a
consacrée hier? il nous la rembourse à lettre vue, en superbes
journées. Je doute cependant qu'il en agisse ainsi pour récompenser les vers de M. Chénier. As-tu lu son hymne? Il nous
est arrivé hier ici, et il n'a pas fait fortune auprès de ceux qui
savent ce qu'est et ce que doit être la poésie rendue à sa première dignité, c'est-à-dire destinée à bénir les bienfaits de la divinité. Il fallait déployer, dans un si beau sujet, toute la pompe
de la nature, et verser toute la sensibilité d'une âme religieuse.
Il fallait surtout y faire dominer ce charme, cette onction que

---

1. Roucher avait écrit sur le vase :

> Vous qui de votre ami visitez la retraite,
> Respectez-moi; je suis un présent de Minette.

Racine a si heureusement répandus dans les chœurs d'Esther et d'Athalie, mais surtout dans ceux d'Esther. Lis-les, ces chœurs, ma chère fille, pour les comparer à l'ouvrage de Chénier, et tu sentiras l'énorme différence que donne au talent un cœur sensible ou froid, une imagination passionnée ou glacée de philosophie. Tu chercherais en vain dans l'hymne une strophe qui approche, même de loin, de ce couplet chanté par une Israélite, de ton âge sans doute :

> Hélas ! si jeune encore,
> Par quel crime ai-je pu mériter mon malheur ?
> Ma vie à peine a commencé d'éclore,
> Je tomberai, comme une fleur,
> Qui n'a vu qu'**une** aurore.

Dans le poème séculaire qu'Horace fut chargé de composer pour Rome, sous l'empire d'Auguste, et qui fut chanté dans cette grande fête nationale, quel délicieux mélange de tous les tons, de tous les sentiments ! L'homme religieux admire et savoure ! *O dieux*, dit-il, *donnez des mœurs à l'adolescence ; donnez le repos à la vieillesse.* Ce seul trait vaut mieux mille fois que tous les cent vers du poète moderne.

Et ailleurs, s'adressant au soleil : *O toi, qui, toujours divers et toujours le même, nous rends et nous ôtes la lumière tour à tour, ô soleil, dans ton immense carrière puisses-tu ne rien voir de plus grand que Rome !* Que voilà bien le cri d'une âme pleine d'amour pour sa patrie ! Comment ne se trouve-t-il rien de semblable dans les vers de notre poète législateur [1]? Ah ! si j'eusse été libre, c'est-à-dire en possession de mes facultés, qui sont toutes comprimées par la détention, j'eusse essayé de m'élever jusqu'à la grandeur de cette fête célébrée par vingt-quatre millions d'hommes répandus sur un espace de vingt-quatre mille lieues carrées, le même jour, à la même heure. Oui, moi à qui n'est pas démontrée l'existence d'un Dieu, mais qui

----

1. A partir de cet endroit, la lettre de Roucher n'a pas été publiée dans les *Consolations*.

sens tout ce qu'a de bon et de beau cette idée d'un Dieu créateur, conservateur et rémunérateur, je parie bien que j'aurais trouvé dans mon imagination échauffée, attendrie par mon cœur, quelques accents dignes de la solennité. Mais, comme disaient les Juifs captifs à Babylone, quand on leur demandait de chanter quelques-uns des cantiques de Sion : *Eh! pouvons-nous chanter sur une terre étrangère?* C'en est assez sur ce sujet. Il m'a ramené, malgré moi, à des sentiments pénibles. Parlons botanique...

Il y revenait cependant dans une lettre du 22, à six heures trois quarts du matin [1] :

Mes anges [2] ont donc pris leur vol vers le champ de la réunion ! Ils ont assisté à la fête de l'Éternel ! Toi, mon cher Gabriel, tu me parleras sans doute de cette solennité. Le spectacle était-il digne de son objet ? Y avait-il de la dignité, de la noblesse, de l'imposant ? Y respirait-on un air religieux? C'est là le grand caractère que la raison et le goût sont en droit de demander. Avez-vous pensé, mes chères et célestes substances, que c'était la première fois dans l'histoire des hommes qu'une grande nation offrait à l'être invisible un hommage dégagé de toute superstition sacerdotale ? Moi, privé de la liberté d'assister comme témoin à cette adoration épurée, je me suis toute la journée enfoncé dans cette pensée philosophique et j'ai désiré que les ordonnateurs de la fête en eussent fait la règle de leurs desseins...

Raphaël a-t-il jugé la partie musicale digne de la journée ? Si Gossec en a été le compositeur, vous aurez entendu des sons faits pour éveiller des sentiments religieux. Cet artiste possède éminemment le talent d'ouvrir le ciel sur la terre.

Eulalie, dans une lettre qui est restée inédite, satisfait la curiosité de son père :

1. Inédit.
2. Eulalie et une de ses amies, mademoiselle Monnet, que Roucher appelait l'*Archange.*

Oui, mon cher papa, nous avons été à la fête de l'Être suprême sous les ailes très respectables de notre propriétaire et de la tante de Clémence. Il faisait une telle poussière, un tel soleil, il y avait une telle foule que la solennité a été perdue à peu près pour notre vue ; mais notre imagination ne restait point en repos. Nous étions sorties d'ici à peu près à onze heures et nous ne sommes rentrées qu'à sept heures, mourant autant de faim que de soif. Je n'ai rien entendu de la musique ; on m'a dit qu'elle était d'un assez bel effet. Ce qui m'a donné le plus de plaisir, c'est la gaieté et l'air d'allégresse de ce peuple immense. Pourquoi, me disais-je, n'est-il pas permis à tout le monde d'en être le témoin ? Les rues offraient un coup d'œil délicieux, surtout celles qui, comme la rue Saint-Jacques, sont en enfilade. Je me croyais dans les Indes où elles sont plantées d'arbres ; ce n'était partout qu'une tapisserie de verdure. Chacun avait arrangé sa porte, sa fenêtre à son goût. Les uns avaient fait des festons de roses, les autres des couronnes. Ceux-ci avaient planté des arbres tout entiers, ceux-là des buissons de chèvrefeuille et de divers arbrisseaux. On sortait de notre maison sous une voûte de verdure ; aussi, nos tilleuls n'avaient pas été mis à petite contribution. Cette tapisserie végétale semblait répandre une certaine fraîcheur que le jour rendait encore plus aimable. Après avoir ainsi parcouru un assez grand nombre de rues, car de la maison au Champ de Mars il s'en trouve quelques-unes, nous avons été examiner, avant que la cérémonie commençât, la montagne sur laquelle la Convention et tout le cortège de la fête devaient se rendre et offrir à cette nature, — car c'est là ce que j'appelle l'Être suprême, — un culte simple et épuré, tel qu'il aurait toujours dû l'être.

Ce jour que Roucher croyait si beau n'eut pas de lendemain ; au contraire, la loi du 22 prairial, honte éternelle de la justice humaine, allait aggraver encore la situation des prisonniers. Tandis que Paris était frappé de stupeur et que la province n'osait plus correspondre avec la capitale, dans les prisons on ne savait à quelles douleurs nouvelles

on allait se trouver exposé. Chaque jour amenait un raffinement dans la cruauté. Le 28 prairial, Roucher écrivait :

Depuis le 26, il nous est défendu d'avoir de la lumière
dans nos chambres. Il faut souper et se coucher dans les ténèbres. Tous les détenus, il est vrai, ne se conforment point à cet
ordre ; mais mon *wise-man* et moi, nous courbons la tête sous
l'autorité, persuadés qu'il faut obéir partout, en liberté comme
en prison, mais en prison surtout. On ne nous a pas mis ici
pour nos aises avoir. D'ailleurs, le détenu le plus sage est
celui qui se fait le moins remarquer. *Cache ta vie* est un mot
qui aurait dû être fait tout exprès pour les maisons de détention. Du moins, j'en ai fait ici la règle de ma conduite. Cependant cette privation de lumière m'empêche de te donner mes
heures de silence ; elles étaient si agréablement remplies quand
je les employais à causer avec toi !..

Le lendemain, on annonce que les communications avec
l'extérieur vont être définitivement interdites :

Je t'écris, ma chère enfant, tandis que n'existe pas encore
pour nous la défense de communiquer au dehors. Après-
demain, dit-on, 1er messidor, nous devons manger en commun,
au grand réfectoire. Hier, on a affiché la défense de recevoir
aucun des journaux. Il n'arrivait ici depuis longtemps que
celui du soir ; c'était peu de chose en soi, mais c'était beaucoup ; nous savions au moins la marche de la Convention et
les jugements du tribunal révolutionnaire[1]. Aujourd'hui nous
ne saurons rien. Nous voilà totalement séparés de la société.
Je ne m'en plains pas, au contraire, je rends grâces à cette
défense ; elle nous épargnera tous les calculs, toutes les com-
binaisons de la peur ; car les prisonniers ont le malheureux
talent de conjecturer en noir, comme s'ils prenaient plaisir à

---

1. C'est par là que Roucher avait appris la mort de Bailly et de
tant d'autres dont le sort devait lui faire pressentir le sien.

ajouter eux-mêmes aux malheurs de la réalité par les chimères
de l'imagination. Quant à la permission d'écrire aux siens, je
ne la verrai point supprimée sans le plus grand chagrin. C'est
alors que je serai véritablement malheureux. Notre commerce
épistolaire, ma bien-aimée Minette, me donne une grande
jouissance. S'il faut y renoncer, je perds tous mes plaisirs.
Mais n'anticipons point sur l'infortune ; on met toujours assez
tôt le pied dans ce pays maudit.

Puis, il faut passer au greffe pour faire la déclaration de
son avoir.

La mienne a été bientôt faite[1]. *Rien* est un mot qui
non plus que la chose ne tient pas grande place. J'aurais été
bien malheureux d'avoir quelque chose à déclarer. Il vaut
mieux vivre dans la pauvreté. La vertu et le repos sont plus
près de cet état que de celui de la richesse.

Et cet appel navrant, dans le post-scriptum :

De gros sols, je t'en prie; je suis à mes quatre derniers.

Le 3 messidor, un rapport d'Herman, « président de
la commission des administrations civile, de police, et tribunaux, » dénonçait les prisons comme « pleines de gens ayant
trempé dans les diverses factions ou conjurations que la
Convention avait anéanties et dont elle avait puni les chefs. »
Le 7, le Comité où siègent Robespierre, Billaud-Varennes,
Barère, Carnot, Couthon, Prieur et Collot d'Herbois
approuve « toutes les mesures et tous les moyens pour
rétablir l'ordre dans les prisons. »
C'est pour répondre à cette invitation officieuse que l'on
invente ces conspirations qui, nées sous les verrous, devaient
avoir pour but d'anéantir les comités de salut public et de

____

1. Inédit. A sa femme, 1er messidor.

sûreté générale. Le premier acte de la conjuration devait être l'évasion ; et on feignait de la craindre chez des gens qui avaient déclaré, comme Roucher, qu'ils ne se sauveraient pas, — la chose fût-elle possible, — ou chez des vieillards paralysés à qui leurs jambes refusaient tout service !

Le 21 messidor, Roucher écrit sa dernière lettre[1] ; elle est plus belle encore que les autres :

Et moi aussi, ma bonne amie, je remarque tous les pas du temps. Voilà le onzième mois commencé depuis neuf ou dix heures. Ne te décourage pas ; nous aurons lieu, l'un et l'autre, de faire encore mémoire de cette triste date. Patience ! *La liberté est un fruit qui, comme tous les autres, veut du temps pour mûrir.* A la vérité, comme je suis en serre chaude, il semble que le temps de la récolte devrait arriver plus vite, mais, malheureusement, rien n'est hâtif. Il faut donc attendre ; ainsi fais-je. Imite-moi.

Émile a eu toutes les peines du monde à endosser la jaquette de fille que tu lui as envoyée, en attendant que le tailleur ait raccommodé tous ses habits. Il se croit dessexualisé. Il se promenait, hier matin, dans la cour, le front baissé et d'un air honteux, à côté de Chabroud qu'il tenait par le pan de sa redingote. Tous les passants lui disaient : *Bonjour, mademoiselle Minette !* et lui disait au *wise-man : Tout le monde m'insulte !*

Deux jours après cette lettre, le 23 messidor, on faisait à Saint-Lazare la première enquête ; elle ne visait ni Chénier, ni Roucher. Un aventurier italien, Manini, et un serrurier du nom de Coquery se bornèrent à déclarer qu'ils avaient entendu chez certains prisonniers des projets d'évasion ou des paroles de haine contre Robespierre. Ce jour-là le cruel

1. Roucher ne fit plus passer à sa famille, à partir de ce jour-là, que des carrés de papier sur lesquels il mettait la liste de son linge. Cependant, le 4 thermidor, il put y ajouter quatre lignes que nous donnerons plus loin.

Verney, qui avait fait ses preuves au Luxembourg, demanda le rétablissement de la table commune, « ce qui interceptera toute occasion de communication avec l'extérieur. » Les administrateurs de police Faro, Herman et Lanne complétaient leurs enquêtes chez le concierge. A la première liste, les noms de Roucher et de Chénier furent ajoutés de la main de Robinet, sur l'ordre formel d'Herman. Les deux poètes étaient signalés comme hostiles à Robespierre et à Collot d'Herbois et comme modérés. On y avait ajouté l'accusation de fausses nouvelles et de causeries à voix basse quand s'approchaient les délateurs. On alla jusqu'à leur reprocher de ne pas s'appeler « citoyen », quand ils se parlaient.

La première liste sur laquelle figurent Chénier et Roucher portait cet en-tête :

Noms des détenus que nous croyons en notre âme et conscience être ennemis du peuple et ne pas aimer le gouvernement actuel de la république française.

Pour un seul nom il y a une explication :

Loizerolle fils, ex-noble, a écrit ces mots lorsque Durosoy fut condamné :

> Immortel Durosoy
> Tu servis ton pays et tu meurs pour ton Roy.

Les pourvoyeurs promenaient la Terreur dans la prison. En prodiguant l'or et les promesses, quelques détenus purent échapper à la liste.

Le 1er thermidor, Roucher renvoya son petit Émile à sa famille.

Le 2, la liste était définitivement arrêtée pour Saint-Lazare. Elle comprenait quatre-vingt-deux noms. Sous le n° 61, on lit :

« Rouché, auteure (*sic*) du poëme aux Saisons (*sic*) » ;

Sous le n° **62** : « André Chénier. »

Le 4 thermidor, à cinq heures du soir, Roucher renvoyait tout son petit mobilier, inutile depuis qu'on mangeait en commun. Il demandait à M. Guyot-Desherbiers de corriger désormais ses épreuves de Smith et il ajoutait :

Bonsoir, ma bonne amie ; bonsoir, ma chère Minette ; bonsoir, mon cher Émile. Je vous embrasse tous les trois comme je vous aime.

Le 5, on remit à Roucher « un de ces chiffons dérisoires appelés acte d'accusation, dernier outrage qu'on faisait à l'humanité et à la justice [1]. »

Roucher brûla alors ses papiers inutiles, et confia les lettres d'Eulalie à un ami éprouvé [2] en mettant sur l'enveloppe : *Consolations de ma captivité.*

Le 6 au soir, il fut transféré, avec Chénier, à la Conciergerie. Quelques jours avant, madame Roucher avait rencontré Grégoire sous un des guichets du Louvre et elle lui avait dit : « Quand me rendez-vous mon mari? » Et lui, avec un ton ironique qui la fit trembler : « Bientôt, bientôt, soyez tranquille. »

« Votre fils sortira dans trois jours! » avait répondu Barère à une semblable question de M. de Chénier.

Les tigres jouent avec leur proie avant de la déchirer !

---

1. *Décade philosophique.*

2. Cet ami fut Chabroud ou de Bart, ancien officier de la marine royale. C'est à ce dernier que le baron de Trenck, partant pour la Conciergerie, remit, comme un souvenir précieux, une tabatière d'écaille qu'il avait reçue de la princesse Amélie de Prusse.

CHAPITRE V

LE TRIBUNAL RÉVOLUTIONNAIRE
ET L'ÉCHAFAUD

A la Conciergerie. — Le tribunal révolutionnaire. — Réquisitoire de
Fouquier-Tinville. — La condamnation. — Roucher calme son ami.
— La dernière charrette. — Les légendes et la vérité. — L'exécu-
tion. — Un quatrain immortel.

Le 7 thermidor, à neuf heures du matin, dans cette salle de
la Conciergerie que Muller a immortalisée, les deux poètes,
à l'écart de la foule, s'entretenaient ensemble. On entre ;
leurs noms sont appelés les premiers ; vingt-cinq autres les
suivent. C'est *la fournée* du jour.

Quelques instants après, les vingt-sept accusés montaient
sur les gradins dans la salle de la Liberté. Autour des deux
amis, et, comme au hasard, Créqui de Montmorency et le
conseiller Goësmann, hier encore l'objet des sarcasmes de
Beaumarchais ; un Montalembert à côté de Léonard, le

coiffeur de la reine ; le marquis de Roquelaure et le baron
de Trenck ; des femmes, comme madame de Saint-Priest ;
huit prêtres ; d'anciens officiers et des « valets du tyran ».

On allait appliquer encore une fois cette loi du 22 prairial qui ne reconnaissait qu'une pénalité, la mort, et qui,
pour supprimer les lenteurs inutiles, permettait de juger en
masse. Des preuves matérielles ou simplement morales dis-
pensaient d'entendre les témoins ; pour gagner du temps,
on n'admettait pas d'avocats et l'on empêchait les accusés de
se défendre. Danton avait appelé Robespierre à le suivre. Il
ne fallait pas revoir un pareil scandale !

Comme président, Coffinhal, « celui qui avait répondu deux
mois avant à Lavoisier que *la République n'avait pas
besoin de chimistes* et qui aurait bien répondu aujourd'hui
qu'elle n'avait pas besoin de poètes, surtout de ces poètes
qui dénoncent les bourreaux[1]. »

Comme assesseurs, des jurés incapables de signer leur
nom !

J'ai vu aux Archives nationales toutes les pièces du procès ;
je les ai feuilletées une à une. Le jugement est souillé de
taches de graisse, de café et de vin. Le style est indescriptible ; les fautes d'orthographe ne peuvent se compter. Voilà
dans quelles mains la France était tombée ! voilà les juges
qui condamnaient à mort Bailly et Lavoisier, Malesherbes et
d'Estaing, Chénier et Roucher !

Dans tous les actes de ce procès, le nom du poète des
Mois est toujours le premier[2] ; Chénier le second, Trenck

1. Caro, *La fin du* XVIIIe *siècle*, t. II, p. 374.
2. La postérité a renversé les rangs. Roucher, en effet, était aussi
connu qu'André l'était peu. Ceux qui avaient fréquenté dans son intimité le chantre de l'*Aveugle* connaissaient, seuls, tous les trésors de
poésie dont son âme était pleine. Pour comprendre cette ignorance du
public, constatée par Sainte-Beuve (*Lundis*, X, 284), il faut se souvenir
que les œuvres d'André Chénier n'ont été recueillies pour la première

vient ensuite. Dans la marge et en tête de toutes les pièces, on lit : « Affaire Roucher, Chénier, Trenck et autres, deuxième fournée[1]. » Roucher, « comme chef de la conspiration tramée à la maison Lazare », aura l'honneur d'une mention spéciale dans le jugement et la triste gloire de périr le dernier.

Liendon, un des substituts de Fouquier-Tinville, occupait le siège de l'accusation. Il prit aussitôt la parole pour lire le réquisitoire, signé et paraphé à chaque page par Fouquier-Tinville lui-même.

Dans cette pièce, où la vérité était travestie à chaque ligne, l'odieux révolutionnaire s'exprimait ainsi :

Antoine Quentin Fouquier, accusateur public du tribunal révolutionnaire, expose qu'en vertu d'arrêté du comité de salut public de la Convention nationale, Jean-Antoine Roucher, homme de lettres, âgé de quarante-huit ans, né à Montpellier, département de l'Hérault, demeurant à Paris, rue des Noyers, 24, section du Panthéon; André Chénier, âgé de trente et un ans, né à Constantinople, homme de lettres, ex-adjudant général et chef de brigade sous Dumouriez, demeurant rue de Cléry... (Suivent les noms des autres accusés au nombre de vingt-cinq) ont tous été traduits au tribunal révolutionnaire comme prévenus de s'être déclarés les ennemis du peuple par des complots, trames et manœuvres contre-révolutionnaires; qu'examen fait des pièces adressées à l'accusateur public, il en résulte que les prévenus, tous détenus dans la maison d'arrêt de Lazare, ont été les complices de la conspiration dont Allain, Selle et Isnard, frappé (*sic*) du glaive de la loi, étaient les chefs et dont les détails, le but et les moyens sont

fois qu'en 1819. Ce que l'on savait seulement, en 1794, c'est qu'il était le frère de Marie-Joseph et l'un des combattants héroïques du *Journal de Paris*.

1. Archives nationales W[1]b. — 431. — N° 969 Tribunaux révolutionnaires.

connus du tribunal, tous devaient seconder les principaux chefs et se procurer par la violence une liberté dont ils ne devaient user que pour consommer les plus grands forfaits et ces trames, ces complots ne sont que la suite de ceux que les prévenus n'ont cessé de former depuis le commencement de la Révolution. En effet, *Roucher* et *Chénier* n'ont-ils pas été les écrivains stipendiés du tyran pour égarer et corrompre l'esprit public et préparer tous les crimes du despotisme et de la tyrannie? N'étaient-ils pas, en 1791 et 1792, les salariés de la liste civile et les mercenaires du comité autrichien pour provoquer en les diffamant, en les calomniant, la dissolution des sociétés populaires et la proscription de tous les patriotes qui en étaient membres? N'étaient-ce pas eux qui, émules des Royoux, des Fontenoy, des Durosoy, rédigeaient le supplément du *Journal de Paris* où, sous l'apparence de soutenir des prétendus principes constitutionnels, on préparait la contre-révolution?... (Ici se place un réquisitoire spécial contre Chénier où, sans s'apercevoir qu'on le confondait avec un de ses frères, on incriminait son rôle dans « l'armée de l'infâme Dumouriez », puis suivaient des accusations contre Trenck, Goësmann, etc.)

D'après l'exposé ci-dessus, l'accusateur public a dressé la présente accusation contre les y dénommés pour s'être déclarés les ennemis du peuple en entretenant des intelligences et correspondances avec les ennemis intérieurs et extérieurs de la République, en leur fournissant des secours en hommes et en argent pour favoriser le succès de leurs armes sur le territoire français comme aussi en participant aux complots, trames et assassinats du tyran et de sa femme contre le peuple français, notamment dans les journées des 28 février 1791 et 10 août 1792 et encore en conspirant dans les maisons d'arrêt dites Lazare à l'effet de s'évader et de dissoudre par le meurtre et l'assassinat des représentants du peuple et notamment des membres du comité de salut public et de sûreté générale, le gouvernement républicain et de rétablir la royauté en France.

En conséquence, l'accusateur public requiert, etc.

Fouquier-Tinville, sans égard aux dates, aux faits et aux hommes, rattachait cette conspiration à celle de Dillon et de Chaumette, de Ronsin et d'Hébert. Dans un amalgame monstrueux, il associait Roucher et Chénier à l'auteur du *Père Duchesne*. Mais, comme l'a démontré M. Wallon dans son *Histoire de la Terreur*, Fouquier ne fut que l'exécuteur des ordres du comité de salut public. Les vrais coupables devant l'histoire, les meurtriers directs sont les membres de ce comité où Barère, Billaud-Varennes et Collot d'Herbois occupaient la première place.

Quelle plaisanterie sinistre! a dit très justement Caro. Voit-on Robespierre, Couthon, Collot d'Herbois et les autres, dans la salle du conseil, derrière un rempart de cent mille baïonnettes patriotes, tremblant à la pensée que Roucher, André, les frères Trudaine vont s'évader de Saint-Lazare et, comme disent les rapports de police, procéder au massacre des patriotes, à l'égorgement de la Convention, et à la ruine de la liberté.

Quand la lecture du réquisitoire fut achevée, sans qu'une question eût été posée aux accusés, sans qu'un seul témoin eût été interrogé, sans l'ombre d'un débat, le président déclara la cause entendue. Les jurés se retirèrent dans leur chambre. Les accusés furent reconduits à la Conciergerie.

Si l'on en croyait le procès-verbal de l'audience, il y aurait eu une audition de témoins et les accusés auraient été ramenés dans la salle de la Liberté pour recevoir lecture de la sentence. Il n'en fut rien.

Les bourreaux ne pensent pas à tout et c'est dans la pièce même où ils ont voulu travestir la vérité qu'éclatent leur mensonge et leur impudence. Le procès-verbal avait été rédigé d'avance; les réponses étaient écrites avant d'avoir été faites.

La preuve en est, d'abord, dans la qualification attribuée à Chénier et qu'il ne put se donner puisqu'elle concernait son frère Sauveur. D'autre part, on peut constater qu'un des accusés qui fut acquitté dès le début de l'audience [1] figure dans tout le procès-verbal ; on ne se donna même pas la peine de rayer son nom ! Enfin, la fausseté de cette pièce n'est pas moins évidente lorsqu'elle assure que le président résuma les faits tant pour que contre les accusés et qu'après la déclaration de culpabilité les condamnés furent réintroduits dans la salle. Il a été prouvé, en effet, que, depuis les fournées, les accusés quittaient le prétoire en même temps que les jurés et qu'ils n'y revenaient plus [2].

1. Le prêtre Auphant, âgé de soixante ans.

2. Campardon, *Histoire du tribunal révolutionnaire* (t. Ier 397). A peine est-il besoin de dire qu'un feuilleton paru dans *le Droit*, le 16 décembre 1840, ne relève que du roman et nullement de l'histoire. Dans cet article intitulé *le Tribunal révolutionnaire*, le président aurait été Herman, tandis que ce fut Coffinhal ; l'accusateur public Fouquier-Tinville, ce fut Liendon. Roucher aurait pris la parole à plusieurs reprises et il aurait fait quelques interruptions énergiques et généreuses. Il aurait même, à un certain moment, avoué la conspiration qu'on lui reprochait. La lettre 86 des *Consolations* est formelle et contredit absolument la possibilité de cet aveu, encore plus impossible matériellement puisque les accusés n'eurent pas une seule fois la parole. — L'auteur de ce feuilleton, le comte de Bart, était fils de l'officier de marine que Trenck choisit comme légataire. — Ce qui est exact, au contraire, c'est la déposition, au procès de Fouquier-Tinville, d'un de ces témoins qu'on citait on ne sait pourquoi puisque le président ne leur donnait jamais la parole ; au mois de ventôse an III, Pépin-Desgrouettes, défenseur officieux, détenu à Saint-Lazare, déclara qu'en thermidor il n'avait jamais existé à sa connaissance de conspiration à Saint-Lazare, mais que, appelé comme témoin à toutes les audiences, il avait été surpris et indigné de voir la légèreté, l'ironie et le mépris avec lesquels on traitait les accusés qui n'avaient aucun moyen de défense. « Coffinhal, disait-il, défendait aux témoins de parler quand ils voulaient dire quelque chose à la décharge des accusés. Liendon était plus acharné que Fouquier, qui ne siégea que le premier jour. »

Vers midi, un commis-greffier vint lire aux condamnés la sentence rendue contre eux : « Sur la déclaration des jurés de jugement portant qu'il est constant que Jean-Antoine Roucher, André Chénier, etc., sont tous convaincus de s'être déclarés les ennemis du peuple en participant à tous les crimes commis par le tyran, sa femme et sa famille dans les journées du 22 février 1791, du 20 juin et 10 août 1792 (sic) en insultant les patriotes, en approuvant le massacre du Champ de Mars et les tyrannies exercées sur les patriotes qui avaient échapé (sic) au massacre, en écrivant contre la fête de Châteauvieux, contre la liberté et en faveur de la tyrannie, en entretenant des correspondances avec les ennemis intérieurs et extérieurs, en discréditant les assignats, enfin en conspirant dans la maison d'arrêt Lazare à l'effet de s'évader.. (Ici, le jugement reprenait le texte même du réquisitoire.)

» Le tribunal, après avoir entendu l'accusateur public sur l'application de la loi, condamne les susnommés à la peine de mort, conformément aux articles 4, 5 et 7 de la loi du 22 prairial dernier, dont lecture a été faite ;

» Déclare les biens desdits condamnés acquis à la République, conformément à l'article 2 du titre II de la loi du 10 mars dernier ;

» Ordonne qu'à la requête et diligence de l'accusateur public le présent jugement sera mis à exécution dans les vingt-quatre heures, sur la place publique de la barrière de Vincennes, qu'il sera imprimé, publié et affiché dans toute l'étendue de la République et partout où besoin sera.

» Fait et prononcé en l'audience publique du tribunal, le 7 thermidor an second de la République française une et indivisible, où étaient les citoyens Coffinhal, vice-président ; Maire, Deliège et Félix, juges, qui ont signé la présente minute avec le greffier. »

Quand cette lecture fut achevée, André, ne pouvant maîtriser sa colère, jeta cette apostrophe :

— Les misérables assassins!

— Allons, Chénier, mon ami, lui dit tranquillement Roucher. Du calme! Ils sont plus à plaindre que nous.

Il était deux heures. Fouquier-Tinville requit la force publique de se rendre dans la cour du Palais à trois heures précises. L'exécution devait avoir lieu à quatre heures[1].

Le matin de ce jour, madame Roucher s'était présentée[2] à la prison de Saint-Lazare. Quand elle apprit le départ du poète pour la Conciergerie, le cri de *Vive le roi!* s'échappa de sa poitrine, comme si elle espérait par là se réunir à son mari pour ne plus en être séparée. Mais le brave Semé la saisit, l'emporte et la dépose dans la pièce la plus reculée de son logement. Il lui rappelle les noms d'Eulalie et d'Émile. Elle comprend l'appel fait à son cœur; ses larmes coulent en abondance; ses enfants conserveront leur mère[3].

Si l'on en croit une légende, reproduite par H. de Latouche dans la préface des poésies de Chénier (1819), les deux amis, en montant sur la charrette qui devait les

1. Tous les auteurs ont blâmé l'iniquité de ce jugement. Seul M. Hamel, dans son *Histoire de la Révolution*, n'a su trouver pour le flétrir que ces paroles : « Tous deux allaient expier cruellement leurs longues diatribes contre la Révolution. »

2. Eulalie était absente depuis deux jours. Elle était au Plessis-Chenet, près de Corbeil, chez le père de l'*Archange*. On devine sa douleur, quand, en rentrant à Paris, elle apprit la mort de son père.

3. On a beaucoup discuté pour savoir si le père d'André Chénier, par ses démarches imprudentes, loin de sauver son fils, ne l'avait pas, au contraire, rappelé au souvenir du comité. Si l'on admettait cette version, conforme aux traditions de la famille de Chénier et que M. Becq de Fouquières n'a pas détruites, le sort de Roucher aurait donc dépendu aussi de ces démarches, puisque, sur les listes dressées dans la prison, les deux noms se suivent et que, dans le réquisitoire de l'accusateur public, les deux poètes ont été visés pour les mêmes faits : Affaire des Suisses de Châteauvieux, — Campagne au *Journal de Paris*, etc... Pour ma part, je n'y crois pas. La haine de Collot d'Herbois était vigilante et elle n'avait nullement besoin d'être ranimée.

conduire à l'échafaud, se mirent à réciter la première scène d'*Andromaque*.

André, à qui cette idée était venue, avait commencé :

> Oui, puisque je retrouve un ami si fidèle
> Ma fortune va prendre une face nouvelle,
> Et déjà son courroux semble s'être adouci
> Depuis qu'elle a pris soin de nous rejoindre ici.

Roucher reprenait à son tour. Quand ils eurent achevé : « La citation est charmante, aurait dit Roucher en souriant. Seulement, ici, il n'y a pas de Pylade. Il n'y a que deux Orestes. » C'est un ami qui suivit la charrette, comme pour rendre aux deux poètes les derniers devoirs, qui a fait ce récit à M. de Latouche. Un autre témoin, digne de toute confiance, ami dévoué de Roucher, a maintes fois raconté aux enfants du poète que les deux amis s'étaient entretenus de poésie. Avaient-ils réellement déclamé les vers de Racine? Il ne pouvait le certifier; mais, au moment où la charrette, arrêtée par la foule, ne roulait pas, il avait pu, à plusieurs reprises, s'approcher malgré les gendarmes. Il était sûr d'avoir entendu Roucher qui déclamait quelques strophes de son *Immortalité de l'homme* et il avait saisi ce dialogue entre les deux poètes :

Ils me font mourir bien jeune, disait Chénier. Je n'avais encore rien fait pour la postérité.

Et André ajouta en se frappant le front :

— Et pourtant j'avais quelque chose là[1]! — Cher ami, dit

---

1. Chateaubriand a répété ce mot sans le mettre en doute. Caro ne l'admet pas, parce que, dit-il, personne n'est revenu pour dire les paroles que les deux poètes avaient échangées. Or, un ami commun de Chénier et de Roucher et un ami particulier de celui-ci ont, chacun

Roucher, vous n'allez abandonner que des idées; moi, je vais quitter des enfants, une épouse que j'adorais. Mais il est une autre vie, mon cher André, et nous nous y retrouverons tous un jour, tous ensemble, pour ne plus nous séparer. *Achevons noblement le sacrifice: ne donnons pas à nos bourreaux le plaisir de nous voir faibles et tremblants.*

On l'a écrit dans une étude récente[1]:

Roucher, pendant la route, se penchait vers son jeune ami qu'il devinait moins ferme et moins maître de ses impressions.

Lamartine, comme s'il avait eu connaissance des témoignages que la famille a recueillis avec tant d'amour, a dit avec autant de poésie que de vérité:

Roucher, l'auteur des *Mois*, ces Fastes français, et le jeune André Chénier, l'espoir alors, le deuil éternel depuis, de la poésie française, étaient assis l'un à côté de l'autre sur la même charrette, les mains attachées derrière le dos. Ils s'entretenaient avec calme d'un autre monde, avec dédain de celui qu'ils quittaient; ils détournaient les yeux de ce troupeau

de leur côté, raconté la scène sans se contredire. L'un a été simplement plus affirmatif que l'autre. Il y eut encore un témoin, M. de Soustras, cité par Arsène Houssaye, et, si les souvenirs de ce troisième personnage n'étaient pas très précis à cause de son grand âge, il n'en résulte pas moins que la possibilité de s'approcher de la charrette funèbre, à certains moments de la route, est aujourd'hui parfaitement démontrée.

1. A. du Pradeix, *Correspondant* du 25 avril 1876. Le fait constaté ici n'a jamais été discuté sérieusement. Becq de Fouquières a préféré ne rien dire plutôt que de donner le second rôle au poète charmant pour lequel il avait un culte religieux. Son silence est significatif. Tous les témoignages s'accordent à dire qu'à Saint-Lazare, à la Conciergerie et sur la charrette, ce fut Roucher qui soutint son ami. Arsène Houssaye, seul, s'est inscrit en faux contre l'histoire; son témoignage, du reste, ne saurait compter, puisqu'il a pris soin lui-même de l'infirmer en disant que le vieil intendant de Soustras était en enfance et que, dans sa famille même, on n'ajoutait que peu de foi à ce qu'il disait.

d'esclaves et récitaient des vers immortels comme leur mémoire. Ils montrèrent la fermeté de Socrate[1].

Le trajet de la Conciergerie à la barrière de la Déchéance dura près d'une heure[2].

Les charrettes contenaient les vingt-six condamnés du jour et onze autres qui n'avaient pu être exécutés la veille. Roucher, chef de la prétendue conspiration, allait mourir le dernier[3]. Il y avait, dans cette attente de quarante-cinq minutes, comme un raffinement de cruauté qui, en rappelant les interminables apprêts de la mort de Bailly, devait justifier ce mot de Sainte-Beuve qu'une telle mort fait autant d'honneur que de honte à l'espèce humaine.

Trente-cinq fois déjà le couperet fatal était tombé! Trenck, à son tour, monta sur l'échafaud comme à la brèche et s'écria :

— Français, nous mourons innocents. Vengez notre mort et rétablissez la liberté en immolant les monstres qui la flétrissent et qui la déshonorent!

Parvenu sur la haute estrade, vestibule du tombeau,

1. Lamartine ajoute : « La France, comme Ophélia, la folle de Shakespeare, arrachait de sa tête et jetait à ses pieds, dans le sang, les fleurons de sa propre couronne. » Goncourt a dit : « Le poète passait, désespéré que la postérité lui vînt au milieu de son œuvre et jetant à la foule ses manuscrits ébauchés et criant qu'on lui volait l'avenir. La science passait, pleurant de ne pas léguer les découvertes entrevues. L'éloquence passait, emportant en son gosier sonore, les foudres muettes. »

2. Depuis quelque temps, les exécutions n'avaient plus lieu sur la place de la Révolution (place de la Concorde); elle était rassasiée de sang et le peuple de ce quartier, à maintes reprises, avait manifesté son mécontentement.

3. Becq de Fouquières et Caro, après lui, se sont trompés quand ils ont dit que Roucher était mort le premier et Chénier le second. Ils ont cru qu'on avait suivi l'ordre de la liste. Tous les témoins de l'exécution ont répété que Roucher avait été guillotiné le dernier et qu'il avait été précédé immédiatement par le baron de Trenck.

Roucher avait, au dire d'un témoin, conservé tout son courage; ses yeux, errant sur la belle avenue d'arbres qui aboutit à Vincennes, dédaignaient de s'arrêter sur ceux qui l'entouraient.

Peut-être voyait-il déjà la délivrance prochaine et le triomphe de la liberté, quand la main du bourreau vint dissiper la consolante vision !

La veille, à onze heures du matin, Leroy, élève de Suvée, avait fait le portrait du poète et celui-ci avait écrit au-dessous pour sa femme, pour ses enfants et pour ses amis, ces quatre vers qui devaient expliquer à la postérité la mélancolie de ses traits :

> Ne vous étonnez pas, objets sacrés et doux,
> Si quelque air de tristesse obscurcit mon visage.
> Quand un savant crayon dessinait cette image,
> J'attendais l'échafaud et je pensais à vous.

CONCLUSION

Pouvais-je, au début et à la fin de ce livre, emprunter
une autre voix que celle de la Poésie, dont le culte fer-
vent a rempli l'existence de celui qui disait : « Les plus
belles pensées de l'esprit humain sont en vers » ?

N'est-ce pas la Muse qui, assise au berceau de l'enfant,
exaltant sa jeunesse, soutenant sa virilité, l'assistant jusqu'à l'échafaud, a été l'inspiratrice constante de son génie?

Et si la postérité, ratifiant le jugement de ses contemporains, continue à l'appeler *le poète Roucher*, c'est que
la réunion de ces deux mots peut seule faire comprendre
l'unité morale du personnage.

Cependant, il ne faudrait pas oublier qu'aux jours de la
tourmente, le poète, plus sage qu'Archimède, interrompit
son rêve et suspendit sa lyre, en attendant des jours meilleurs. Avec son amour du bien public, Roucher ne pouvait
pas se tenir à l'écart des affaires de la cité. Il devint le
polémiste que l'on sait et si, en dépit des haines de La
Harpe ou des jalousies de quelques-uns de ses contemporains, il est resté un écrivain estimable et connu, s'il occupe

une place très honorable dans l'histoire des lettres françaises, il faut aussi se souvenir de son courage, de ses luttes contre les préjugés et contre la tyrannie, de sa captivité et de sa mort.

Roucher se présente à la postérité avec la double auréole de la Poésie et du Martyre.

FIN

APPENDICE

______

A MA FILLE

Des prisons de Sainte-Pélagie, le 1er novembre 1793.

O vous ! en qui la nature déploie
Le jeu brillant des plus riches couleurs ;
Dans les ennuis où mon âme est en proie,
A mon secours quelle main vous envoie,
Êtres charmants, fraîches et tendres fleurs ?

Tant que Zéphir de sa féconde haleine
A varié les grâces du printemps,
Tant que l'épi s'est joué sur la plaine,
Et que des fruits dont sa corbeille est pleine,
Pomone encore a mûri les présents ;

Libre d'errer dans l'empire de Flore,
D'en observer et les mœurs et les lois,
Vous m'avez vu, quand l'aube allait éclore,
Jusqu'à l'instant où tout se décolore,
Linnée en main vous poursuivre à mon choix.

Quel charme pur ! Quelles pures délices
Vous répandiez sur mes rapides jours !
J'étais heureux d'admirer vos caprices,
Et la corolle unie à vos calices,
Lit nuptial dressé pour vos amours.

J'étais heureux dans les bois solitaires,
Au bord des eaux, sur la croupe des monts ;
J'étudiais vos traits, vos caractères,
De vos vertus je sondais les mystères
Et pénétrais l'énigme de vos noms.

Que sais-je encore ? A l'aspect des prodiges
Dont vous frappez les regards studieux,
L'âme livrée à d'innocents prestiges,
Je projetais, amoureux de vos tiges,
De vous chanter dans la langue des dieux.

Mais qui dira l'intime jouissance
D'un cœur ouvert au plus doux des plaisirs,
Quand cette enfant qui me doit la naissance,
Ma fille, encor dans l'âge d'innocence,
Par ses progrès devançait mes désirs ?

Elle était là, m'accompagnant sans cesse,
Cherchant, comptant vos pistils maternels,
Les séparant, par une heureuse adresse,
De l'étamine où mûrit la richesse,
L'amas doré des germes paternels.

Elle était là, poursuivant la science,
De ses regards plus perçants que les miens,
Puis racontant, mais avec défiance,
Ce qu'avait vu sa jeune expérience,
Elle en semait nos doctes entretiens.

Ivre d'orgueil ensemble et de tendresse,
Comme j'aimais à la suivre des yeux !
Dans mon délire, excusable faiblesse,
Je croyais voir, un jour, dans ma vieillesse,
De mon bonheur plus d'un père envieux.

Ah ! désormais sortez de ma mémoire,
Tableaux riants dont je ne jouis plus !
Tableaux cruels, vous m'invitiez à croire
Que mes plaisirs feraient un jour ma gloire :
Gloire, plaisirs, tous mes vœux sont déçus !

Voilà qu'aux jours d'une innocente vie,
Un sort barbare a succédé pour moi.
Dans un donjon, l'injustice me lie.

Et l'avenir, sur mon âme flétrie,
Pèse chargé d'un immobile effroi.

Quand du soleil la brillante lumière
Me luit, obscure, à travers des barreaux,
Je vois pleurer la vertu prisonnière ;
Sous des verrous, j'entends la nuit entière
Des malheureux s'irriter de leurs maux.

Adieu, jardins dont j'espérais encore
Cueillir les dons ; charmants jardins, adieu !
L'automne, en vain, de nouveau vous décore ;
Loin des beautés que ses pas font éclore,
Il faut gémir dans cet horrible lieu.

Non, je renais à la vie, à l'étude.
L'aimable aspect des branchages fleuris
Vient éclaircir ma noire solitude ;
Ma fille a su, dans sa sollicitude,
M'environner de ces rameaux chéris.

Sa piété naïve, ingénieuse,
A trouvé l'art de corriger mon sort.
Ces beaux *asters*, à tête radieuse,
Et cette *inule*, à taille ambitieuse,
Vont, sous mes doigts, triompher de la mort.

Oh ! quand ces fleurs orneront le parterre
Que la science ouvre aux plants desséchés,
Oh ! puisse alors ma fille solitaire
Sur ces rameaux bienfaiteurs de son père
Tenir parfois ses regards attachés !

Puis, les baignant de ses pieuses larmes,
Leur dire : « Vous qu'en ma jeune saison
» J'osai cueillir dans nos grands jours d'alarmes,
» Je vous salue, ô fleurs, de qui les charmes
» Ont de mon père adouci la prison ».

Comme pour rendre hommage à l'amour de Roucher pour
la botanique, un professeur à la Faculté de Montpellier a
donné, en 1860, le nom de *Roucheria* à un nouveau genre
de plantes découvert à Cayenne.

L'IMMORTALITÉ DE L'HOMME

ODE

« De ses livides mains quand la mort nous embrasse
  Tout en nous est anéanti ;
    Avec le corps l'âme s'efface
Et tout l'homme est rentré d'où l'homme était sorti. »

    L'impie élevait ce blasphème,
      Nos passions l'ont adopté,
  Nos passions ont fait notre incrédulité.
Malheureux ! Et comment nous mentir à nous-même !
    Une secrète voix, accusant ce système,
      Nous dit notre immortalité.

Oui, sans cesse exister, oui, respirer sans cesse
De notre âme immortelle est l'immortel désir.
      Elle s'étend dans l'avenir
      Et d'une éternelle jeunesse
Au delà de la tombe aspire à se saisir.

      Et pourquoi de la renommée
      M'agite la soif enflammée ?
D'où me vient cet espoir qui poursuit un grand nom ?
Disciples des neuf Sœurs qui consolez la terre,
Césars qui l'embrasez des flambeaux de la guerre,
Quelle est la noble voix de votre ambition ?

      Elle raconte, elle proclame
      Les titres augustes d'une âme
Qui déploiera son vol sur l'abîme des ans.
      Vous en révélez la nature,
      L'instinct de sa grandeur future
      Vous élance au delà du temps.

Quoi ! le grand homme ! Quoi ! Le sage
Qui des arts sur la terre alluma le flambeau,
Lui, qui par des bienfaits y marqua son passage,

S'éteindrait tout entier, perdu dans le tombeau ?
Il n'en resterait plus qu'uëe cendre insensible
A nos regrets, à nos douleurs,
Et, sujets éternels d'un néant invincible,
Nos frères, nos amis n'entendraient point nos pleurs !

Ah ! si de la vertu sublime
Tel est le prix infructueux
Le blasphème n'est plus un crime,
L'homme est un être monstrueux.
Dans le tableau de la nature
Ce roi de l'univers forme une tache obscure
Qui déshonore son auteur.
Justes, souffrez sans espérance ;
Méchants, soyez en paix ; d'un œil d'indifférence
Dieu voit tout ; vous vivez étrangers à son cœur.

Non, non, quoi que l'impie atteste,
Notre âme, ce rayon céleste,
Héritera d'un autre sort.
Libre d'une charge grossière
C'est d'un vêtement de poussière
Qu'elle se dégage à la mort.

Homme immortel, salut ! Jamais ma lyre sainte
N'osera t'appeler mortel ;
Des cieux en un jour solennel
Tel qu'un triomphateur tu dois franchir l'enceinte,
Rayonner de leur gloire en tes regards empreinte
Et te mêler à l'Éternel.

Laisse des imposteurs te nommer un insecte
Qui respire et bientôt cesse de respirer ;
Ils veulent t'avilir, moi je veux t'admirer.
Que l'univers aussi t'admire et te respecte!
Noble émanation de la Divinité,
De la hauteur des cieux ton âme est descendue,
A sa patrie, un jour, elle sera rendue,
Échappée aux liens de la mortalité.

Comme alors à tes yeux tout s'agrandit, tout change !
L'univers, aujourd'hui, chaos informe, obscur,
Cet univers n'est plus un vaste amas de fange;
Chaque être y prend sa place et devant toi s'y range,
Embelli du jour le plus pur.

Ces nuages épais, que de la conjecture
    L'œil hardi ne pouvait percer,
Qui ne te laissaient voir dans l'immense nature
Que des anneaux brisés, épars à l'aventure,
S'écartent ; c'en est fait : tu vas tout embrasser.
Chacun de ces anneaux l'un à l'autre se lie,
    La chaîne entière est rétablie ;
Tu la vois, tu la suis dans son immensité ;
Tel qu'un globe parfait le grand tout se rassemble
Et tous ces points brillants viennent se peindre ensemble
    Au fond de ton œil enchanté !

    Quelle douce et pure allégresse !
    Quel ravissement, quelle ivresse !
Quand Dieu t'aura, lui-même, admis à ses conseils,
Lorsque tu béniras, dans ta reconnaissance,
Celui de qui le Temps n'a point vu la naissance,
Et dont la main laissa tomber tant de soleils
    Comme un essai de sa puissance.

    Tristes encore et douloureux
Des horreurs du trépas, des tourments de la vie,
Que ce premier instant dans notre âme ravie
    Versera des transports vifs et délicieux !
Et pourrons-nous suffire à tant de jouissance ?
    Tout mon cœur en frémit d'avance.
    Arrête, Dieu trop généreux,
Arrête. L'homme est faible, hélas ! et je chancelle.
Cette extase d'amour où ta bonté m'appelle
    D'avance me rend trop heureux !

Qu'elles s'effacent donc ces images hideuses,
Qui de la mort ici défigurent les traits.
    Pourquoi ces urnes douloureuses ?
    Pourquoi ces clartés ténébreuses ?
    Renversez-vous, pâles cyprès !
    Vos voix lugubres et menteuses
    Ont trop prolongé nos regrets [1].

Moi, je veux à la mort consacrer un cantique,
Je bénirai son dard, j'adorerai sa faux.

---

1. Cette ode fut lue par Roucher, le 7 mars 1785, à une cérémonie
funèbre de la loge des Neuf Sœurs.

En triomphe, à sa gloire, au milieu des tombeaux
        J'élève un radieux portique
        Et je l'anime de ces mots :
        « En vain l'homme dès qu'il respire
        Se sent né pour la royauté.
Si l'homme veut régner, il faut que l'homme expire ;
        Au delà de la tombe est placé son empire.
C'est la mort qui l'enfante à l'Immortalité. »

PAGES DE CRITIQUE LITTÉRAIRE

Le 10 nivôse an II, de Sainte-Pélagie, Roucher écrivait à sa fille pour l'instituer arbitre d'une discussion littéraire qui venait de s'élever :

Il s'agit de quelques vers ; ils sont beaux et je ne rougirais pas de les avoir faits. Quel en est l'auteur? Tu le sauras dans une autre lettre. Qu'il te suffise aujourd'hui d'apprendre que je les ai décomposés, dépecés, disséqués ; et, comme ils ne sont qu'une traduction de Cicéron, je me suis permis de les confronter sérieusement avec l'original. Je vais d'abord t'offrir celui-ci ; ensuite je t'offrirai la traduction en vers, et tu me rendras compte, je t'en prie, des impressions que tu auras reçues et de tes motifs d'approbation et de reproche.

Ut Jovis altisoni subito pennata satelles
Arboris e trunco serpentis saucia morsu
Ipsa feris subigit, transfigens, unguibus anguem
Semanimum et vana graviter cervice micantem
Quem se intorquentem lanians rostroque cruentans,
Jam satiata animos, jam duros ulta dolores,
Abjicit efflantem, et laceratum affligit in undas,
Seque obitu a solis nitidos convertit ad ortus.

Voici la traduction :

Tel on voit cet oiseau qui porte le tonnerre,
Blessé par un serpent, élancé de la terre ;
Il s'envole, il entraîne au séjour azuré

L'ennemi tortueux dont il est entouré.
Le sang tombe des airs, il déchire, il dévore
Le reptile acharné qui le combat encore ;
Il le perce, il le tient sous ses ongles vainqueurs,
Par cent coups redoublés, il venge ses douleurs.
Le monstre, en expirant, se débat, se replie ;
Il exhale en poisons les restes de sa vie,
Et l'aigle tout sanglant, fier et victorieux,
Le rejette en fureur, et plane au haut des cieux.

Tu peux entrevoir quelque chose de l'heureux placement des mots, de la marche progressive des idées et des images, de la précision serrée de la phrase, de la variété des formes et de la nécessité même des incidents ; en un mot, de l'ensemble et de l'effet de ce grand tableau. Tu peux surtout juger l'imitation, en la suivant, pas à pas, dans ses beautés ou ses défauts. Donne-toi carrière dans tes observations, après les avoir pesées, et fais-les passer par la filière de ton goût. Je te demande cet agréable travail pour mes étrennes.

Eulalie ne se fait pas prier et elle répond quelques jours après :

Venons enfin à notre grande affaire, que je n'avais pas eu le temps d'examiner encore. Osons, puisque vous le voulez, nous asseoir sur le fauteuil du juge. Ne nous effrayons pas de nos importantes fonctions. Justice et impartialité, guidez et éclairez mon esprit. *Amen!* au fait, avocat ! j'ai toussé ; je commence et je dis que, dans huit vers que vous m'avez envoyés, Cicéron, contre son ordinaire, place ses images dans un cadre très serré. Il est vrai que je ne puis juger que d'après ses *Offices*. Ici les objets plus rassemblés produisent, l'un par l'autre, un tableau d'un grand effet. Ce n'est point une simple pensée habillée, pendant tout le cours d'une longue période ; des mots éblouissants dont l'éloquence fait sa plus belle parure ; ici, pas un mot inutile, chacun a son emploi bien marqué ; les épithètes sont belles et bien poétiques. *Altisoni*, par exemple, est très beau, selon moi ; Jupiter est là-dedans, avec tout son fracas. L'aigle est bien ingénieusement désigné par *pennata satelles* ; on reconnaît là le poète. Les vers suivants sont d'une grande précision. Ensuite cette répétition de *jam* est très élégante, et de plus ajoute beaucoup à la satiété, à la fatigue du satellite ailé. *In undas* est bien renvoyé. Il est vrai que c'est la marche propre au latin. Comme, par cette coupe, la chute est précipitée! Au reste, je ne puis, comme vous le dites avec raison, sentir toutes les beautés de ce latin, qu'à mon grand regret il a fallu abandonner à peine commencé. Heureusement l'habitude d'autres langues me le rend moins étranger; et puis, n'avez-vous pas eu toujours l'attention de ne négliger aucune occasion pour m'en faire sentir le beau?

Il faut être nécessairement en liaison intime et secrète d'une langue pour en discerner *every little delicacies*. Il y a une certaine accointance avec elles dont on ne peut se passer pour les juger. Alors vous allez à votre aise, rien ne gêne, vous saisissez, d'un coup de jugement, les traits les plus fins et les plus cachés. Alors, les pensées de l'auteur sont à hauteur d'appui, et l'on critique de même qu'on admire, tout naturellement et sans effort. Quant à la traduction, d'abord ce n'en est pas une; c'est plutôt une imitation éloignée. Quelle différence de précision, de concision même! C'est bien moins serré que l'original :

> *Tel on voit cet oiseau qui porte le tonnerre ;*

il n'y a point là de poésie; comparez :

> *Ut Jovis altisoni subito pennata satelles,*

Le vers français est mesquin, faible, commun même. Pourquoi n'avoir pas cherché à rendre ce *satellite pinnato di Giove alto sonante?*

> Il s'envole, il entraîne au séjour azuré
> L'ennemi tortueux dont il est entouré.

Entraîner ne me présente point une idée juste. On enlève dans les cieux, on entraîne sur la terre.

> L'ennemi tortueux dont il est entouré.

Quelle pauvreté d'expression et d'idée! Comme ce mot *entouré* présente une belle image! N'avez-vous pu, monsieur le traducteur inconnu (pour moi j'entends), trouver quelque mot encore plus faible pour nous peindre le serpent aux prises avec l'aigle?

> Le sang tombe des airs ; il déchire, il dévore
> Le reptile acharné qui le combat encore.

Est-ce le sang qui déchire, qui dévore?

> Il le perce, il le tient sous ses ongles vainqueurs,
> Par cent coups redoublés il venge ses douleurs.

Je demande, pour toute réponse à ces derniers vers, qu'on lise attentivement le latin. Ceux qui le savent bien, ou qui, comme moi, ne le savent guère, n'importe, sentiront la différence.

> *Jam satiata animos, jam duros ulta dolores*
> *Abjicit efflantem et laceratum affligit in undas.*

Il y a, dans ces deux vers, une fureur et tout à la fois un épuisement inconcevable.

> Le monstre, en expirant, se débat, se replie.
> Il exhale en poisons les restes de sa vie.

Voilà le seul endroit qui annonce le poète. Mais c'est pure invention du traducteur. Passons.

> Et l'aigle tout sanglant, fier et victorieux,
> Le rejette en fureur et plane au haut des cieux,

Ces deux vers sont bien faits ; mais pourquoi abuser de l'ignorance de bien des gens, en leur disant : voilà une traduction de quelques vers de Cicéron? Pourquoi se donner pour traducteur, quand on n'est qu'un imitateur, venu d'assez loin même? Il faut rendre à chacun ce qui lui appartient ; ainsi je rends le morceau tout entier, beautés et défauts, tout ensemble, au soi-disant traducteur, comme étant bien à lui ; encore s'il eût surpassé, je dis même égalé l'original!... On m'interrompt ; à demain, la suite! Je vous envoie ce commencement, parce que je sais combien vous le désirez. Sans cela, je vous eusse envoyé le tout ensemble. Au reste, ce que j'ai à ajouter ne sera pas long, ce n'est plus qu'un mot.

Le voici :

Nous en étions restés dans ma dernière lettre, à

> Et l'aigle tout sanglant, fier et victorieux,
> Le rejette en fureur et plane au haut des cieux.

Je répète donc que ce n'est point là une traduction, ou que, si c'en est une, elle est plus que libre. Le poète français, ce me semble, devient lui-même original. J'y cherche en vain :

> *Abjicit efflantem et laceratum affligit in undas.*

Cette chute si bien précipitée, et le

> *Seque obitu a solis nitidos convertit ad ortus*

il n'y a pas un mot de la belle image que ce vers présente. Il résulte de toutes mes réflexions que le français est resté bien au-dessous du latin, par les images, par les expressions, par l'idée, par le serré enfin. Et puis, quelle répétition fatigante de pronoms qui allongent l'action ! Elle se traîne sur des *il* sans nombre. Quelle mauvaise manière ! Il s'envole, il entraîne, *il le perce, il le tient, il venge ses douleurs, il se déchire, il dévore, il exhale.*

Aimez-vous la muscade, on en a mis partout.

D'ailleurs, pas une expression forte qui fasse ressortir le caractère qu'on donne à cet aigle si terrible. Est-ce par ce *tout sanglant, fier et victorieux* que le traducteur a cru lui en assigner un ? Au reste, il était temps, à l'avant-dernier vers. Après une si belle victoire, si bien peinte, si bien coloriée, *l'oiseau de Jupiter plane au haut des cieux* ; assurément, c'était le moins qu'il pût faire. Un seul vers du français a ri à mon imagination, laissée du reste très en paix, dans la plus grande bonace.

Il exhale en poisons les restes de sa vie.

J'aime bien cette idée.

Roucher revient sur le sujet en répondant à sa fille ; il approuve ses réflexions.

Tu dis bien, *in undas* à la fin du vers est très heureusement placé. Mais, ce que tu dis encore mieux et ce qui est parfaitement senti par ton goût, c'est le vol de l'aigle, qui, après ce combat, avec la fierté paisible d'un vainqueur, va retrouver le soleil à l'Orient. Le citoyen Robert qui, à son grand talent pour la peinture, joint beaucoup d'esprit en société, disait plaisamment : *Après ce bel exploit, on peut retourner avec quelque orgueil à la maison.* Voilà encore l'aigle qui se montre par ce dernier trait de caractère, digne de sa destinée. Il n'y a que les êtres bas et vils qui conservent de la haine à un ennemi au delà de la mort. Il faut être un *Vitellius*, un *Charles IX*, pour lire : *Le corps d'un ennemi mort sent toujours bon.*

Dans cette analyse, ma chère fille, j'ai donné plus de développement à tes propres idées, pour affermir davantage ton admiration pour ce sublime tableau. Voltaire, en le plaçant dans sa préface de *Rome sauvée*, a rattaché à la couronne de Cicéron ce beau diamant poétique auquel on pensait peu, parce qu'il était enseveli dans les magasins des seuls érudits, ou savants en *us* ; mais Voltaire, tout grand qu'il est, est resté loin, bien loin, dans sa copie, de la beauté vraiment antique de l'original.

> Tel on voit cet oiseau qui porte le tonnerre
> Blessé par un serpent, *élancé* de la terre
> *Il* s'envole, *il* entraîne au séjour azuré
> *L'ennemi tortueux* dont *il est entouré.*
> *Il* le perce, *il* le tient sous ses ongles vainqueurs,
> Par cent coups redoublés *il* venge ses douleurs.
> Le sang *tombe* des airs ; *il* déchire, *il* dévore
> Le *reptile acharné* qui le combat encore.
> Le monstre, en expirant, se débat, se replie,
> *Il* exhale en poisons les restes de sa vie,
> Et l'aigle tout *sanglant, fier et victorieux.*
> *Le rejette en fureur*, et plane au haut des cieux.

D'abord, ce n'est point là le tableau peint par Cicéron. Il serait impossible à celui-ci de reconnaître son aigle dans cet oiseau qui *s'élance de la terre*, où il plaît à Voltaire de le placer; dans cet oiseau qui vole au séjour azuré, *quoique entouré de son ennemi tortueux*; dans cet oiseau enfin, qui, après sa victoire, *a encore de la fureur*. Cicéron dirait, je crois, s'il pouvait te parler : « Fille sensible, conviens que je n'ai pas donné de tels soufflets à la nature; je l'avais observée, et la gloire des poètes est de la reproduire. Mon aigle fond d'une hauteur, parce que je savais qu'un aigle n'était pas une volaille qui se repose à terre; parce que, en outre, les relations des Romains avec l'Afrique m'avaient appris que le serpent se glisse et se met en épie, en vedette sur les arbres, dans les feuillages, soit pour manger les œufs dans les nids, soit pour faire sa proie des oiseaux qui viennent se placer sur les rameaux. Mon aigle ne s'envole pas au séjour azuré, parce qu'un être ailé, entouré d'un serpent tortueux, a les ailes étrangement embarrassées; autant vaudraient des ailes rognées. Si je voulais peindre un aigle forcé de tomber honteusement sur la terre, je l'entourerais, comme l'a fait mon prétendu imitateur. Mon aigle enfin n'a plus de *fureur* dès qu'il voit son ennemi déchiré, n'en pouvant plus; et s'il fallait, quand il rejette sa victime, la gratifier d'un sentiment, au lieu de la fureur, je lui donnerais le mépris. Fille républicaine, ajoute-rait-il, ton âme est nourrie dans ces nobles sentiments qui élèvent et agrandissent, tu es faite pour m'entendre et même pour me deviner. » Ensuite cette prétendue imitation est surchargée d'une foule de mots qui, au lieu d'un style rapide, ne font qu'un style tourmenté; toujours, comme tu l'as remarqué, ce pronom personnel *il*, qui enfile monotonément des incidents à des incidents; toujours la forme de ces phrases hachées, jetées dans un seul moule. Ce n'est point là l'admirable variété de l'original... Le *qui* relatif est d'un usage fréquent et indispensable dans notre langue. Qu'a donc fait Racine pour rendre cette fréquence moins sensible? il a varié de toutes les manières la place de ce mot; tantôt il le met au commencement du vers, tantôt à la deuxième, troisième et quatrième syllabe, tantôt dans le courant du second hémistiche; rarement au commencement, encore même lui donne-t-il l'emploi d'ouvrir un sens qui ne finit pas avec cet hémistiche, mais qui, prolongé au delà, s'en va former le vers qui suit. Tiens cette observation pour vraie; je la crois neuve, c'est un des fruits de l'étude longue assidue, et presque obstinée que j'ai faite des plus belles formes de la versification française...

Maintenant, tu me demandes la traduction que je t'ai promise des vers latins à ma manière. Il faut te satisfaire.

J'ai travaillé, pendant près de huit jours, ces vers où j'ai tâché de mettre tout ce que j'ai de talent poétique. Ils n'ont point toute la précision de l'original ; mais ils en ont peut-être autant que le permet notre langue où les articles, les pronoms personnels ou possessifs occupent un espace dont le latin fait un meilleur usage. Cependant c'est, à deux vers près, le même nombre de vers. Voltaire en a employé douze ; chez moi, il y en a dix, encore le dernier est-il une addition qui peut n'être pas inutile, surtout d'après la manière dont je me suis approprié la comparaison.

> Tel sur le même tronc où le blesse un serpent,
> Tel se venge soudain l'oiseau du Dieu tonnant.
> De sa serre allongée, il saisit, il arrête
> Le reptile qu'il perce et qui, dressant la tête,
> Se replie et combat de son dard acéré.
> En proie au bec tranchant, le monstre déchiré
> Tombe en lambeaux et meurt ; de rage et de vengeance
> L'oiseau rassasié, le rejette et s'élance
> De l'occident obscur à l'orient vermeil,
> Digne d'y retrouver les regards du soleil.

Voici une nouvelle joute dont Horace fera les frais :

Il s'agit, écrit Roucher, d'une strophe d'Horace, dans laquelle se trouve un mot *brevem, court* qu'on a toujours regardé comme intraduisible.

> *Linquenda tellus et domus et placens*
> *Uxor, neque harum quas colis arborum,*
> *Te, prœter invisas cupressus,*
> *Ulla brevem dominum sequetur.*

C'est-à-dire en bon français :

« Il faudra quitter ta terre, ta maison, ton épouse chérie ; et » des arbres que tu cultives, aucun, hors l'odieux cyprès, ne » suivra son maître, ou *passager* ou *réduit à peu de chose.* »

Le citoyen Moynat m'a donné, de ces beaux vers d'Horace, une traduction qu'il estime beaucoup, dont j'ignore l'auteur,

et de laquelle je ne me permettrai ici ni blâme, ni éloge ;
j'attendrai pour prononcer arrêt définitif, qu'un certain grand
avocat général, nommé Minette, ait donné ses conclusions.

> Il te faudra quitter tous les biens de la vie,
> Ce sol, cette maison, cette épouse chérie.
> Hors l'odieux cyprès ; de tous les arbrisseaux
> Dont tes soins assidus cultivent les rameaux,
> Aucun ne te suivra jusqu'à la rive sombre,
> Toi, qu'ils ont vu passer, comme passe leur ombre.

— A vous maintenant, citoyen Roucher ! Voyons un peu si
vous êtes ou plus près, ou plus loin de l'original, en brièveté,
en harmonie, en simplicité, et surtout en mélancolie. Voyons ;
les témoins, les juges, les grands jurés sont là.

> Il faudra quitter cette terre,
> Ce toit, cette épouse si chère
> Qui t'anime d'un si doux feu ;
> Et des arbres que tu fis naître,
> Les cyprès seuls suivront leur maître,
> Ce maître qui dura si peu.

Je ne me suis pas contenté de traduire cette belle strophe ;
j'ai cherché à l'imiter encore, en m'emparant, à ma manière,
de quelques-unes de celles qui la précèdent. Horace, dans cet
ode, parle à son ami *Posthumus*, de la nécessité de la mort ;
et en faux disciple d'Épicure, que nous-mêmes nous calom-
nions encore, il lui fait de cette nécessité un motif de se
livrer aux plaisirs de la vie.

> Nous sommes attendus dans la barque fatale ;
> Le rocher de Sisyphe et l'onde de Tantale
> S'enfuira devant nous, roulera sous nos yeux,
> Éternels spectateurs réservés par les dieux
>   Aux scènes que l'enfer étale.
> Il faudra le quitter ce palais éclatant,
> Cet immense domaine où ton orgueil s'étend,
> Et de ces vastes bois que ton or a fait naître,
> Hors l'odieux cyprès, dans l'éternelle nuit,
>   Nul arbre ne suivra son maître,
>   A si peu d'espace réduit.

Tu vois, ma chère Minette, que, dans mes deux copies, je n'ai
pas donné à ce mot, *brevem,* le même sens. Dans la première

ce maître *dure peu*, dans la deuxième *il est réduit à peu*.

Dis-moi lequel des deux sens te paraît celui de l'original, et auquel tu donnerais la préférence. Pour m'autoriser à faire usage du dernier, je me suis dit que j'avais vu à la Falaise, dans les jardins de feu madame de Tourny, l'urne funèbre d'un héros romain, mort en Auvergne, lieutenant de Jules César. Le tombeau de ce capitaine avait été découvert depuis peu, et madame de Tourny avait en sa possession, il ne me souvient plus par quel moyen, tout ce que ce tombeau renfermait encore, quand il fut ouvert. J'ai tenu dix, trente et cent fois dans mes mains la lampe lacrymatoire, le petit pain qu'on plaçait auprès des morts, comme viatique de leur passage aux enfers ; ce pain était pétrifié, mais très reconnaissable encore. J'ai tenu surtout et examiné, d'un regard triste et mélancolique, les restes du guerrier réduit, par la combustion, en une espèce de pierre noirâtre, de la grosseur d'à peu près deux fois ma tabatière. *Oh! que l'homme ainsi fait est court!*

Eulalie répond :

Vous m'avez dit de parler franchement; je vais aller ce pas. La traduction anonyme que vous m'avez envoyée ne me paraît rien moins que bonne, surtout comparée à l'original. En général, quelle longueur! quel vague! et surtout quelle obscurité! que dire de ce *hors* au commencement du troisième vers? à coup sûr l'élégance ne l'a point choisi. Combien encore de tournures peu poétiques. Mais que signifie cette comparaison *d'ombre* et de *passage*? C'est d'une obscurité pour moi à n'y rien comprendre. Je doute que le traducteur lui-même se soit entendu. *Des arbrisseaux qui voient passer un homme, comme passe leur ombre.*

Explique qui voudra un pareil galimatias. Quelle différence quand on lit Horace! Il est d'autant plus beau qu'il est plus simple. Dans vos vers, j'ai retrouvé la brièveté de l'original et la teinte de mélancolie qui règne dans ceux d'Horace.

J'aime cette répétition de *maître*.

Ce maître qui dura si peu

a quelque chose de touchant. Vos vers ont, comme le latin, du religieux.

Passons à la seconde traduction. Elle est dans un autre genre et plus loin de l'original ; mais c'est une belle imitation. Bah ! me voilà prise. Je trouve aussi chez vous ce *hors*. Eh bien ! il n'en est pas devenu meilleur. Je tiens à mon premier dire.

> Cet immense domaine où ton orgueil s'étend

est bien pompeux et bien poétique.

Vous me demandez lequel de ces deux sens, *dura peu* ou *réduit à peu*, me paraît le véritable. Je suis portée à croire que c'est le premier. Cependant vos réflexions sur le héros de la Falaise balancent un peu mon opinion. *Oh ! que l'homme ainsi fait, est court !* est vraiment une idée sublime. Horace a-t-il été ou n'a-t-il pas été si loin ? J'en reste, toute réflexion faite, à mon avis primitif.

J'allais oublier de vous parler de *cet odieux cyprès*. *Odieux* est-il le mot ? Je sais que le mot *invisas* est dans le latin ; mais n'a-t-il pas une acception toute différente que celle d'*odieux*. Je reviendrai à cet *odieux* dans un autre moment.

Mais Eulalie n'a pas épuisé le sujet en une seule fois :

Je reviens à Horace. Je demande pourquoi il a donné l'épithète d'*odieux* au cyprès. Je ne lui vois rien d'odieux, surtout dans l'emploi qu'il lui prête. Au contraire, je lui porte là un sentiment religieux. Il me semble qu'en y pensant, j'éprouve plutôt de l'attendrissement que de la haine. On hait ceux qui nous ont fait du mal, ou qui nous remettent sous les yeux des objets qui doivent nous faire horreur. Mais, ici, c'est un arbre qui accompagne l'homme au tombeau. Son aspect réveille des idées mélancoliques très sombres, pénibles même, si l'on veut ; mais aucune qui approche de la haine. Quand les Canadiens vont pleurer sur les tombeaux de leurs pères, environnés d'arbres funèbres, ils n'éprouvent pas, sans doute, le sentiment horrible de la haine. De tels arbres ne peuvent l'inspirer ; c'est impossible ! Vous me ferez peut-être voir autrement, mais en attendant je suis bien tentée de croire que j'ai raison.

Virgile trouve tout naturellement sa place dans ces lettres

littéraires. Roucher soumet à sa fille deux traductions de ce passage des *Géorgiques* qui débute ainsi :

Quid faciat lætas segetes, quo sidere terram.

Dans ce morceau, Virgile a déployé toutes les richesses du style et de l'harmonie poétique.

Je viens aux traductions françaises; l'une est de papa et l'autre de l'abbé Delille. Tu me diras laquelle tu juges la meilleure et la plus conforme à l'original. Après quoi, je te dirai, moi, laquelle m'appartient.

Je chante les moissons; je dirai sous quel signe
Il faut ouvrir la terre et marier la vigne ;
Les soins industrieux que l'on doit aux troupeaux,
Et l'abeille économe et ses sages travaux.

Astres qui poursuivant votre course ordonnée,
Conduisez dans les cieux la marche de l'année ;
Protecteur des raisins, déesse des moissons,
Si l'homme encor sauvage, instruit par vos leçons,
Quitta le gland des bois pour les gerbes fécondes
Et d'un nectar vermeil rougit les froides ondes ;
Divinités des prés, des champs et des forêts,
Faunes aux pieds légers, vous, nymphes des guérets,
Faunes, nymphes, venez ; c'est pour vous que je chante.
Et toi, dieu du trident, qui d'une main puissante,
De la terre frappa le sein obéissant,
Et soudain fis bondir un coursier frémissant ;
Pallas, dont l'olivier enrichit nos rivages ;
Vous, jeune dieu de Cée, ami des verts ombrages,
Pour qui trois cents taureaux éclatants de blancheur
Paissent l'herbe nouvelle et l'aubépine en fleur ;
Pan qui, sur le Lycée ou le riant Ménale,
Anime sous tes doigts la flûte pastorale ;
Vieillard qui dans ta main tiens un jeune cyprès ;
Enfant qui le premier sillonnas les guérets ;
Vous tous, dieux bienfaisants, déesses protectrices,
Qui de nos fruits heureux nourrissez les prémices,
Qui versez l'eau des cieux, qui fécondez les champs,
Ainsi qu'à nos moissons, présidez à mes chants.

Voyons la deuxième traduction. C'est en comparant que le

goût, ainsi que la raison, se forme ; le goût qui n'est que la raison appliquée aux beaux-arts et perfectionnée par la recherche de ce qui doit plaire, dans tous les temps et dans tous les lieux, aux hommes qui ont exercé leurs facultés intellectuelles.

> Comment naissent pour nous de riantes moissons,
> Mécène : sous quel astre on tourne les sillons,
> Où la vigne docile à l'ormeau se marie,
> Les soins dus aux troupeaux, enfin quelle industrie
> De l'abeille économe achète les faveurs,
> Je le chante. O du monde immortels bienfaiteurs,
> Dont les lois font rouler le cercle de l'année ;
> Bacchus, riche Cérès, si par vous couronnée
> De biens qu'elle ignorait, la race des humains
> Quitta le gland des bois pour le trésor des grains
> Et rougit d'un vin pur le cristal des naïades,
> Inspirez-moi : sylvains, faunes, jeunes dryades,
> Dieux visibles des champs ; dryades, hâtez-vous,
> Faunes, entourez-moi, Sylvains, accourez tous,
> Je célèbre vos dons. Toi, puissant roi de l'onde,
> Qui, frappant de ton sceptre une terre inféconde,
> Fis jaillir de ses flancs l'impétueux coursier,
> Neptune ; et vous, Minerve, à qui de l'olivier
> Athènes doit les fruits, trésors de ses rivages ;
> Demi-dieu qui de Cée aimes les bois sauvages
> Où, brillants de blancheur, trois cents jeunes taureaux
> Pour toi, des frais buissons paissent les verts rameaux ;
> Pan, dont les yeux amis, ouverts sur nos prairies,
> Des hauteurs du Tégé gardent nos bergeries.
> Vieillard *de qui la main* porte un cyprès ; et toi,
> Qui du soc recourbé nous enseignas l'emploi ;
> Je vous invoque tous, dieux, déesses propices,
> Qui nourrissez nos fruits éclos sous vos auspices
> Et versez aux moissons l'eau féconde des cieux.

Maintenant que tu as sous les yeux l'une et l'autre copie, il te sera très facile de suivre la marche et de sentir même les beautés de l'original.

Eulalie a deviné celle des deux traductions dont son père est l'auteur ; elle la préfère et en donne les motifs :

Je crois inutile de vous dire qu'il m'a suffi non pas de lire, mais de parcourir les deux traductions, pour connaître le véritable maître de chacune. Je sais par cœur votre manière de faire des vers, et surtout des vers traduits du latin; votre sort est d'être reconnu quoique vous fassiez.

> Je chante les moissons, *je dirai* sous quel signe

Pourquoi donc n'avoir pas conservé en français, puisque cela était possible, l'inversion qui produit un si bel effet dans Virgile? Le traducteur, je le vois, était aussi pressé de chanter que de nous dire le sujet de son chant, puisqu'il n'a pu différer d'un seul vers, et qu'il a sacrifié une si grande beauté à son impatience. Passons aux autres vers.

> Il faut ouvrir la terre et *marier la vigne*,
> Les soins industrieux que l'on doit aux troupeaux,
> *Et l'abeille économe et ses sages travaux.*

Tout ceci n'est point l'original.

La botanique va peut-être me fournir ici une critique de plus. Je trouve, moi, un grand plaisir à lire *ulmisque adjungere vites.* C'est un trait que papa, Desfontaines et tant d'autres encore, n'auront pas oublié de remarquer, j'en suis sûre. Je n'aime point ce verbe *dire* qui régit toute la phrase où se trouve *l'abeille économe et ses sages travaux.* Virgile n'a pas dit un mot des sages travaux de l'abeille, mais quelle industrie, quel art est nécessaire pour les gouverner!

> . . . . *Atque apibus quanta experientia parcis.*

Continuons :

> Astres qui, poursuivant votre course ordonnée,
> Conduisez dans les cieux la marche de l'année ;
> Protecteur des raisins, déesse des moissons,
> Si l'homme encor sauvage instruit par vos leçons
> Quitta le gland des bois pour les gerbes fécondes,
> Et d'un nectar vermeil rougit les froides ondes ;
> Divinités des prés, des champs et des forêts,
> Faunes aux pieds légers, vous nymphes des guérets
> Faunes, nymphes, venez ; *c'est pour vous que je chante.*

Le traducteur semble avoir pris plaisir à rejeter toutes les épithètes qui sont cependant si bien choisies dans le latin. Au premier vers il supprime *lætas*, ici *alma Ceres*. Toute la fécondité de Cérès est dans ce mot *alma*; pourquoi avoir préféré *déesse des moissons?* A coup sûr je trouverai cet hémistiche partout; à commencer par mon dictionnaire de mythologie. Voilà de ces choses qui, peut-être indifférentes en apparence, tiennent cependant au génie. Il a toujours une manière à lui, de distinguer et de caractériser les objets. Un seul mot lui suffit. Les trois vers d'après sont communs, quoique celui-ci soit bien tourné :

Si l'homme encor sauvage, instruit par vos leçons.
. . . .
. . . . les froides ondes,

font, je le sais, la mesure du vers. Si c'est là tout ce que le traducteur voulait, il a parfaitement réussi.

. . . . C'est pour vous que je chante.

Non ce n'est pas pour les dieux que Virgile chante; c'est leurs dons qu'il chante.

Ou vous n'avez pas compris, ou vous n'avez pas voulu comprendre *munera vestra cano.*

Et toi, dieu du trident qui, d'une main puissante,
De la terre frappas le sein obéissant,
Et *soudain fis bondir un coursier frémissant.*

Avouons que voilà un Virgile bien arrangé. Remarquez comme cette action qui, dans le latin, a toute la force et la vivacité qu'elle exige,

. . . . *Tuque ó, cui prima frementem*
Fudit equum, magno tellus percussa tridenti,
Neptune...

est lâche et lente dans le français. Le charme de l'image s'éteint dans les trois vers. Aucune couleur n'en sort vive et belle. C'est un *soudain* qui ne hâte rien, au contraire ; un *fis bondir, un coursier frémissant.* Si je l'osais, je dirais que mon mot à mot en dit cent fois plus à mon imagination. Je me rappelle que j'ai oublié de vous parler de cette apostrophe aux astres, j'y reviens. Comme Virgile sent le génie, quand il parle à ces dieux de l'année qui en effet doivent inspirer à un vrai poète autre chose qu'*astres;* quel sang-froid! c'est

> Astres qui, poursuivant votre course ordonnée,
> Conduisez dans les cieux la marche de l'année ;

Qu'on nous donne pour la traduction de

> . . . . *Vos ô clarissima mundi*
> *Lumina labentem cœlo quæ ducitis annum.*

Ah! Monsieur Delille, vous faites vos vers à tête reposée. Nous en étions, je crois, à Pallas; reprenons :

> Pallas dont l'olivier enrichit nos rivages ;
> Vous, jeune dieu de Cée, ami des verts ombrages
> Pour *qui* trois cents taureaux éclatants de blancheur
> Paissent l'*herbe nouvelle* et l'*aubépine en fleur* :
> Pan, *qui* sur le Lycée ou le riant Ménale
> *Animes sous tes doigts la flûte pastorale ;*
> *Vieillard qui* dans ta main tiens un *jeune cyprès*
> Enfant *qui* le premier *sillonnas les guérets ;*
> Vous tous, dieux bienfaisants, déesses protectrices,
> *Qui* de nos fruits heureux *nourrissez les prémices,*
> *Qui* versez l'eau des cieux, *qui* fécondez les champs,
> *Ainsi qu'à nos moissons, présidez à mes chants.*

Voilà douze vers qui ne sont ni traduction, ni imitation. Je ne sais pas trop ce que c'est; mais ce que je sais le mieux, c'est qu'ils sont maniérés et d'une petite manière. *Cette herbe nouvelle, cette aubépine en fleur,* tout cela est joli sans doute; mais ce n'est pas Virgile; qu'est-ce donc? Ici, *Pan anime sous ses doigts la flûte pastorale*; dans le latin on l'invite à quitter le bois paternel et son cher Ménale pour venir se mêler aux autres dieux.

Vieillard qui dans ta main tiens un *jeune cyprès.*

Virgile n'a pas eu la folle prétention de faire jouer *vieillard* avec *jeune cyprès*. C'est du mauvais petit goût, *al mio parere :*

> Enfant *qui* le premier *sillonnas les guérets*,

ne rend pas

> . . . . . . *Uncique puer monstrator aratri.*

Les quatre autres vers ne sont guère bons. D'abord toute cette kyrielle de *qui* relatifs font là un très mauvais effet ; et puis, que veut nous dire M. le traducteur par

> *Qui* de nos fruits heureux *nourrissez les prémices.*

Des fruits heureux nourrir les prémices ; voilà sans doute qui est clair ou du moins qui doit l'être, mais je n'y comprends rien. Le traducteur lui-même s'est-il bien compris ? Pour le dernier vers, il ne mérite pas qu'on en parle ; il est prosaïque et quelque chose de plus. On assure que M. l'abbé Delille a quelquefois surpassé l'original en beauté. Je m'incline et me tais devant ceux qui en savent plus long que moi ; mais je dis tout bas que je doute fort que ce soit en simplicité, en force, en richesse d'expressions, en noblesse. J'ai cru voir dans le latin le sceau du génie apposé à chaque vers ; le traducteur moins prodigue n'a mis le sien qu'au dernier vers de la tirade.

Voyons la seconde traduction. Oh ! c'est une autre affaire ; elle est aussi littérale qu'on puisse la faire. On y retrouvera les beautés de l'original. Mais avec ma franchise ordinaire, je vais faire quelques observations.

> . . . . . . Sous quel astre on *tourne* les sillons,

Je sais que l'expression de *tourner* rend parfaitement le mot *vertere* ; mais je ne la trouve pas d'un assez bon effet en français pour l'y importer en ce sens.

> Où la vigne docile à l'ormeau se marie,

Il me semble impossible de traduire avec plus d'élégance et plus littéralement, *ulmisque adjungere vites*. L'épithète de *docile* est bien choisie. Les botanistes retrouveront là leur Virgile :

> . . . . O du monde immortels bienfaiteurs,

voilà qui est vraiment poétique; cela sent l'enthousiasme pour les belles choses.

> Dont les lois font rouler le cercle de l'année;
> Bacchus, riche Cérès, si, par vous *couronnée*
> *De biens* qu'elle ignorait, la race des humains
> Quitta le gland des bois pour le trésor des grains, · · ·

Couronnée de biens me paraît singulier; j'aimerais mieux un autre mot.

> Et rougit d'un vin pur le cristal des Naïades;

je me garderai bien de mettre ce vers en comparaison avec

> Et d'un nectar vermeil rougit les froides ondes.
> Inspirez-moi, Sylvains, Faunes, jeunes Dryades,
> Dieux visibles des champs ; Dryades, hâtez-vous :
> Faunes, entourez-moi ; Sylvains, accourez tous ;
> Je célèbre vos dons.

C'est bien là Virgile, peut-être même embelli. Il y a dans votre appel plus de mouvement; il est aussi plus nombreux. L'imagination voit arriver en foule la bande joyeuse. Cette reprise de Dryades, de Faunes, de Sylvains est de la plus grande élégance; vous faites venir chaque dieu d'une manière différente, ce qui ajoute à la vivacité de la scène. Les uns se hâtent, les autres plus alertes accourent, ceux-ci déjà arrivés vous entourent.

> . . . . Toi, puissant roi de l'onde,
> Qui, frappant de ton sceptre une terre inféconde,
> Fis jaillir de ses flancs l'impétueux coursier,
> Neptune.....

On reconnaît là la naissance de Pégase. Ces vers m'offrent l'impétuosité de cette action, telle que Virgile l'a dépeinte; je les trouve *nerborosi*. *Neptune* est bien renvoyé, comme dans le latin.

> . . . . Et vous, Minerve à qui de l'olivier
> Athènes doit les fruits, trésors de ses rivages;

Ce vers qui n'est point dans l'original aurait bien dû y être ; je me plais à retrouver là Athènes. Que d'idées viennent en foule à ce nom !

> Demi-dieu qui de Cée aimes les bois sauvages
> Où, brillant de blancheur, trois cents jeunes taureaux,
> Pour toi, des frais buissons paissent les verts rameaux ;
> Pan, dont les yeux amis ouverts sur nos prairies,
> Des hauteurs du Tégé gardent nos bergeries ;

Voilà Pan mieux occupé qu'à tirer des sons d'une flûte. Le voilà tel que Virgile nous le présente. Il fait bien image, placé ainsi sur les hauteur du Tégé. Je le vois de là qui veille en bon berger sur tous les troupeaux. *Les yeux amis* sont heureux.

> Vieillard de qui la main porte un cyprès ; et toi
> Qui du soc recourbé nous enseignas l'emploi,
> Je vous invoque tous, dieux, déesses propices,
> Qui nourrissez nos fruits éclos sous vos auspices,
> Et versez aux moissons l'eau féconde des cieux.

Vieillard de qui la main n'est pas bon, surtout pour le reste. Ensuite ce *et toi*, à la fin d'un vers, produit un effet extraordinaire.

Tel est, à peu près, mon cher papa, ce que je pense des deux traductions que vous m'avez envoyées. Je ne fais pas de comparaison de l'une à l'autre, surtout par rapport au latin. On ne peut cependant pas refuser à la première une certaine grâce dans l'ensemble, mais elle est trop française. Je préfère l'autre *avec son air étranger*.

INTRODUCTION

A LA NOTICE QU'EULALIE SE PROPOSAIT DE FAIRE SUR SON PÈRE (vers 1830)

Il y a longtemps que les amis de Roucher et tous ceux qui s'intéressent à son nom, à ses grandes infortunes, nous sollicitaient de recueillir ce qui nous reste de lui pour l'offrir au public. Ce devoir pieux nous l'avions senti, nous avions vivement désiré, plus d'une fois, de le remplir, mais la France livrée d'abord aux différentes commotions politiques et successives de la Révolution, puis aux intérêts si puissants de sa gloire et de sa grandeur exclusivement militaires, ne nous semblait ni assez calme, ni assez occupée des réputations littéraires, ni assez religieuse pour les victimes de la Révolution pour oser appeler l'attention du public sur le recueil le plus complet possible des œuvres de Roucher.

Aujourd'hui que notre situation politique et sociale nous permet de parler ouvertement, à la fois du littérateur, de l'homme de bien, du grand citoyen persécuté, de sa haine pour l'anarchie, de ses efforts généreux pour la combattre, de son dévouement pour la repousser et l'arrêter, enfin de ses ennemis, de ses bourreaux et de sa mort héroïque, nous entreprenons une tâche à la fois douloureuse et sacrée. Il ne faut pas moins qu'une époque aussi éloignée de celle de nos malheurs pour trouver en nous la force de les peindre, d'y arrêter notre souvenir et d'y associer le public.

AUX PETITS ENFANTS

DU POÈTE ROUCHER

Il est des noms aimés qui, s'attachant à l'âme,
Vivent comme des fleurs au fond du souvenir ;
Gémissant, mais baigné d'harmonie et de flamme,
Le vôtre a des parfums pour tout votre avenir.
Beaux enfants que ce nom mélodieux rassemble,
Doux héritiers du cygne, ah ! ne vous quittez pas.
Un écho pleure encore où vous parlez ensemble,
Mais une gloire chante où vous posez vos pas !

Marceline Valmore.

ÉPÎTRE A ROUCHER

Poursuivi par l'orage et la fatalité,
Poète, tu vivras dans l'Immortalité.
Des vers sur tes genoux j'apprenais l'harmonie ;
J'admirais à douze ans ta gloire et ton génie.
Je n'oublierai jamais le bien que tu me fis
Et le cœur de mon père est pour toi dans son fils.
De tes petits enfants, par un destin prospère,
J'ai rencontré les pas et je serai leur père ;
Ils viendront dans mes bras comme, en nos entretiens,
Attiré par ta voix je volais dans les tiens ;
Citoyen et poète, au bien toujours fidèle,
Tu seras dans les cieux leur phare et leur modèle ;
Tes beaux vers, inspirés par un pur sentiment,
Avaient marqué ta place au divin firmament,
Et lorsqu'au sein de Dieu ton âme fut ravie
Tu lui portas l'encens des vertus de ta vie.

Dupaty, de l'Académie française, auteur de ces vers, les envoyait au fils de Roucher en y ajoutant ces lignes :

Nos noms ont été tellement unis par l'amitié de nos pères que rien ne peut les séparer. Élevé pour ainsi dire sur les genoux de Roucher, frappé de sa bonté, de ses talents et de son infortune, j'avais, après bien du temps qui n'avait point altéré mes souvenirs, retrouvé un jour la chère Eulalie...

Il la retrouva, mais pour la perdre bientôt; il voulut, du moins, lui rendre un religieux hommage et, dans le discours qu'il prononça sur sa tombe, il fit appel à la justice impartiale de la postérité :

... Roucher, dit-il, avait eu deux grandes passions : l'amour des vers et celui du bien public. L'amour des vers l'avait conduit à la gloire et l'autre à l'échafaud, dans un temps funeste où les arrêts d'un tribunal de sang étaient pour les victimes un certificat de vertu.

La Terreur avait écarté de sa tombe les hommages de l'amitié et j'espère être agréable à son ombre en venant les lui rendre sur le cercueil de sa fille...

Les ouvrages de ton père, après une épreuve de cinquante années, brillent encore par la force, l'élégance et l'harmonie du style, la richesse du coloris et la fécondité des images. Dernièrement, à l'Académie française qui aurait été fière de l'appeler dans son sein, les vers touchants qu'il adressait à sa famille en allant à la mort furent répétés avec émotion par une de ces voix éloquentes qui consacrent tout ce qu'elles louent.

Si dans l'immortalité du ciel on est encore touché des hommages de la terre, dis à ton père, Eulalie, que les siècles ne perdront pas le souvenir du chantre des *Mois*...

Les qualités de l'âme, Roucher les possédait toutes et toi, Eulalie, douce fille de la poésie et de la vertu, dont tes regards et ton cœur conservaient l'empreinte, tu en avais hérité de ton père.

ÉLOGE DE ROUCHER

par Fontanes.

Je ne puis élever ma timide chanson
Aux sublimes accords du moderne Thomson.
Roucher, digne rival des poètes antiques,
Comme eux à la nature adressant ses cantiques,
Du même enthousiasme auprès d'elle inspiré,
Sur les champs, sur les mers, dans les cieux égaré,
Instruit par l'Angleterre et par la Germanie,
De la lyre française agrandit l'harmonie ;
Plus simple, je ne veux que ton doux chalumeau,
Berquin...

(Extrait du petit poème de *la Forêt de Navarre*.)

LA MAISON NATALE DU POÈTE

ET LA RUE ROUCHER A MONTPELLIER

Roucher naquit dans une maison de la rue Arc d'Arène, rue qui porta depuis le nom de Roucher et qui a disparu lors du percement de la rue Nationale. La maison natale du poète s'élevait tout près de l'emplacement actuel de l'hôtel des postes et télégraphes. Elle était déjà vieille en 1745 ; avec un escalier de pierre et dans la cour, un vieux puits à margelle contournée, qui tombait en ruine lors de la démolition.

Les compatriotes de Roucher renouvelleront-ils un jour l'honneur qu'ils lui firent en 1815 ?

Arrêté du 7 juin 1815.

Le maire de la ville de Montpellier, considérant :

1º Que la Société des sciences, belles-lettres et arts de cette ville a inséré dans ses bulletins l'éloge de Jean-Antoine Roucher, auteur du poème des *Mois* ;

2º Que cette Société a témoigné à M. le maire le désir de voir honorer la mémoire d'un homme illustre par ses talents, ses vertus et ses malheurs ;

Considérant qu'une cité s'honore elle-même en rendant hommage aux grands hommes qu'elle a vus naître dans son sein ;

Que cet hommage est un aiguillon puissant pour tous les citoyens ;

Arrête :

1º La rue où Jean-Antoine Roucher, auteur du brillant poème des *Mois*, a pris naissance portera, à l'avenir, le nom de ce poète aimable, de ce philosophe hardi, de ce père tendre, de ce citoyen malheureux ;

2º Copie de cet arrêté sera envoyée à son illustre fille, madame Guillois, et sera insérée dans le journal du département de l'Hérault.

Montpellier, le 7 juin 1815.

Signé : RIGAUD, adjoint.

(Ici se trouvait le cachet
    de la « bonne ville de
    Montpellier ».)

TRIBUNAL RÉVOLUTIONNAIRE

ÉTABLI A PARIS, AU PALAIS, PAR LA LOI DU 10 MARS 1793, L'AN II DE LA RÉPUBLIQUE

Greffier du Tribunal,

Je t'envoie, citoyen, l'extrait du jugement qui condamne, à la peine de mort, Roucher, Chénier et autres, en date du 7 thermidor, ainsi que celui d'exécution dudit jugement. Je t'invite à faire la consignation de ce décès sur le registre mortuaire et de m'accuser la réception de cet extrait.

A Paris, le 7 thermidor de l'an second de la République française une et indivisible.

NEIROT, *commis-greffier.*

Au citoyen commis à l'enregistrement des actes, contenant l'état civil des citoyens, à la municipalité de Paris.

(*Archives nationales*, cart. W, 504.)

LE CIMETIÈRE DE PICPUS

Anne-Paule-Dominique de Noailles, marquise de Montagu (22 juin 1766 † 29 janvier 1839), à son retour de l'émigration, parvint à découvrir non loin de la barrière du Trône, sur le chemin de Saint-Mandé, dans le voisinage d'un monastère en ruine, en un endroit presque désert, une fosse où treize cent six personnes, exécutées place de la Déchéance (du 14 juin au 27 juillet 1794), se trouvaient inhumées.

Le terrain, entouré d'un petit mur qui devait le soustraire aux profanations, appartenait depuis 1796 à la princesse de Hohenzollern, dont le frère, le prince de Salm-Kirburg, y fut enterré le même jour que le général de

Beauharnais, premier mari de l'impératrice Joséphine (23 juillet 1794).

Mesdames de Montagu et de La Fayette — dont la grand'mère la maréchale de Noailles, la mère la duchesse d'Ayen, et la sœur la vicomtesse de Noailles figuraient parmi les treize cent six victimes — achetèrent, en 1802, le terrain contigu à la fosse. Sur cet emplacement, qui appartenait autrefois aux Augustins et qui est occupé aujourd'hui par les religieuses de la Mère de Dieu, on construisit une chapelle où des plaques en marbre rappellent jour par jour les noms des victimes exécutées. — A la date du 7 thermidor, le premier nom est celui de Roucher; le second, celui de Chénier; on y rencontre encore ceux des Trudaine, de Ch.-R. Loizerolle, etc.

Les fondatrices prescrivirent des prières quotidiennes et la célébration d'un service annuel. Il fut stipulé que les descendants directs des victimes auraient le droit d'être inhumés dans ce petit cimetière et c'est ainsi que le général de La Fayette y dort son dernier sommeil.

La plupart de ces détails sont extraits des chapitres VI et XVI du livre intitulé : *Journal et Correspondance d'Anne-Paule-Dominique de Noailles, marquise de Montagu.*

LE MONUMENT COMMÉMORATIF

DE MONTPELLIER

Après la mort de Roucher, son frère le docteur lui fit élever à sa campagne, près de Montpellier, un monument funèbre dont voici la description :

Dans un cabinet de cyprès est un tombeau à la romaine, surmonté du buste du poète. Sur le piédestal on voit un laboureur qui se repose auprès de sa charrue et de ses bœufs, à l'ombre d'un saule pleureur; aux branches sont pendus une lyre et un chalumeau. Ce laboureur grave sur le saule cette épitaphe que Roucher avait composée pour lui :

> Flatteurs ! qu'au lieu d'encens, de fleurs et d'hécatombe,
> La main d'un laboureur écrive sur ma tombe :
> Il aima la campagne et sut la faire aimer.

De chaque côté s'élèvent deux obélisques dont l'un représente au-dessus d'une forêt de cyprès le mont Parnasse et les Muses, au milieu desquelles est Apollon. Sur le socle de l'obélisque sont gravés ces vers :

> Et toi, chantre des *Mois*, à ta muse hautaine,
> Digne d'un autre temps et d'un destin meilleur,
> D'un berceau de cyprès j'offrirai la douleur.

(CASTEL, Poème des Plantes.)

Sur l'autre obélisque sont représentées deux nymphes des bois qui couronnent de lauriers et de roses le médaillon de Roucher. Sur le socle, on lit ces vers :

> Et toi, Roucher aussi, chantre pompeux des *Mois*,
> Je te vois couronné par les nymphes des bois.
> Les roses, les lauriers, les odorantes herbes
> Sont le modeste prix de tes accents superbes.

(MARNÉSIA, Poème de la Nature champêtre.)

Ce mausolée a été recueilli depuis par M. Combres, arrière-petit-neveu du poète, et transporté dans sa propriété de Valflaunès, où il existe encore.

LA RUE DES NOYERS

Le numéro 24 de la rue des Noyers, où demeuraient Roucher et Guyot-Desherbiers devint, sous l'empire, le numéro 37. C'est à deux pas, au numéro 33, qu'Alfred de Musset naquit le 11 décembre 1810. La maison de Guyot-Desherbiers avait un grand jardin qui s'étendait jusqu'à la vieille église de Saint-Jean-de-Latran, aujourd'hui détruite. Alfred de Musset fit ses premiers pas dans ce jardin, où Eulalie Roucher avait joué elle-même, vers 1789.

FIN DE L'APPENDICE

TABLE DES MATIÈRES

CHAPITRE PREMIER

AVANT « LES MOIS »

CHAPITRE DEUXIÈME

« TÆDIUM VITÆ »

CHAPITRE TROISIÈME

LE COURAGE CIVIL

CHAPITRE QUATRIÈME

SAINTE-PÉLAGIE. — LA MAISON LAZARE.

CHAPITRE CINQUIÈME

LE TRIBUNAL RÉVOLUTIONNAIRE ET L'ÉCHAFAUD

PARIS. — IMP. P. MOUILLOT, 13, QUAI VOLTAIRE. — 41245.